Variações Rítmicas Vivas na Atuação Cênica

Editora Perspectiva

Supervisão editorial Gita Guinsburg
Coordenação de texto Luiz Henrique Soares e Elen Durando
Edição de texto Adriano C.A. e Sousa
Revisão de provas Letícia Nakamura
Capa e projeto gráfico Sergio Kon
Produção Ricardo Neves e Sergio Kon

Vinicius Albricker

Variações Rítmicas Vivas na Atuação Cênica

CLAPS
CENTRO LATINO-AMERICANO DE PESQUISA STANISLÁVSKI

PERSPECTIVA

CIP-Brasil. Catalogação-na-Fonte
Sindicato Nacional dos Editores de Livros, RJ

A297V
Albricker, Vinicius
Variações rítmicas vivas na atuação cênica / Vinicius Albricker. - 1. ed. - São Paulo : Perspectiva : Claps, 2024.
336 p. ; 21 cm. (Claps ; 6)

Inclui bibliografia
ISBN 978-65-5505-223-7

1. Artes cênicas - Atuação e desempenho. 2. Representação teatral. 3. Ritmo. I. Centro Latino-Americano de Pesquisa Stanislávski. II. Título. III. Série.

CDD: 792.028
24-95075 CDU: 792.071.2.028

Meri Gleice Rodrigues de Souza - Bibliotecária - CRB-7/6439
18/11/2024 22/11/2024

1ª edição

EDITORA PERSPECTIVA LTDA.

Pç. Dom José Gaspar, 134, cj. 111
01047-912 São Paulo SP Brasil
Tel.: (11) 3885-8388
www.editoraperspectiva.com.br

2024

Para Aksan

O mais intrigante sobre um espetáculo maravilhoso é que jamais conseguimos dizer por que ele é maravilhoso. É como escrever um obituário. Podemos tentar descrever a pessoa de várias maneiras, mas, no final das contas, a coisa mais bonita sobre ela é que estava viva.

DECLAN DONNELLAN

Sumário

Introdução

Este livro resulta da minha tese de doutorado, defendida em 2019, pelo Programa de Pós-Graduação em Artes da Universidade Federal de Minas Gerais (UFMG). De 2022 a 2023, trabalhei em sua adaptação ao novo formato, buscando tirar excessos, solucionar pequenos deslizes e atualizar o corpo conceitual e argumentativo do texto.

As questões impulsionadoras da pesquisa são: o que são variações rítmicas vivas e atuação cênica viva? Em outras palavras, quais são os princípios da arte e da vida que podem definir o que é o ritmo vivo e a atuação viva? O que é ritmo? O que é vida? Quais são as conexões entre ritmo, vida e atuação cênica?

E, a partir dessas grandes questões, pergunto-me também: o que ainda pode ser desmistificado, ampliado e esclarecido sobre o ritmo na atuação cênica para contribuir com o trabalho do ator? Que práticas poderiam contribuir para a formação de um ator capaz de compor com ritmos vivos? Que elementos concretos poderiam contribuir para o desenvolvimento da atuação viva e da precisão rítmica do ator? Qual seria o papel do diretor e do professor de atuação nessa composição rítmica do ator? De que modo podem colaborar para que essa composição seja singular? Com que tipo de estratégias eles poderiam ajudar o ator?

Essas questões me levaram a pesquisar e a escrever em função dos seguintes propósitos: 1. delinear as definições dos conceitos de atuação cênica viva e de variações rítmicas vivas; e 2. propor princípios e práticas para o trabalho do ator na perspectiva desses conceitos.

Principais Referências Estudadas

Para isso, estudei, de um lado, o mestre russo Constantin Stanislávski (mas também alguns de seus discípulos) e cheguei a inestimáveis descobertas sobre a organicidade do ator; e, do outro, o diretor britânico Declan Donnellan a partir de seu conceito denominado alvo e suas ideias singulares sobre o processo vivo da atuação. Pesquisei, também, referências da música e de outros campos do conhecimento, como a biologia e a física, propondo um diálogo entre arte e ciência para fundamentar as composições conceituais que proponho.

Em relação a Stanislávski, a principal referência que utilizei foi *An Actor's Work*, tradução de Jean Benedetti, feita diretamente do original russo *Rabota Aktera Nad Soboi* para o inglês[1]. Esse original é composto por duas partes, que integram as obras completas do mestre russo em *Sobranie sotchinéni v 9 tomakh* (Obras Escolhidas em 9 Tomos), as quais Benedetti reúne em um único volume. Essa tradução estadunidense foi recomendada a mim por Elena Vássina, que me afirmou que Benedetti traduz os originais na íntegra, sem cortes. Utilizei também as traduções em espanhol, a fim de comparar alguns trechos com a versão de Benedetti. Infelizmente, as publicações em língua portuguesa da editora Civilização Brasileira possuem inúmeros cortes e equívocos de tradução em relação às edições originais de Stanislávski, assunto abordado nos trabalhos de Vássina e Labaki; Mauch, Fernandes e Camargo; e Martins.

1 Quando não informada uma edição em português, todas as traduções são nossas.

Contudo, novas traduções diretas do russo para o português, de obras importantes relacionadas a Stanislávski foram publicadas recentemente, como os livros de seus discípulos diretos Vassíli Toporkov e Maria Knebel, aos quais recorro diversas vezes. Além disso, tive a sorte de, nos últimos anos, terem saído sobre a obra do mestre russo: *Stanislávski: Vida, Obra e Sistema*, de Elena Vássina e Aimar Labaki; e *Stanislávski e o Método da Análise Ativa*, de Nair D'Agostini, os quais estudei e citei em diversas passagens. Para complementar a revisão sobre as ideias do mestre russo, também estudei *Minha Vida na Arte*, do próprio Stanislávski, além de recorrer a comentadores do mestre russo, entre os quais Pitches, Carnicke, Mikhail Tchékhov, Boleslávski, Eugênio Kusnet, Vassíliev e Carvalho. Estudei também os célebres "Resposta a Stanislávski" e "Leis Pragmáticas", ambos de Grotowski. Além disso, li Thomas Richards, discípulo do mestre polonês, que traz diversos *insights* sobre a ação física, conceito de Stanislávski.

Outra referência fundamental deste trabalho é o diretor britânico Declan Donnellan. Além de *O Ator e o Alvo*, estudei diversos textos que falam sobre o autor, em publicações estrangeiras de reportagens, entrevistas e artigos acadêmicos, como Kirwan, Swain, Solga, Shevtsova, Delgado e Heritage, e Carvalho. Também analisei cenas do espetáculo *Ubu Roi* (Ubu Rei), texto de Alfred Jarry, encenado de 2013 a 2015 pela Cheek by Jowl, companhia dirigida por Donnellan.

Foi a partir dos princípios artístico-filosóficos e das estratégias práticas de Donnellan que fui levado a investigar a hipótese de que o alvo seria o maestro do ator, como abordo em "Os Ritmos Vivos Emanam do Alvo". No entanto, o mestre inglês quase não fala sobre o ritmo no teatro. Por isso, tive que estudar outras referências, dentre as quais cito: o capítulo "Tempo-Rhythm", do livro *An Actor's Work* (O Trabalho do Ator), de Constantin Stanislávski; "Sexta Lição: Ritmo", de *A Arte do Ator*, de Richard Boleslávski; os capítulos IX (Ritmo e Imaginação Criativa; 1916), X (Ritmo e Gesto no Drama Musical – e Crítica, 1910-1916), XII (Euritmia e Plásticidade em Movimento, 1919) e XIV (Ritmo, Tempo e Temperamento, 1919) do livro *Le Rythme, la musique et l'éducation* (O Ritmo, a Música e a Educação, 2020), de Émile

Jaques-Dalcroze; e "Tempo", de *A Filosofia da Música*, de Giovanni Piana[2]. Todos esses livros abordam o conceito de ritmo com riqueza poética, filosófica e argumentativa.

Outro autor a que me referencio bastante neste livro é Peter Brook, porque foi um grande entusiasta da questão do processo vivo na atuação cênica. Estudei *O Espaço Vazio* e *Não Há Segredos*. Li também *O Ator Invisível* e *Artimanhas do Ator*, do ator japonês Yoshi Oida, que trabalhou muitos anos com Brook.

Outra referência é o artista, professor e pesquisador Ernani Maletta. Seu *Atuação Polifônica: Princípios e Práticas* representa uma excelente contribuição no que diz respeito ao estudo cênico e interdisciplinar de conceitos pretensamente "musicais", tais como a polifonia e o ritmo. Em vez de pegar conceitos emprestados da música, Maletta resgata a essência destes e, então, os utiliza estrategicamente no desenvolvimento das artes da cena, em uma perspectiva polifônica. Por seu intermédio, conheci Francesca Della Monica, multiartista italiana com quem ele realiza diversas parcerias artísticas e acadêmicas, resultando na publicação de artigos em revistas científicas brasileiras.

Para a escrita da seção "Visitando o Conceito de Vida na Ciência", do capítulo "A Atuação Viva", comecei lendo o livro *O Que É Vida?*, do importante físico e teórico Erwin Schrödinger, concentrando-me no entendimento de entropia, fundamental para compreender o fenômeno da dissipação de energia, na vida e no universo. Estudei também a autopoiese, conceito cunhado pelos biólogos Maturana e Varela (1980), para o entendimento da circularidade e da abertura no funcionamento dos sistemas vivos. Conheci a biomusicologia ao ler o artigo "Chorusing, Synchrony, and the Evolutionary Functions of Rhythm", de Ravignani, Bowling e Fitch, que me ajudou a compreender aspectos interessantes sobre o ritmo da vida, principalmente em relação aos conceitos de periodicidade e aperiodicidade. De modo complementar, estudei autores de ciências tais

2 Nas edições em inglês que utilizei (ver Referências, infra), os capítulos são: "Tempo-Rhythm" (*An Actor's Work*), de Konstantin Stanislávski; e IX, X, XII e XIV, de *Rhythm, Music and Education*, de Émile Jaques-Dalcroze.

como a biologia, a física e a ecologia: Emmeche e El-Hani, Tirard, Razeto-Barry; Fritjof Capra; e Schneider e Kay. Todos, somados às outras referências estudadas, enriqueceram a minha reflexão e me instigaram a propor o que chamo de princípios fundamentais da atuação cênica viva, que estão explicitados na seção "Afinal, o Que É a Atuação Cênica Viva e o Que São as Variações Rítmicas Vivas".

O Estúdio Fisções

Para além da revisão bibliográfica, a pesquisa teórica foi acompanhada por experimentações práticas ocorridas em minha trajetória como artista, pesquisador e professor. Destaco o projeto experimental e laboratorial intitulado "Estúdio Fisções: Princípios e Práticas para a Atuação Cênica Viva"[3], abrigado no Laboratório de Estudos Vocais, Cênicos e Musicais (LEV), grupo de pesquisa sediado na Universidade Federal do Estado do Rio de Janeiro (Unirio) e certificado no CNPq. Coordeno esse projeto em parceria com o prof. dr. Marcus Fritsch, um amigo que também busca pelo vivo na arte e que vem contribuindo substancialmente com essa pesquisa.

O Estúdio Fisções é originariamente um grupo sediado na UFMG, criado em 2002 por Luiz Otavio Carvalho, um pesquisador de mão cheia. Sempre compartilhando com generosidade seu vasto conhecimento sobre teatro, convidou-me para o Fisções em 2008; no início, para desenvolver projetos de pesquisa no âmbito do Curso de Graduação em teatro da UFMG. Juntos, desenvolvemos pesquisas conceituais e práticas para o trabalho do ator, investigando a atuação cênica, com

3 "Fisções" é um termo forjado por Luiz Otavio Carvalho (UFMG), com referência ao conceito de ação física de Stanislávski. Cortando e invertendo "ações físicas", ele juntou "fis" com "ções". A palavra evoca duas conotações: a da fissão nuclear, a liberação de grande quantidade de energia a partir da cisão do átomo; e a da ficção teatral, em relação ao caráter imaginativo da arte.

ênfase nos pressupostos de Stanislávski e Donnellan, e elaborando práticas para uma presença viva do ator em cena. Também apresentamos trabalhos cênicos, participamos de congressos e seminários, publicamos textos acadêmicos e, finalmente, em um trabalho que levou dez anos, traduzimos *O Ator e o Alvo*, de Declan Donnellan.

Multimodalidade do Livro

Para falar sobre ritmos vivos na atuação cênica, desafiei-me a escrever este trabalho com variações rítmicas. Com esse intuito, procurei desenvolver a escrita por meio de alguns jogos multimodais. A multimodalidade, muito estudada na linguística e na semiologia, implica a utilização de, pelo menos, dois meios de comunicação (verbal e visual; auditivo e verbal; visual e auditivo; entre tantas outras combinações possíveis). Assim, o ator que, por exemplo, diz uma palavra ao espectador ao mesmo tempo que faz um gesto com as mãos, vale-se de uma comunicação multimodal que envolve os signos verbal, sonoro e visual. Já o escritor que, por exemplo, utiliza imagens e esquemas, além do texto linguístico escrito, vale-se de uma comunicação multimodal que envolve os signos verbal e visual.

Em consulta ao *Glossário Ceale*, do Centro de Alfabetização, Leitura e Escrita da Faculdade de Educação da UFMG, encontrei informações sobre a multimodalidade. Brian Street, por exemplo, enfatiza que "os modos e os meios de comunicação são recursos dos quais nos apropriamos para produzir significados". Isto é, os recursos multimodais não são um mero adorno da linguagem verbal, mas constituem o significado do texto.

No mesmo glossário, ao discorrer sobre textos-multimodais, Roxane Rojo, avaliando o impacto das novas tecnologias no hábito e no ensino da leitura, afirma que o texto escrito apenas verbalmente é insuficiente e que "é preciso colocá-lo em relação com um conjunto de signos de outras modalidades de linguagem (imagem estática, imagem em movimento, som, fala) que o cercam, ou intercalam ou impregnam". Em função disso, no intuito de proporcionar uma leitura que não se baste apenas no signo verbal, incorporei ao corpo do texto esquemas, quadros, ilustrações e imagens.

Mas esses não são os únicos recursos de que lancei mão; também **explorei a disposição gráfica do texto e a sua tipografia** que, segundo Dionisio, também são aspectos da multimodalidade: "Como exemplos da literatura, basta pensarmos nos poemas concretos."[4] Para compreender essa questão, vejamos a seguir um exemplo de poema concreto:

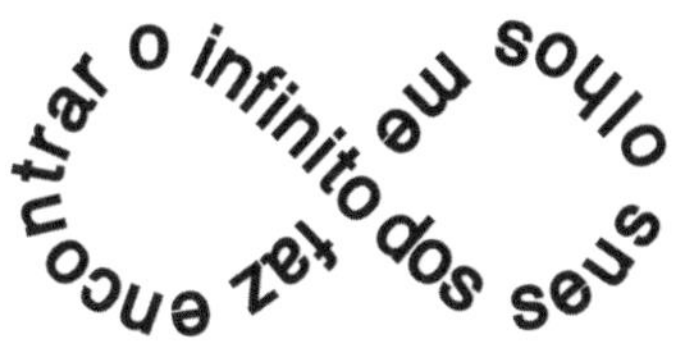

Imagem 1. "O Infinito dos Seus Olhos" (de Rodrigo Ferreira)

A estrutura multimodal desse poema sugere uma leitura cíclica, com um ritmo caleidoscópico. Essa sensação ocorre, provavelmente, pela ausência de sinais de pontuação e pelo desenho do oito deitado, o símbolo do infinito, formado pelas palavras "o infinito dos seus olhos me faz encontrar". A imagem do poema também remete ao formato de um par de olhos.

Jogos multimodais como esse me atraem. O uso consciente da multimodalidade pode revelar camadas de sentido importantes na escrita. Portanto, em diversos momentos, transponho as regras da ABNT para jogar com variações no tipo das *fontes*, no tamanho e no e s p aça m en t o dos caracteres, na medida das margens

4 A.P. Dionisio, Gêneros Multimodais e Multiletramento, em A. Karkovski; B. Gaydeczka; K. Brito (orgs.), *Gêneros Textuais*, p. 135.

do texto, nas regras e/ou escolhas de pontuação, entre outros recursos que surgirão no decorrer da leitura. Entretanto, não proponho uma subversão total do gênero: este é um texto acadêmico, um livro que resulta de uma tese de doutorado. O intuito é que o percurso rítmico da sua leitura seja tão importante quanto os conteúdos abordados. Espero que os recursos multimodais que proponho facilitem a compreensão dos complexos conceitos abordados[5].

Esquema Básico da Pesquisa

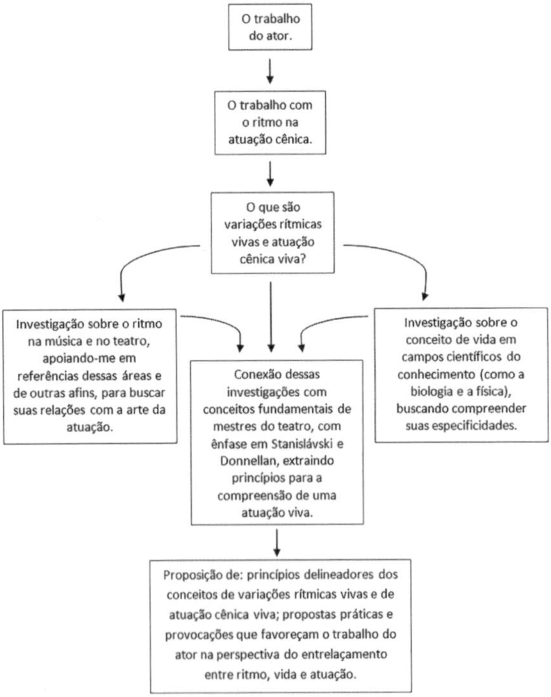

Esquema 1 – Esquema básico da pesquisa.

5 As seguintes ilustrações deste livro foram feitas sob a minha encomenda pelo talentoso *designer* gráfico que é Jordan Abiahy: esquemas 13, 14, 15 e 16; e imagens 2, 3, 4, 5, 6 e 7.

1

O Ritmo

A vida, por si mesma, é um ritmo, ou seja, uma sucessão de múltiplas unidades, formando um todo indivisível.

ÉMILE JAQUES-DALCROZE

No princípio era o Ritmo. Isso significa que o Ritmo era deus? Não. É possível que o Ritmo seja anterior a tudo; ao mesmo tempo, a gênese e o fim – e tudo que está entre a gênese e o fim – e de todas as relações entre tudo que existe e existiu de forma concreta ou abstrata. Assim, podemos imaginar que o Ritmo tenha sido o princípio que criou, inclusive, os deuses e lhes soprou divindade. O Ritmo também poderia ter acionado o *Big Bang*. E é bom observar o seguinte: se o Ritmo criou tudo, também deu origem, contrastivamente, ao nada. Afinal, um não pode existir sem o outro. Como veremos ao longo deste livro, o contraste é um fundamento intrínseco ao ritmo e especialmente indispensável ao ator[1].

1 Em uma aula que tive com Ernani Maletta, ele declarou o intuito de escrever um livro cujo título deverá ser *No Princípio Era o Ritmo*. Em sua homenagem, iniciei este capítulo com essa frase.

O Ritmo é uma entidade tão metódica e didática quanto impetuosa e sublime. Seu temperamento é essencialmente polirrítmico, resultando em contrastes e contraposições, que podem ser concreta ou potencialmente perceptíveis. Por isso, este capítulo assume, na própria escrita, variações rítmicas que propõem contrastes ora súbitos ora gradativos entre construções didáticas e sublimações. Em outras palavras, vamos fazer uma viagem por um fantástico universo onde "ter os pés no chão" e "viver no mundo da lua" podem existir simultaneamente, gerando, pelo menos, uma terceira possibilidade: a de "viver no mundo da lua com os pés no chão".

Para começar, paro de falar sobre essa entidade, o Ritmo, com inicial maiúscula, para refletir sobre o fenômeno ritmo, com inicial minúscula, e suas implicações na arte de atuar. Para isso, desenvolverei a argumentação a partir das seguintes questões:

O que é *ritmo*?
O que são *variações rítmicas*?
São importantes? Por quê? Para quê?
O que as variações rítmicas representam na atuação cênica?

Ernani Maletta logra "liberar o conceito de polifonia das grades conceituais exclusivas da música"[2]. Tenho o mesmo intento, mas em relação ao conceito de ritmo. Intento esse nada original, tendo em vista que tal conceito é largamente abordado em publicações de outras áreas do conhecimento que não a música, como, por exemplo, a literatura, a dança, as artes visuais, a semiologia, a arquitetura e a biologia. No âmbito prático das artes da cena, entretanto, apesar de haver alguns trabalhos sobre esse conceito, percebo uma insistente limitação que confina o ritmo nos domínios da acepção musical de andamento. Vale ressaltar que, mesmo após um século da publicação de diversos e valiosos escritos de Jaques-Dalcroze, a arte música – pelo menos na cultura do mundo ocidental – continua

2 Nas palavras de F. Della Monica, Prefácio, em E. Maletta, *Atuação Polifônica*, p. 15.

demasiadamente presa a convenções métricas, seguindo superficial em relação ao "temperamento", princípio que, como veremos mais adiante, é indispensável para esse autor, na dimensão rítmica da música, da dança e até da vida.

Para ampliar o conceito de ritmo e delineá-lo para além de questões métricas, aplicando-o ao universo da atuação cênica, dialogo com referências do teatro e da música que contribuem para seu entendimento. Mas para que adotar referências da área da música se acabo de dizer que pretendo liberar o ritmo das grades conceituais dela? Para poder abrir essas grades e nos surpreender com perspectivas diferentes que possam inspirar os artistas cênicos, principalmente os atores. É possível extrair da própria música considerações libertas de dogmatismos métricos, que vão me ajudar a elucidar, ao longo de todo este trabalho, aquilo que chamo de "variações rítmicas vivas" na atuação cênica. É importante dizer que não desprezarei a métrica. Considero indispensável compreender alguns de seus fundamentos para, então, poder ir além.

O Que Dizem os Dicionários de Teatro Sobre Andamento e Ritmo?

Constatei que não há definição para o termo "andamento" em três grandes obras de referência, apesar de apresentarem verbetes sobre o ritmo e o tempo nas artes da cena.

Pavis parte da métrica do texto poético, considerando a prosódia e a versificação, em uma perspectiva semiológica, para afirmar que os ritmos produzidos e estabelecidos na encenação de um texto estão associados à produção e ao estabelecimento de sentidos (espetáculo → espectador). O autor também faz referência ao ritmo fisiológico, citando a respiração e a circulação sanguínea e salientando que sua gênese ocorre, basicamente, em dois tempos: "inspiração/expiração, tempo forte (marcado)/tempo fraco (não marcado)". O autor aplica o mesmo esquema de oposições aos ritmos da ação teatral da dramaturgia clássica: "ascensão/queda da ação, nó/desenlace, paixão/catarse etc."[3]. Esse raciocínio de Pavis acerca de polos contrastantes contribui para o estudo do ritmo, como veremos mais adiante. Contudo, as ponderações desse autor focam demais as questões de dramaturgia e encenação e apenas tangenciam os aspectos rítmicos específicos da arte do ator em cena.

O léxico organizado por Sarrazac traz um artigo sobre ritmo escrito por Geneviève Jolly. Apesar de não definir o conceito de ritmo, a autora propõe "dissociá-lo de uma concepção tradicional (a 'métrica' dos versos ou a 'expressividade')"[4]. Partindo de pressupostos do poeta e linguista Henri Meschonnic, Jolly aborda o ritmo na linguagem escrita e oral. Nesse sentido, a autora menciona o papel da pontuação e da tipografia no ritmo estruturado pela diagramação da linguagem escrita. Ela observa, também, a importância do "branco tipográfico" como recurso rítmico do drama contemporâneo, não restrito apenas a indicações de pausas e silêncios. Quanto à linguagem oral, Jolly apenas cita a relevância das consoantes e das vogais no ritmo prosódico, mas sem buscar o entendimento do ritmo na atuação cênica.

Eugenio Barba, por sua vez, aborda o ritmo exatamente no que diz respeito à arte do ator, enfatizando o papel das pausas em sua composição: "o ator torna-se 'ritmo' não apenas por meio de movimento, mas por meio de uma alternância de movimentos e repousos"[5]. Esses movimentos e repousos do ator é que, parafraseando o autor, esculpem o tempo para o ritmo se tornar tempo-em-vida[6].

Barba forja o termo "pausa-transição" para se referir às transições entre as ações consecutivas, salientando que a maestria do ator

3 P. Pavis, *Dicionário de Teatro*, p. 344.

4 G. Jolly; M. Plana, Teatralidade, em J.-P. Sarrazac (org.) et al., *Léxico do Drama Moderno e Contemporâneo*, p. 162.

5 E. Barba, Ritmo, em E. Barba; N. Savarese, *A Arte Secreta do Ator*, p. 212.

6 Ver ibidem; idem, Organicidade, Presença, Bios Cênico, em E. Barba; N. Savarese, op. cit.

em saber quando dilatar mais ou menos esse tipo de pausa afetará diretamente a qualidade da recepção. Ele também chama a atenção para o senso cinestésico – a consciência das qualidades de tensões dos nossos corpos e dos outros – como aspecto fundamental para o desenvolvimento rítmico da atuação: "o senso cinestésico leva o espectador, muitas vezes, a descobrir qual é a intenção do ator antes que ele a realize, destruindo o efeito surpresa que a ação deveria provocar"[7]. Retomarei essa questão quando abordar a reação e a atuação cênica viva, mais adiante.

O Que Dizem os Dicionários de Música Sobre Andamento e Ritmo?

No *Dicionário Grove de Música*, encontrei esta sucinta definição de andamento: "indicação da velocidade em que uma peça musical deve ser executada"[8]. Para desenvolver a habilidade de sustentar um andamento durante a execução de uma peça musical, musicistas costumam utilizar um metrônomo. Tal dispositivo pode ser regulado para marcar sonoramente batidas constantes em uma velocidade escolhida. Hoje em dia, há diversos metrônomos digitais disponíveis em *sites* da internet e aplicativos de celular. Antes da invenção do metrônomo, "utilizava-se como referência um pêndulo, a pulsação cardíaca, ou outros meios"[9].

No *Oxford Music Online*, há artigos recentes com discussões teóricas e aspectos históricos sobre o andamento. Em um desses, Justin London afirma que o "andamento está entrelaçado ao nosso senso de

7 E. Barba, Ritmo, op. cit., p. 213.
8 S. Sadie, *Dicionário Grove de Música*, p. 28.
9 Ibidem.

pulso e metro, pois, sem uma série regular de pulsos, é difícil imaginar algum senso de andamento qualquer"[10]. O "metro" remete à métrica que, para Latham, é a dimensão da arte musical que mede a música em pulsos regulares, que são organizados em pulsações que, por sua vez, formam agrupamentos chamados de compassos[11]. Para Sadie, "a disposição da pulsação em grupos é a métrica de uma composição, e a velocidade das pulsações é o seu andamento"[12]. Na reflexão que proponho na próxima seção, esses termos devem começar a fazer sentido ao leitor não habituado à terminologia musical.

Apesar de a regularidade ser uma condição para o estabelecimento do andamento musical, é muito raro que as durações entre os pulsos sejam exatamente iguais. A precisão exata da música feita no computador com instrumentos virtuais pode causar grande estranheza a quem ouve, já que o cérebro humano pode captar e apreciar a regularidade de musicistas tocando ao vivo, sem trazer à consciência as mínimas inexatidões naturais do andamento estabelecido por seres humanos. A propósito, os pesquisadores Scholes, Nagley e Latham atestam que, no século XIX, a marcação do metrônomo não era tida como muito confiável[13]. Segundo esses autores, famosos compositores, como Brahms, mostravam-se avessos à rigidez imposta por esse dispositivo.

Já para o termo "ritmo", encontrei dezenas de páginas com definições e discussões sobre seus aspectos nos dicionários de música citados acima. Em uma síntese dessas referências, o ritmo é formado por "uma grande variedade de possíveis padrões de duração musical [incluindo sons e pausas], tanto regulares como irregulares"[14]. A relação do ritmo com a métrica é bastante complexa. Esses dicionários afirmam, por exemplo, que em toda música há ritmo, mas nem toda música é mensurável em unidades métricas. Segundo Sadie,

10 J. London, Rhythm, §I, *Grove Music Online*.
11 Ver A. Latham (ed.), *The Oxford Companion to Music*.
12 S. Sadie, op. cit., p. 788.
13 Ver P. Scholes; J. Nagley; A. Latham, Tempo, em A. Latham, (ed.). op. cit.
14 J. London, op. cit.

"em alguns tipos de música antiga, por exemplo, no cantochão eclesiástico, ao qual aparentemente faltava uma estrutura métrica, [o ritmo era realizado] de acordo com as convenções e conforme ditado pelo texto verbal"[15].

Em função da métrica, esses dicionários classificam o ritmo em três tipos: o **ritmo métrico**, com seus pulsos e compassos perceptíveis (como em *Sonata ao Luar*, de Beethoven); o **ritmo não métrico**, sem qualquer percepção de unidade de medida que pudesse estabelecer um andamento (como em *Atmosphères*, de György Ligeti); e o **ritmo amétrico**, que se forma em uma temporalidade dilatada e múltipla que transcende a métrica (como na floresta de polirritmias de *Chronochromie*, de Olivier Messiaen, criador do termo "ritmo amétrico")[16].

Para facilitar a compreensão dessas relações entre ritmo e métrica, apresento a seguir três ilustrações que representam, respectivamente, trechos musicais de ritmo métrico, ritmo não métrico, e ritmo amétrico. Nessas ilustrações (imagens 2, 3 e 4), os **segmentos em tons de cinza** representam os **movimentos rítmicos** dos trechos musicais escolhidos. Já o **paralelogramo listrado**, presente apenas nas imagens 2 e 4, representa o **plano métrico** da música.

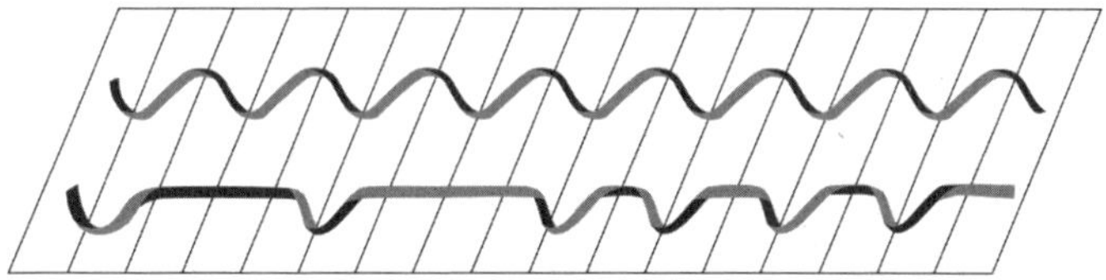

Imagem 2. Ritmo métrico

15 S. Sadie, op. cit., p. 788. Exemplos de cantochão medieval podem ser conferidos no vídeo B. Bartmans, *Music of the Middle Ages*.

16 Exemplo de ritmo métrico: os quatro primeiros compassos (00'00" a 00'19") de *Sonata ao Luar*, de Beethoven.
Exemplo de ritmo não métrico: ouça (00'00" até 01'02") *Atmosphères*, de Ligeti.
Exemplo de ritmo amétrico: ouça (de 18'00" a 18'48") *Chronochromie*, de Messiaen.

Imagem 3 – Ritmo não métrico

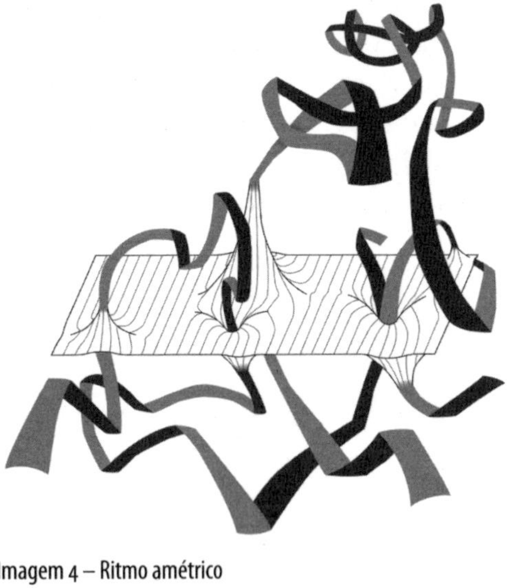

Imagem 4 – Ritmo amétrico

Na imagem 2, da representação do ritmo métrico, percebo uma regularidade no movimento dos dois segmentos paralelos. Noto também que o movimento rítmico representado por esses segmentos coincide precisamente com as linhas diagonais do plano métrico. Já na imagem 3, do ritmo não métrico, constato a ausência do plano métrico. Dessa forma, observo que os segmentos na cor cinza sugerem um movimento rítmico esférico e rotacional: os sons giram e giram, causando uma sensação estacionária de expectativa. Por fim, na imagem 4, do ritmo amétrico, percebo que os segmentos transcendem o plano métrico e lhe provocam distorções. A movimentação intrincada desses segmentos sugere uma qualidade rítmica difícil de quantificar: o plano métrico existe, mas não persiste.

Sadie ressalta que "mesmo nos períodos em que aceitavam a 'tirania da barra de compasso' [absoluta conformidade com a métrica musical] os compositores usaram vários recursos para evitar estruturas rítmicas monótonas e estéreis"[17]. Entre esses recursos estão, por exemplo, a síncope, que desloca os acentos sonoros em relação aos acentos métricos que demarcam os compassos. A síncope pode ocorrer de diversas formas, como pelo encurtamento da duração de um som e/ou pelo aumento da sua intensidade em um momento em que a expectativa, decorrente da regularidade métrica, era de um som mais longo e/ou menos intenso. O ritmo sincopado é muito comum em gêneros musicais como o jazz e o samba. Voltarei a falar da síncope mais adiante.

Para complementar esse estudo, vejamos mais uma explicação de ritmo advinda da música: "A palavra ritmo é usada para descrever os diferentes modos pelos quais um compositor agrupa os sons musicais; principalmente do ponto de vista da duração dos sons e de sua acentuação. No plano do fundo musical, haverá uma batida regular, a pulsação da música (ouvida ou simplesmente sentida), que serve de referência ao ouvido para medir o ritmo."[18]

Bennett mostra que o ritmo está atrelado às durações dos sons musicais e também, implicitamente, às durações das possíveis pausas entre esses sons, sempre em relação a determinado andamento. Entendido assim, o ritmo tem sido útil há séculos para músicos de variados estilos, das tendências ditas clássicas às proclamadas

17 S. Sadie, op. cit., p. 788.
18 R. Bennett, *Uma Breve História da Música*, p. 12.

populares, pelo menos na cultura ocidental. Mas e para o ator de teatro? Será que essa perspectiva métrica do ritmo lhe é tão proveitosa quanto o é para o músico? Falarei disso mais adiante.

Em resumo, o andamento musical mede a velocidade de uma sequência de pulsos que compõem uma pulsação que divide o tempo em compassos, nos quais são distribuídas variadas combinações de diferentes durações de sons e pausas que se alternam entre curtas e longas, fortes e suaves. Essas combinações ora se repetem, ora se dissolvem, ora se desenvolvem, ora se dividem, ora se escalonam, dentre outras infinitas variações, dando origem ao ritmo musical. O ritmo se trata, portanto, de um jogo de durações e intensidades entre sons e pausas dentro de um andamento dividido em compassos (ritmo métrico). Vimos que o ritmo também pode transcender a métrica (ritmo amétrico), ou até mesmo existir sem esta (ritmo não métrico). Em todos os casos, o ritmo musical se faz de um jogo de durações e intensidades entre sons e pausas, independentemente de quão largas ou curtas sejam essas durações.

Cronos ou Kairós?

Quando ouvimos o início de *Atmosphères*, de Ligeti (ritmo não métrico), podemos ter a sensação de estarmos envoltos em sons longos e estacionários que giram infinitamente sem plano métrico. Porém, essa não é a única sensação possível, pois a nossa atenção também pode "metrificar" o ritmo não métrico: se focarmos a atenção na vibração do som, poderemos notar que daquela massa de sons contínuos da orquestra surgem ciclos vibratórios – alguns longos, outros curtos –, que são perceptíveis devido ao encontro das ondas sonoras dos vários instrumentos, cujos pontos coincidentes resultam em momentos de maior intensidade. Esses momentos de maior intensidade podem dar a sensação de emergir um ritmo métrico ou amétrico do ritmo não métrico, pois os ciclos vibratórios criam variadas "pulsações" no interior da sonoridade contínua.

O ritmo musical se dá no tempo. Portanto, a relação do ouvinte com o tempo é que o permitirá ouvir um ritmo métrico, amétrico ou não métrico. Da mesma forma que, como argumentei no parágrafo anterior, o ouvinte pode "metrificar" o não métrico, ele também pode "desmetrificar" o ritmo métrico, apesar da intenção do compositor. A *Sonata ao Luar*, de Beethoven, por exemplo, apesar de entrar na categoria de ritmo métrico, pode causar em alguém a sensação de uma fluidez ininterrupta até mais nítida do que o ritmo não métrico de *Atmosphères*, de Ligeti. Tudo depende da relação do ouvinte com a música, da subjetividade da sua escuta. E a escuta dependerá da relação que cada um de nós tem com o tempo, se somos mais parecidos com Cronos ou com Kairós.

Lembremos que, na mitologia grega, há dois deuses do tempo: Cronos, o ceifador do tempo, aquele que o subdivide em partes cada vez menores (os anos, os meses, os dias, as horas...), ordenando-as em sequência linear e cronológica diante de nós; e Kairós, a representação do momento fluido e indivisível, aquele que nos possibilita viver o tempo de maneira imensurável, apegando-nos não à sua passagem cronológica, mas às experiências sensoriais e emocionais que ele nos proporciona. Em outras palavras, Cronos seria aquele que controla a dimensão da quantidade supostamente mensurável do tempo, enquanto Kairós seria o guardião de sua qualidade[19]. Para melhor imaginar o tempo de Kairós, podemos tentar percebê-lo em camadas aleatórias que vão se desdobrando, como na sugestão de Novarina de que "o tempo não é uma linha, muito pelo contrário! Mas se desdobra, se abre, se desenvolve, se cruza e multiplica, ele reina por desdobradura sem limite"[20].

Nesse sentido, convém abordar Henri Bergson (1859-1941), para relacionar suas ideias a essa distinção entre Cronos e Kairós, em

19 Para mais informações sobre a questão do tempo em Cronos e Kairós, ver E. Socha, *Tempo Musical em Theodor W. Adorno*.

20 V. Novarina, *Diante da Palavra*, p. 90. A música contemporânea dos séculos XX e XXI segue uma lógica rítmica e temporal semelhante a essa "desdobradura sem limite" de que fala Novarina. Muitas vezes, a notação musical é feita sem a utilização de barras de compasso, o que possibilita uma liberdade rítmica mais ampla ao intérprete.

particular, o conceito de duração que se opõe à ideia de tempo compartimentado. O tempo cronológico (de Cronos), ou o do relógio, é, para Bergson, uma mera invenção da nossa consciência analítica, para tentar domar um processo que, na realidade, não é linear nem feito de instantes iguais e sucessivos[21]. Para o filósofo, o tempo real é o tempo que dura e não pode ser analisado, mas somente sentido e vivido em sua experiência totalmente indivisível (semelhante ao tempo de Kairós). Para ele, a duração é o tempo em sua qualidade, em que cada instante é diferente um do outro, sempre imprevisível, não linear, seguindo um fluxo que implica "o prolongamento ininterrupto do passado num presente que invade o futuro"[22]. Entendo o conceito de duração, de Bergson, como o tempo contínuo que sentimos e intuímos internamente como um processo incalculável de constante transição e transformação. Para tentar facilitar a compreensão do complexo conceito de duração, de Bergson, transcrevo a seguir o elucidativo exemplo de Eduardo Socha:

> Você está parado no trânsito às seis da tarde. Ouve a rouquidão opaca dos motores dos ônibus, o zumbido das motos, a impaciência ocasional das buzinas. O tempo parece amordaçado como se não quisesse fluir também. Então você resolve tirar do bolso seu tocador de mp3, ajeitar bem os fones de ouvido e escolher uma faixa do álbum predileto. Sua experiência do tempo vai assumindo outra feição, e os instantes passam a se amalgamar uns aos outros com uma *qualidade* bastante distinta do tempo anterior. A *quantidade* de tempo não muda: um segundo continua um segundo, tautologia assegurada pela isocronia do ponteiro (ou *display*) do relógio. Mas você sente agora que os instantes se dilatam e se contraem segundo uma contingência peculiar, promovida pelo encadeamento sonoro da música.[23]

21 Ver H. Bergson, *Duração e Simultaneidade*.
22 H. Bergson apud F. Worms, A Concepção Bergsoniana do Tempo, *Dois Pontos*, n. 1, p. 147.
23 E. Socha, A Invenção da Duração, *Cult*, n. 153, p. 67.

A questão filosófica do tempo e da duração é muito interessante, mas ultrapassa os limites deste trabalho. Citei Bergson por estes dois motivos: 1. para complementar o raciocínio sobre diferentes percepções do tempo (Cronos e Kairós) e, consequentemente, problematizar a questão das três classificações de ritmo (métrico, não métrico e amétrico); e 2. advertir que utilizo a palavra "duração" no entendimento do senso comum: um "espaço" ou "fatia" de tempo, delimitação de duração de um ato específico (por exemplo, um som, uma pausa, um gesto, uma tarefa, uma reação, uma postura, um movimento). Não falo de uma duração necessariamente exata, ou medida com precisão, mas de reconhecer fronteiras entre eventos e, assim, diferenciá-los para compreender suas relações (em cena, por exemplo, determinado movimento do ator pode durar mais ou menos tempo, dependendo da situação dramatúrgica e dos desígnios da personagem)[24].

Diferenças Entre Andamento e Ritmo na Atuação Cênica

A partir de um raciocínio fundamentado nos princípios da métrica e da matemática, Ernani Maletta explica metodicamente uma diferenciação entre andamento e ritmo para contribuir com a atuação cênica.

Na definição de Maletta, o **andamento é** "a velocidade média segundo a qual o evento, como um todo, é executado"[25]. Para o autor, esse conceito é análogo ao que na física é chamado de velocidade

24 Para mais informações sobre o tempo e a duração em Bergson, ver F. Worms, op. cit.

25 E. Maletta, Reflexões Sobre os Conceitos de Ritmo e Andamento e Suas Possíveis Aplicações na Cena Teatral, *Anais do Congresso da Abrace*, n. 5, p. 1.

média, comumente medida em quilômetros por hora (km/h) e metros por segundo (m/s). Também podemos estender essa definição ao cinema, que mede o andamento em *frames per second* (fps), normalmente 24 fps, ou seja: 24 quadros por segundo de filme. Já o andamento de uma música costuma ser medido em batidas por minuto (bpm). Em um relógio, por exemplo, o ponteiro dos segundos segue o andamento de 60 bpm.

Na métrica musical, essas "batidas" são chamadas de pulsos, que estão para uma obra musical assim como o minuto está para o dia. Ou seja, como vimos na seção anterior, o pulso é a unidade de medida convencionalmente padronizada para metrificar a passagem do tempo musical. O conjunto de pulsos forma uma pulsação que estabelece compassos, analogamente, os minutos do tempo de Cronos determinam as horas, os períodos dos dias, semanas, meses e por aí afora.

Por enquanto, importa ressaltar que os pulsos, as "batidas", nem sempre são audíveis. Podemos ouvi-las explicitamente, por exemplo, quando são marcadas pelo som regular de um ou mais instrumentos percussivos (como os ataques simultâneos de bumbo, surdo e chimbal em "Seven Nation Army", do duo The White Stripes) ou até mesmo da melodia (como as doze primeiras notas da melodia principal de "Ode à Alegria", na *Nona Sinfonia* de Beethoven). Mas também podemos perceber essas batidas, apesar de não serem audíveis, quando os sons musicais não coincidem por completo com os pulsos (como no início de "Carry On Wayward Son", da banda Kansas, que começa com um coro de vozes entremeado por pausas no momento de algumas dessas batidas). O que nos possibilita perceber os pulsos que não são marcados por algum som é a **regularidade** da pulsação. Dentre as músicas mais difundidas no rádio, na TV e no cinema, são raras as que não possuem um andamento perceptível e regular: quase tudo que toca nessas mídias provoca uma reação espontânea de bater os pés, os dedos, as mãos ou até pular e se movimentar seguindo os pulsos regulares que caracterizam o andamento da música.

Mas e no teatro? É possível medir o andamento de uma cena? Em contraste com a música, os espetáculos de teatro não costumam acontecer com um andamento perceptível, pelo menos não no nível das bpm. Sem dúvida, há exceções, por exemplo, um espetáculo todo elaborado coreograficamente a partir de trilhas musicais: nesse caso, ao mesmo tempo, atores e espectadores podem perceber o andamento do espetáculo em bpm. Porém, quando não há o recurso musical, a "velocidade média" dos espetáculos teatrais parece imensurável, resultando de uma complexa teia entrelaçada por diversos fatores. Nesse sentido, os atores e os espectadores podem perceber o andamento de uma peça ao acompanhar as mudanças de luz e de cenário, os deslocamentos corporais no espaço cênico, as palavras pronunciadas, os ruídos e movimentos dos objetos, enfim, a ação de tudo isso sobre eles. Nessa perspectiva, é difícil indicar esse andamento com um número absoluto, pois o andamento cênico pode ser percebido como uma polifonia de andamentos.

Quando fala sobre a polifonia cênica, Maletta salienta que há um ponto em comum entre os discursos da imagem, do movimento, do som e da palavra: todos realizam ações que compõem a dramaturgia do espetáculo[26]. O ator domina esses discursos e compõe suas ações basicamente com movimentos, posturas, deslocamentos e pausas corporais, incluindo sons ou não. Por isso, considero que a ação é para a cena o que o pulso é para uma peça musical: sua unidade de medida – mesmo que não haja, no caso da ação, a mesma precisão que o pulso pressupõe na perspectiva da métrica musical.

Ao estabelecer seu sistema, Stanislávski investigou profundamente o conceito de ação física[27], do qual os elementos tarefa, propósito e circunstâncias propostas nos permitem desenvolver essa reflexão sobre andamento e ritmo na atuação cênica. Adiante, apresentarei reflexões mais aprofundadas sobre esses elementos e sobre

26 Ver E. Maletta, *Atuação Polifônica*.

27 Ver C. Stanislávski, *An Actor's Work*. Algumas vezes, Stanislávski escrevia "sistema", entre aspas, para evitar interpretações dogmáticas, pois o sistema está sempre em transformação, sempre subordinado à experiência viva da atuação. Para mim, as aspas parecem indicar que Stanislávski falava não de um sistema fechado, porém aberto. Sobre sistemas abertos e fechados, na perspectiva científica, ver seção "Visitando o Conceito de Vida na Ciência", no capítulo "A Atuação Viva", infra.

a ação física. Por enquanto, é suficiente compreender que uma ação física não é algo tão simples como "arrumar a casa". Isso seria uma tarefa. Para realizar uma ação física, o ator precisa complementar essa tarefa com um propósito adequado às circunstâncias propostas. Vejamos um exemplo:

> Circunstâncias propostas: o ator interpreta o dono de uma empresa pequena que despertou o interesse de um milionário investidor estrangeiro que quer, urgentemente, visitá-lo em sua casa para uma reunião de negócios. Tudo parece conspirar positivamente para o dono da empresa, exceto pelo fato de que a sua casa está uma bagunça;
>
> Tarefa: arrumar a casa;
>
> Propósito [de "arrumar a casa"]: impressionar o milionário investidor estrangeiro.

Nesse exemplo, considerando as circunstâncias propostas, temos a ação física de "arrumar a casa para impressionar o milionário investidor estrangeiro". Levando em conta a perspectiva de Stanislávski de que uma ação física é mais complexa que uma tarefa, reformularei agora a afirmação anterior – de que "a ação é para a cena o que o pulso é para uma peça musical"; assim, sem a pretensão de fazer uma comparação absoluta, **a tarefa é para a cena o que o pulso é para uma peça musical: sua unidade de medida**.

Maletta contribui na investigação dessa questão, sugerindo o exemplo de uma hipotética cena que pudesse ser dividida em uma sequência de três ações realizadas por um ator. A seguir, adapto essa sequência para três tarefas, em vez de ações:

I. Entrar na sala;
II. Olhar para um grupo de pessoas que está nessa sala;
III. Sair da sala.

Retomando a definição: **andamento** é "a velocidade média segundo a qual o evento, como um todo, é executado"[28]. Então, imaginemos que essa cena inteira – o evento, como um todo – seja executada em nove segundos. Dessa forma, o **andamento** dessa cena seria de **uma tarefa para cada três segundos**. Ou seja, teoricamente, cada uma das três tarefas duraria exatamente três segundos, dividindo o tempo em três durações idênticas. No esquema abaixo, o **andamento** é representado graficamente pela sequência de círculos preenchidos na cor preta, que representam o que seriam, em música, os pulsos da pulsação fundamental:

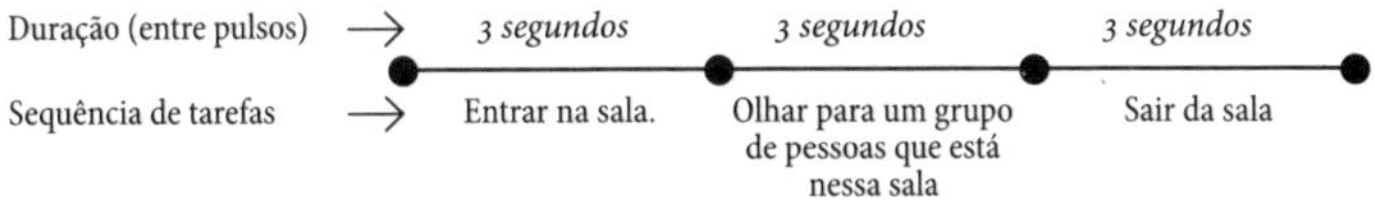

Esquema 2 – Andamento (uma tarefa para cada três segundos).

Se essa cena tivesse uma duração total de seis segundos em vez de nove, o seu **andamento** seria de *uma tarefa para cada dois segundos*. Esquematicamente:

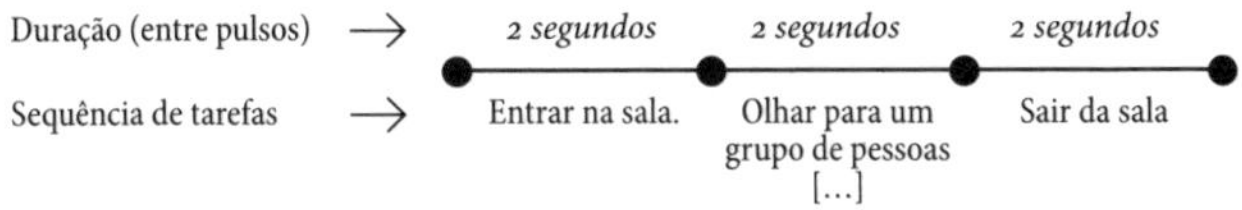

Esquema 3 – Andamento (uma tarefa para cada dois segundos).

Podemos inferir que o esquema 3 representa um andamento mais rápido do que o esquema 2, pois a realização das **mesmas três tarefas**, nos dois esquemas, ocorre em menos tempo no esquema 3. Além disso, podemos imaginar que esses dois exemplos de andamentos diferentes resultariam em cenas distintas, com sensações diferentes tanto no espectador como no ator. Como constatei no estudo do

28 E. Maletta, Reflexões Sobre os Conceitos de Ritmo e Andamento e Suas Possíveis Aplicações na Cena Teatral, op. cit., p. 1.

texto de Maletta, os sentidos dramatúrgicos são influenciados pelos andamentos das cenas.

Assim, no esquema 2, para que a duração de três segundos para cada tarefa seja dramaturgicamente justificada – isto é, para que o andamento "**uma tarefa para cada três segundos**" faça sentido –, podemos imaginar os propósitos que complementariam essas tarefas e, também, as circunstâncias propostas que deflagrariam a cena. Vejamos:

1. O funcionário de uma empresa entra na sala para participar de uma reunião de trabalho [três segundos].
2. Olha para as pessoas que estão lá dentro para verificar quem já está presente e percebe que o seu chefe ainda não está [três segundos].
3. Sai da sala para tomar um café [três segundos].

Já no segundo exemplo (esquema 3), cujas tarefas são executadas no transcorrer de dois segundos cada, podemos imaginar um contexto um pouco diferente do anterior:

1. O funcionário de uma empresa, que está um pouco atrasado para uma reunião, entra na sala [dois segundos].
2. Olha para as pessoas que estão lá dentro e percebe que entrou na sala errada [dois segundos].
3. Sai da sala, antes que os presentes notem a sua presença, para procurar a sala correta [dois segundos].

Se um ator realizasse a cena do esquema 2, com suas tarefas e propósitos específicos, utilizando o andamento do esquema 3, provavelmente, essa cena perderia conexão com suas circunstâncias propostas e não seria executada de maneira adequada. O mesmo valeria para a operação contrária: fazer a cena do esquema 3 com o andamento do esquema 2.

Até aqui, podemos concluir que o andamento é um conceito importante no teatro, na medida em que atores e diretores podem experimentar cenas em andamentos diversos para escolher o mais adequado à proposta dramatúrgica, seja esta uma criação que parta de um texto prévio ou não – pois o texto, sendo ou não registrado por escrito, pode até mesmo ser elaborado a partir de experimentos com diversos andamentos. Entretanto, no dia a dia teatral, atores, diretores e professores costumam se limitar às mudanças de andamento, sem explorar as possibilidades rítmicas das cenas que desenvolvem. Também é muito comum ouvir a palavra "ritmo" ser limitada e utilizada em contextos em que "andamento" seria o termo mais adequado. Isso ocorre, por exemplo, quando o diretor estala freneticamente os dedos enquanto grita com o ator: "Mais ritmo! Mais ritmo!", solicitando, na verdade, que diminua a duração total da cena, realizando as mesmas tarefas, ou seja, que atue com um andamento mais rápido.

Mas, então, o que é o ritmo na atuação? E por que trabalhar o ritmo das ações físicas é diferente de trabalhar o andamento de uma cena?

Continuando o seu raciocínio fundamentado na métrica, Maletta afirma que o ritmo diz respeito "às relações entre as durações das unidades que constituem o evento"[29]. Retomando as cenas anteriores, seus ritmos se referem às relações entre as durações das suas três tarefas. Assim, nos dois casos – esquemas 2 e 3 – teríamos o mesmo ritmo, pois, **proporcionalmente**, as relações entre as durações de cada tarefa seriam as mesmas. Observando novamente os esquemas acima, observa-se a proporção 3:3:3 no primeiro e 2:2:2 no segundo, ou seja: pelo princípio da equivalência matemática, ambos os ritmos sucedem à proporção 1:1:1. Sendo assim, ao compararmos os esquemas 2 e 3, o andamento foi modificado – sendo mais rápido no esquema 3 do que no esquema 2 –, porém, a estrutura rítmica se manteve a mesma.

29 Ibidem, p. 2.

Ainda observando os dois exemplos anteriores, noto que, em ambos, o ritmo das tarefas, por ser regular, "coincide" com o andamento da cena. Mas por que coincide? Imaginemos que o diretor da cena representada pelo esquema 2 marcasse o seu andamento com a ajuda de um cronômetro. Assim, ele daria um estalo de dedos a cada três segundos, exatamente nos instantes grafados com os círculos preenchidos na cor preta. Dessa forma, o início de cada tarefa coincidiria com o som do estalo de dedos do diretor. Por isso digo que o ritmo, nesse caso, coincide com o andamento. O mesmo aconteceria se fizéssemos essa experiência com a cena representada pelo esquema 3, sendo que, desta vez, o diretor estalaria os dedos a cada dois segundos.

Podemos pensar nessa relação entre andamento e ritmo em uma viagem de carro. Se levarmos uma hora para percorrer uma distância de cem quilômetros, teremos uma velocidade média de 100 km/h. Em teoria, é possível que a velocidade do carro seja constante durante todo o percurso da viagem, resultando em um ritmo que coincida com o andamento. Porém, se pensarmos com bom senso, na prática, uma viagem de carro costuma ter trechos variados que vão impor acelerações e desacelerações ao motorista. Por exemplo:

Trecho 1: linha reta;
Trecho 2: subida muito acentuada;
Trecho 3: curvas sinuosas.

É bem provável que, em função das diferenças na estrada, cada trecho dessa viagem seja percorrido em uma velocidade diferente. As relações entre as durações dos tempos gastos para percorrer cada um desses trechos é que definem o ritmo da viagem. O andamento, por sua vez, é dado simplesmente pela razão entre a distância total percorrida na viagem e o seu tempo total de duração.

Aproveito essa analogia para chamar a atenção para um fato: em uma sequência de tarefas cênicas, assim como em uma viagem de carro, sempre haverá ritmos. No entanto, a estrutura rítmica de uma cena pode ficar muito limitada e monótona se sempre seguir a proporção

1:1, isto é, se o início e o fim de cada tarefa obedecer a uma regularidade tão estrita e repetitiva que chega a martelar o andamento da cena para o espectador. O diretor russo Jurij Alschitz diz que um motorista não dorme em uma estrada montanhosa, mas em uma estrada regular, sim. Então, vamos imaginar ritmos que não fiquem "confinados" à regularidade pressuposta pelo andamento. Para isso, continuo com as mesmas três tarefas dos esquemas anteriores. Por exemplo:

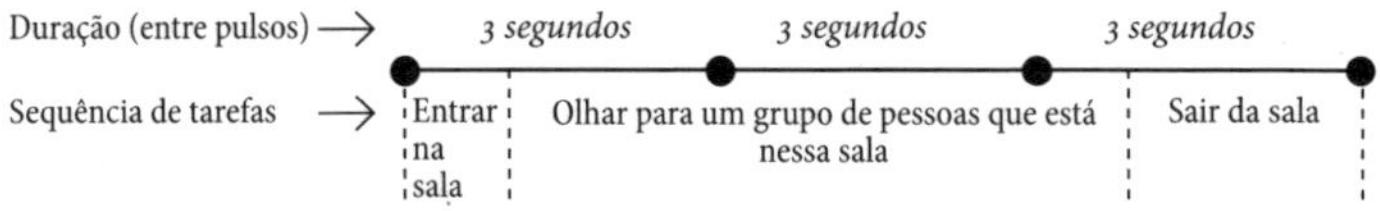

Esquema 4 – Andamento igual ao representado no esquema 2 (porém com ritmo diferente).

No esquema 4, continuei representando o andamento pelo recurso gráfico da sequência alinhada de círculos preenchidos na cor preta. Abaixo dessa linha, estão representados o início e o fim de cada tarefa por meio de segmentos verticais tracejados. Podemos observar que o andamento representado no esquema 4 é o mesmo do esquema 2, seguindo a convenção de uma tarefa para cada três segundos. Mas como podemos identificar o ritmo dessa cena? Apropriando-me do raciocínio de Maletta, devo começar constatando as durações de cada tarefa para, em seguida, **observar a relação entre as suas durações**. De acordo com o esquema 4, a tarefa I dura um segundo, a tarefa II dura seis segundos, e a tarefa III dura dois segundos. Assim, podemos notar que a segunda tarefa dura o sêxtuplo da primeira, e a terceira dura um terço da segunda. Temos, portanto, um ritmo estruturado por meio das relações de sêxtuplo (6:1) e um terço (1:3), considerando que essas relações são estabelecidas entre as durações das três tarefas, em sequência.

O esquema 4, apesar de possuir o mesmo andamento que o esquema 2, apresenta ritmos distintos, isto é, há a mesma quantidade de tarefas (três) e a mesma duração total (nove segundos) para a realização dessas tarefas, porém o jogo de durações entre as tarefas é diferente entre esses dois esquemas. A mudança no jogo de durações implica alteração nas relações de proporção entre as tarefas – de 6:1 para 1:3 –, e isso significa, em termos métricos, mudança de ritmo. Essa mudança de ritmo afeta, também, o sentido dramatúrgico da cena e as sensações do espectador e do ator. Assim, para o terceiro exemplo (esquema 4), podemos imaginar o contexto da cena e os propósitos que complementam as três tarefas, na seguinte sequência:

1. O funcionário de uma empresa entra na sala para dar um recado urgente a um de seus colegas [um segundo].
2. Olha para as pessoas que estão lá dentro para procurar o seu colega e, em meio à agitação caótica de uma reunião de emergência, percebe que ele não está ali [seis segundos].
3. Sai da sala para procurá-lo em outras partes da empresa [dois segundos].

Seria possível, ainda, subdividir essa estrutura rítmica em outras tarefas. Por exemplo: a tarefa II, que dura seis segundos, poderia ser decomposta em cinco segundos para olhar para as pessoas que estão lá dentro a fim de procurar o seu colega e, em seguida, mais um segundo para constatar que ele não está ali. Há infinitas possibilidades de estruturação rítmica, mesmo em uma cena aparentemente simples como essa. Por enquanto, cabe observar que o ritmo é um conceito diferente do andamento e que ambos influenciam diretamente nas sensações e no sentido dramatúrgico.

Para reforçar a reflexão até aqui proposta, segundo Maletta: "Os conceitos de ritmo e andamento são muitas vezes confundidos, talvez porque ambos se relacionam com as ideias de *duração* e de *velocidade*. No entanto, há um fator que define uma grande distinção entre eles: no caso do andamento, a duração e a velocidade *referem-se ao evento como um todo*; no caso do ritmo, *referem-se às relações entre as unidades que constituem o evento*."[30]

30 Ibidem.

Nesse sentido, além de podermos modificar o ritmo de uma sequência de tarefas sem alterar o seu andamento – como observamos na relação entre as duas cenas resultantes dos esquemas 2 e 4 –, podemos também modificar o andamento sem alterar a estrutura rítmica. Vejamos o esquema 5, a seguir:

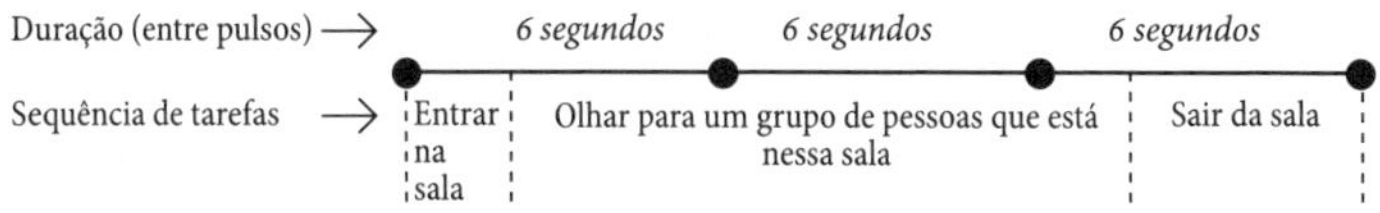

Esquema 5 – Ritmo igual ao representado no esquema 4 (porém com andamento diferente).

Podemos observar que o andamento da cena representada no esquema 5 é mais lento que o da cena do esquema 4. Entendamos por quê. No esquema 4, assim como no esquema 2, medimos este andamento: uma tarefa para cada três segundos. Já no esquema 5, a duração total da cena é de dezoito segundos – o dobro da duração dos esquemas 2 e 4 – e temos as mesmas três tarefas que acontecem nesse período. Portanto, para medir o andamento, basta dividir o tempo total da cena pela quantidade de tarefas, isto é, $18 \div 3 = 6$. Logo, a cena representada no esquema 5 tem este andamento: **uma tarefa para cada seis segundos**.

Apesar de apresentarem andamentos diferentes, as cenas representadas nos esquemas 4 e 5, sob a perspectiva métrica, possuem o mesmo ritmo. Entendamos por quê. De acordo com o esquema 5, a tarefa I dura dois segundos, a tarefa II dura doze segundos, e a tarefa III dura quatro segundos. Assim, podemos notar que a segunda tarefa dura o sêxtuplo da primeira, e a terceira dura um terço da segunda. Temos, portanto, a mesma sequência rítmica do esquema 4, estruturado por meio das relações de sêxtuplo (6:1) e um terço (1:3).

Para o esquema 5, podemos imaginar propósitos semelhantes aos que imaginamos para complementar as tarefas do esquema 4. Porém, nesse caso, o contexto deflagrador da cena deveria ser mais desafiador, a fim de provocar um andamento mais lento que o anterior:

1. O funcionário da Bolsa de Valores entra no salão para dar um recado urgente a um de seus colegas [dois segundos].
2. Olha para as muitas pessoas que estão lá dentro para procurar o seu colega e, em meio à agitação caótica de um pregão, percebe que ele não está ali [doze segundos].
3. Sai do salão para procurá-lo em outros lugares [quatro segundos].

Os exemplos de cenas e tarefas, com seus contextos e propósitos, que utilizei nesta seção foram fundamentados e inspirados por artigo de Ernani Maletta, em que oferece interessantes exemplos de cenas com andamentos e ritmos diferentes desses que foram aqui apresentados[31].

O Ritmo Vai…
Escoando ou Se Escorando?

A palavra "ritmo" vem do substantivo grego *rythmós*, cuja raiz é o verbo *réo* que significa fluir, escorrer, escoar. Ao refletir sobre a raiz etimológica do termo, o filósofo italiano Giovanni Piana (1940-2019) questiona o fato de diversos autores definirem o ritmo como fluxo (aquilo que flui, escorre) a partir de analogias com o movimento do rio e das ondas do mar.

Vejamos alguns breves exemplos que encontrei com esse tipo de definição. Em *A Arte Secreta do Ator*, lê-se: "literalmente, ritmo significa um meio particular de fluir"[32]. No Léxico do *Drama Moderno e Contemporâneo*, Jolly fala do ritmo linguístico como um fluxo que

31 Ibidem.
32 E. Barba, Ritmo, op. cit., p. 211.

constitui a totalidade do discurso. O músico e pedagogo Murray Schafer diz que "originalmente, 'ritmo' e 'rio' estavam etimologicamente relacionados, sugerindo mais o movimento de um percurso inteiro do que sua divisão em articulações"[33]. Em todos esses casos, que buscam referência na etimologia, o ritmo é visto como um fluxo que escoa em uma temporalidade contínua, escorrendo sem interrupções.

Piana questiona esse tipo de definição de ritmo baseada nessa suposta origem etimológica[34]. Posso resumir sua inquietação da seguinte forma: será que o ritmo não deixaria de ser ritmo se fosse de fato um fenômeno totalmente fluido?

Na seção anterior, entendemos que o andamento é o conceito que se refere ao evento como um todo; o ritmo diz respeito às relações entre as partes que constituem o todo. Então, se compreendêssemos o ritmo a partir da analogia do fluir de um rio, como poderíamos diferenciá-lo, com precisão, do conceito de andamento? Para não cair nessa contradição argumentativa, faço referência a Piana, que apresenta um elucidativo estudo sobre a história da palavra "ritmo", investigando os contextos de utilização dos termos gregos que lhe deram origem. O autor fundamenta seu pensamento nos estudos de Werner Jaeger, filólogo alemão, e Émile Benveniste, linguista francês.

Primeiro, Piana afirma que o verbo grego *réo* não foi e não é usado para fazer referência às ondas do mar, ainda mais que o mar não escorre; para o autor, o que escorre é o rio. Além disso, *rythmós*, em seus usos mais antigos, "nunca é aplicada nem mesmo no sentido de escorrer da água em geral"[35]. Em contraposição, ele defende que o ritmo está mais relacionado às **barragens** do que à água que flui no rio. O autor enfatiza que *rythmós* está associado à ideia de barragem: "não se trata de *fluxo*, mas de *barreira* ao fluxo; não se fala de *rio*, mas de *barragem*"[36]. Retomarei essa analogia do ritmo com a barragem do rio em

33 M. Schafer, *Ear Cleaning*, p. 21. (Grifo nosso.)
34 Ver G. Piana, *A Filosofia da Música*.
35 Ibidem, p. 174.
36 Ibidem, p. 175.

diversas passagens dos capítulos seguintes, pois será fundamental para a compreensão da atuação viva e das variações rítmicas vivas.

O musicólogo brasileiro Bruno Kiefer fala do ritmo semelhante a Piana. Apesar de apresentar a origem grega do termo "ritmo" como "aquilo que flui" – o que Piana aponta como um equívoco –, Kiefer logo alerta que:

> Se pensarmos no fluir tranquilo e contínuo de uma corrente de água ou na emissão contínua de um som no qual nada se altere, não teremos a noção de ritmo. Falamos em ritmo a partir do momento em que o fluir apresenta *descontinuidades*. Exemplos: emissão de sons de duração desigual; determinado movimento dos braços; acidentes numa corrente de água. A percepção das descontinuidades traz consigo a comparação, a medida, entre os fragmentos daquilo que flui.[37]

A ideia de Kiefer sobre as descontinuidades me leva a pensar no ritmo como obstáculo ao fluxo, noção que fica ainda mais saliente em Piana, que entende o ritmo como "barreira ao fluxo". Quem também faz eco a esse pensamento, do ritmo como fenômeno diferente da pura fluidez, é a pesquisadora brasileira Jacyan Castilho, que apresenta uma revisão desse conceito à luz das ideias de Bruno Kiefer, Sérgio Magnani, Werner Jaeger e Paul Zumthor. Para ela, "o ritmo bem poderia ser definido como 'aquilo que estanca', ou melhor, que ordena, regula e organiza o movimento contínuo em sequências de descontinuidades – sendo esse movimento, no mais comum dos sentidos, o tempo"[38]. Apesar de compreender o raciocínio da autora, devo divergir quanto à sua sugestão de ritmo como "aquilo que estanca", pois, para mim, "estancar" significa esgotar, secar, acabar, parar, estagnar, ter um fim, extinguir, que são palavras que matam o ritmo, porque impedem por completo o movimento. Prefiro dizer que o ritmo é aquilo que se dá em um caminho com barreiras, barragens, obstáculos,

37 B. Kiefer, *Elementos da Linguagem Musical*, p. 23. (Grifo nosso.)
38 J. Castilho, *Ritmo e Dinâmica no Espetáculo Teatral*, p. 23.

esco$_r$amentos, descontinuidades, que são palavras que desafiam o movimento, exigindo-lhe transformações.

Ao retomar Piana, observo que apresenta alguns exemplos interessantes do antigo uso do termo *rythmós*. Um deles se refere à tragédia *Prometeu Acorrentado*, de Ésquilo, em que o titã Prometeu diz: "eu estou aqui preso neste ritmo"[39]. Quando diz isso, Prometeu está imobilizado pelas correntes que o prendem a uma grande rocha exposta ao Sol e às ondas do mar; preso em movimento corporal, mas não em relação aos movimentos do pensamento. Como se não bastasse a agonia dessa situação, uma águia aparece para devorar o seu fígado e torna a devorá-lo toda vez que este se regenera. Já em *Os Persas*, também de Ésquilo, o rei Xerxes "pretendia dar um ritmo às águas do Helesponto, significando com isso a ideia de represá-las, interpondo uma barragem ao seu escorrer"[40].

Podemos, também, estender a inversão da analogia entre ritmo e rio proposta por Piana, pensando em outros obstáculos ao fluir contínuo do rio, além da barragem, tais como: a vegetação, as pedras, os estreitamentos, as quedas d'água, a lama, a enchente que faz transbordar, a aridez que faz secar. Assim, o ritmo não estaria no escorrer do rio; o ritmo do rio estaria na relação entre os diversos elementos que obstaculizam o seu fluir. Posso afirmar, portanto, que **o ritmo não escoa; ele vai se esco$_r$ando**.

A seguir, apresento um exemplo multimodal de como o ator pode acabar assassinando o ritmo...

Matando o Ritmo: Exemplo Multimodal N. 1

Sobre a questão do escoamento posso dar um exemplo multimodal com uma brincadeira de escrever assim sem pontuação

39 G. Piana, op. cit., cita esse verso de Prometeu a partir da obra de Jaeger. Procurei a referência em traduções para a língua portuguesa, mas não encontrei a palavra ritmo nas traduções da referida obra de Ésquilo.

40 Ibidem, p. 175.

para você leitor ou leitora observar como essa ausência gráfica de vírgulas dois pontos ponto e vírgula travessões e pontos-finais altera o ritmo da leitura as possibilidades de interpretação são nesse caso tão múltiplas sem nenhuma sensação de repouso como se as ideias estivessem à deriva que a leitura pode acabar causando certo desconforto o olho é sugestionado a ler em um fluxo contínuo um escoamento de ideias enquanto a mente fica se esforçando para agrupar essas ideias como se fossem compassos musicais para digerir satisfatoriamente as informações apresentadas é claro que na literatura esse recurso pode ser utilizado com maestria como por exemplo o faz José Saramago em algumas de suas obras entretanto não estou discutindo literatura e sim teatro mais precisamente o ritmo da atuação assim sem pretender desqualificar o estilo de Saramago faço essa brincadeira apenas para pensar por analogia em um ator que se movimenta e fala sem variações rítmicas como se tudo que diz fosse a mesma coisa sem desenvolvimento sem surpresas sem contrastes quase à maneira robótica da voz do Google tradutor essa proposta dá a impressão de um escoamento ininterrupto de ideias não há obstáculos para possibilitar a percepção do ritmo há apenas esse fluxo contínuo que parece mais um balde fundo cheio de água despejado de uma vez sobre você que está lendo essa sensação pode ser ainda mais incômoda sim estou de propósito induzindo a sua leitura preste atenção se fossemeliminadossosespaçosentreaspalavrasreduzindoobrancotipográficoqueestavaajudandovocêapontuarotextomesmosemsinaisgráficosdepontuação. Ufa! Percebeu o alívio que o ponto-final e a exclamação acabaram de provocar? E a sugestão implícita nessa interrogação? E que tal a sensação causada por esta próxima? Divertida? Estas reticências são… no mínimo, um descanso para seus olhos e sua mente, não acha?

O Ritmo se Apoia em e Resiste a Obstáculos

Retomo agora a minha afirmação de que "o ritmo não escoa; ele vai se esco**r**ando". Isso significa que o fenômeno ritmo não é um escoamento, um fluxo. No teatro, na música, nas outras artes, na natureza, no universo, o ritmo não é um fenômeno que escorre como um rio ou como qualquer outro tipo de fluido; o ritmo é um fenômeno que implica o esco$_{\mathbf{r}}$amento **em** e **de** obstáculos. "Esco$_{\mathbf{r}}$amento **em** obstáculos" significa escorar-se neles, no sentido de apoiar-se, sustentar-se, amparar-se neles; já "escoramento **de** obstáculos" significa escorá-los, no sentido de resistir a, de tentar deter o avanço, golpe ou ataque de alguma coisa ou alguém, como nos informa o *Aulete*. O ritmo de um rio, por exemplo, pode ser definido em função da relação de pelo menos dois de seus componentes: fiquemos com a água e as barragens. Nesse caso, a água vai se esco$_{\mathbf{r}}$ando, apoiando-se nas barragens; estas, por sua vez, vão esco$_{\mathbf{r}}$ando, resistindo à água que avança em sua direção.

Optei pela palavra "esco$_{\mathbf{r}}$ar" em contraposição a "escoar", justamente porque a diferença estrutural entre as duas é uma letra $_{\mathbf{r}}$ – e isso não é um só um ornamento poético. Essa consoante funciona como um obstáculo às vogais entre as quais se interpõe. Considero esse detalhe multimodal importante para o entendimento do ritmo e convoco o leitor a experimentar falar essas duas palavras, prestando atenção às sensações auditiva e tátil que provocam. Diga "escoar" e, em seguida, "esco$_{\mathbf{r}}$ar". Percebeu como "escoar" é mais fluida na sua boca e nos seus ouvidos? Reparou como "esco$_{\mathbf{r}}$ar" soa mais resistente, esbarrando no obstáculo da língua que vibra no céu da boca por um breve instante? Sem dúvida, as três consoantes da palavra "escoar" também representam obstáculos que lhe conferem ritmo na fala, mas nenhuma destas é tão vigorosa quanto o $_{\mathbf{r}}$ vibrante no meio da palavra "esco$_{\mathbf{r}}$ar".

Em comparação ao fenômeno ritmo, a nossa sensação nem sempre implica a percepção de esco$_{\mathbf{r}}$amentos. Podemos ter a sensação de um fluxo contínuo – de um escoamento – quando escutamos uma música ou apreciamos um ator em cena. Isso significa que, na perspectiva das nossas sensações, o ritmo pode, sim, escoar. Nesse caso, é como se o ritmo, apesar de ser um fenômeno que se esco$_{\mathbf{r}}$a, escoasse elasticamente em nossa sensação interna, aquela que Bergson chama de duração. Em outras palavras, às vezes podemos sentir o impacto do ritmo mais em seu aspecto qualitativo – a sua qualidade de escoamento, como se fluísse junto ao tempo indivisível – do que perceber com precisão as suas relações quantitativas – seus escoramentos, que lhe conferem existência como fenômeno perceptível.

O Ritmo e o Sentido de Ordem

Para o vienense E.H. Gombrich (1909-2001), célebre historiador da arte, os seres vivos possuem uma tendência inata para a busca da regularidade, lançando a hipótese de que estes sejam dotados de um sentido de ordem. Ele entende o organismo vivo como um "agente ativo que busca o ambiente não às cegas e de modo aleatório, mas guiado por seu inerente sentido de ordem"[41]. Afirma ele ainda: "o organismo deve experimentar o ambiente e deve, por assim dizer, comparar a mensagem que recebe com aquela expectativa elementar de regularidade que subjaz ao que chamo de sentido de ordem"[42].

Nessa perspectiva, entendo o sentido de ordem como aquilo que possibilita o reconhecimento da regularidade para podermos dela nos desviar, quando necessário. Esses desvios podem ocorrer na luta pela sobrevivência, quando um animal precisa quebrar a regularidade de seu deslocamento para poder fugir de uma presa, mas também podem se manifestar na arte, com diversos recursos de rompimento da ordem, despertando e renovando a atenção de quem a aprecia. Nas palavras do autor, "é o contraste entre desordem e ordem que alerta nossa percepção"[43]. Entendo que esse contraste nem sempre se dá quantitativamente em nossas percepções; na maioria das vezes, pode predominar uma sensação qualitativa do contraste.

O sentido de ordem, de que fala Gombrich, tem a ver com o reconhecimento de padrões, seja na arte, seja na natureza da vida em

41 E.H. Gombrich, *O Sentido de Ordem*, p. 5.
42 Ibidem, p. 3.
43 Ibidem, p. 6.

geral. Afirma ele: "é porque podemos criar ordens que também as reconhecemos e respondemos a desvios"[44]. Na música, por exemplo, esses desvios são muito evidentes em recursos rítmicos como a síncope e a quiáltera. A síncope é "o deslocamento regular de cada tempo em padrão cadenciado sempre no mesmo valor à frente ou atrás de sua posição normal no compasso"[45]. O gênero samba, por exemplo, é feito fundamentalmente de síncopes, pois a sensação de apoio do compasso binário não se faz no primeiro pulso, como seria de se esperar (**um** dois), mas no segundo (um **dois**). Já a quiáltera ocorre quando há a intromissão, em determinada ordem, de uma estrutura rítmica de outro tipo de ordem. Em termos de notação musical, quiáltera significa:

> Alteração convencional no valor das figuras musicais, permitindo que três delas sejam executadas no tempo que pertencia a duas. Também chamada de "tercina", é indicada por uma linha curva e pelo algarismo 3. Por extensão, costuma-se aplicar o termo a alterações análogas abrangendo cinco, sete, nove notas, ou a transformação de um grupo ternário em binário.[46]

A quiáltera faz o compasso de tipo simples parecer momentaneamente composto e vice-versa, causando sensação de surpresa. Trata-se, então, de uma interferência que renova o ritmo. Se pensarmos, por exemplo, em uma ordem composta apenas por letras e nesta introduzirmos alguns algarismos, estes terão a função de quiáltera, pois estarão "alterando", ainda que por um breve instante, a ordem predominante. Vejamos esta ilustração:

a b c d e f g 7 i j k l m n o 3 q r s 1 u v x y 2

Esquema 6 – Quiálteras de algarismos na ordem de letras.

44 Ibidem, p. 289.
45 S. Sadie, op. cit., p. 868.
46 Ibidem, p. 758.

O mesmo valeria para o contexto oposto: uma ordem de algarismos, com letras na função de quiáltera:

1 5 4 3 2 6 g 9 8 7 z k 3 4 5 6 7 8 9 u

Esquema 7 – Quiálteras de letras na ordem de algarismos.

O Ritmo e o Padrão Que Conecta

Quando pensamos em ordem, também vislumbramos padrões. O notório pensador inglês Gregory Bateson (1904-1980) diz que "o ritmo é continuamente modulado"[47], sempre inserido em um contexto sistêmico de padrões. Essa visão sistêmica, em que as partes não podem ser analisadas sendo isoladas do todo, sem considerar suas relações contextuais, também guiava o pensamento do músico Jaques-Dalcroze, para quem toda arte é baseada em contrastes: "um *accelerando* ou um *ritardando* ganha vitalidade somente quando contrasta com o andamento normal [padrão, regular]"[48].

Bateson pensa em padrões sistemicamente, priorizando as relações entre as partes que o compõem, e não descrevendo as partes em si. Nessa perspectiva, se o contexto muda, todas as suas partes também mudam, e vice-versa. Consideremos um exemplo musical: um violinista toca longamente o som de uma nota sol enquanto um pianista arpeja um acorde de dó maior; a sensação do som do violino muda completamente – mesmo com o violinista sustentando a mesma nota sol – quando o pianista passa a arpejar um acorde de mi menor no lugar daquele de dó maior. Para o pensador inglês: "Sem contexto, as palavras e as ações não fazem sentido algum. Isso é verdade não apenas na comunicação humana em palavras, mas também em absolutamente todo tipo de comunicação, em todo

47 G. Bateson, *Mind and Nature*, p. 80.

48 E. Jaques-Dalcroze, *Rhythm, Music and Education*, loc. 1837. Em citações extraídas de *e-books*, que não possuem paginação, utilizo "loc." como abreviação de localização.

processo mental, em toda a mente, inclusive aquele que diz à anêmona-do-mar como crescer e, à ameba, o que deve fazer em seguida."[49]

A questão do contexto perpassa a história da vida e é fundamental para entendermos a natureza do ritmo. Essa questão será aprofundada em "A Atuação Viva", quando abordarei o conceito de circunstâncias propostas, de Stanislávski, relacionando-o com alguns pressupostos científicos do conceito de vida.

Bateson insiste que os padrões da vida são muito mais qualitativos do que quantitativos, pois, se no pensamento sistêmico são as relações que devem ser objeto da atenção – e não as partes isoladas –, é preciso levar em conta que a qualidade das relações vai variar em função do contexto. Quando ele analisa a simetria do caranguejo, por exemplo, percebe que esta não será quantitativamente exata, pois uma das suas "patas" (garras, pinças) costuma ser um pouco maior que a outra. Apesar disso, é possível notar que as funções dessas partes, em relação ao todo, parecem ser as mesmas. Nesse sentido, considerando-se ambas as "patas" dentro do contexto, descobrindo as relações destas com o todo, é possível dizer, segundo Bateson, que há no caranguejo uma simetria, sim, mas de ordem qualitativa.

O mesmo raciocínio pode ser levado em conta, de acordo com esse autor, quando uma criança se refere à tromba como o nariz do elefante: ela não precisa saber a função da tromba (por exemplo, cheirar e respirar), para inferir que esta corresponde ao nosso nariz humano; se observarmos a relação da tromba com o todo, poderemos reparar que, assim como ocorre com o nosso nariz, ela está disposta logo acima da boca e logo abaixo dos olhos – então, não é a função da tromba em si que nos faz correspondê-la ao nosso nariz, mas a semelhança da relação observável no padrão boca-tromba-olhos com a relação observável no padrão boca-nariz-olhos.

O padrão boca-tromba se relaciona com o padrão tromba-olhos que se relaciona com o padrão boca-olhos, formando uma polifonia de padrões. Ou, nas palavras de Bateson, "o padrão que conecta é um

49 G. Bateson, *Mind and Nature*, p. 15.

metapadrão. É um padrão de padrões"[50]. A seu ver, o artista é um exemplo vivo de quem lida criativamente com os padrões, reconhecendo-os e modulando suas redundâncias, sem permitir seu afundamento na monotonia. Isso acaba criando novos padrões, tornando o padrão geral da obra um metapadrão, composto de inúmeras relações entre diversos padrões. Para mim, esse fenômeno fica muito evidente em um espetáculo teatral, cuja polifonia intrínseca envolve padrões discursivos diferentes que se entrelaçam formando um contexto cheio de diversidade rítmica. Assim, o ritmo do espetáculo também pode ser considerado um metarritmo, se pensarmos que as variações rítmicas de um ator se cruzam com as de tantos outros, tais como, as luzes, a música, os objetos e até os pensamentos e sensações do espectador. São muitas camadas de padrões rítmicos, em constante transformação, que formam o ritmo global do espetáculo, um metarritmo que cada indivíduo perceberá de modo diferente.

Na música, no teatro e na arte em geral, os desvios nos padrões são fundamentais para estimular e surpreender o sentido de ordem, de que fala Gombrich. Também é importante considerar que os padrões captados por nosso sentido de ordem nunca estão isolados de contexto, mas estão sempre em relação com outros padrões, formando metapadrões em nossa mente, como diz Bateson. Ordem e padrão são noções importantes para a compreensão do ritmo, esse fenômeno que, para Kiefer, "dá vida a uma obra ou, talvez melhor, é através do ritmo que a vida se expressa numa obra musical"[51]. O que vale para a música pode também valer para a obra cênica: é através da relação do ator com o ritmo que a vida pode se manifestar em cena. Em "A Atuação Viva", na seção "Visitando o Conceito de Vida na Ciência", entro mais profundamente no tema, desenvolvendo o raciocínio sobre ordem e padrões em termos de regularidade e periodicidade.

Um dos pontos a que muito me referi nas três últimas subseções foi o das dimensões quantitativa e qualitativa do ritmo. A seguir,

50 Ibidem, p. 11.
51 B. Kiefer, op. cit., p. 25.

proponho algumas analogias para desenvolver essa questão, buscando compreender as possibilidades de sensações qualitativas que o ritmo pode nos provocar, em diversas situações hipotéticas.

Quantidade e Qualidade na Sensação do Ritmo

Em uma conversa entre duas pessoas, pode até ser possível medir a quantidade de palavras, sílabas e letras... Pode até ser possível, por meio de alguma máquina, medir a duração das pausas e os alongamentos e encurtamentos de vogais e consoantes. No entanto, não é isso que, em geral, fazemos quando participamos ativamente de uma conversa. Nossa percepção parece caminhar por um terreno bem mais qualitativo do que quantitativo, porque, para estabelecermos uma comunicação efetiva com o outro, temos que reagir a uma profusão de fatores que compõem o ritmo vocal de nosso interlocutor, tais como as variações de amplitude dos gestos, direção do olhar, entonação das palavras, encadeamento das ideias (em frases ora mais curtas ora mais longas), intensidade sonora e timbre. Em uma conversa, recebemos todas essas informações, *a cada instante*, o que nos impele a uma relação mais qualitativa do que quantitativa com nosso interlocutor. Isto é, ouvimos e falamos muito mais atentos ao efeito global da comunicação do que à análise calculista de cada informação verbal, sonora e visual que os nossos sentidos conseguem captar. Computadores já podem conversar com seres humanos, mas sua participação é totalmente quantitativa, pois, nesse caso, os seus programadores criam algoritmos para possibilitar essa "humanização" da máquina.

Ao relacionarmos essa ideia de qualidade e quantidade com o teatro, a repetição presente nos ensaios e nas temporadas impõe um grande desafio para o ator: lidar com uma quantidade repetitiva de trabalho sem perder o fulgor de sua qualidade artística. Em vez de atuar como um computador programado com algoritmos, o ator precisa desenvolver sensibilidade para jogar livremente com as qualidades rítmicas da cena e sustentar a atenção do espectador. Stanislávski critica a falta de *legato* na fala cênica, ou melhor, a falta de fluência do ator em dizer o texto[52]. Incomoda-lhe o fato de os atores martelarem o texto com tanta brutalidade, separando palavras e sílabas de um jeito forçado demais, com uma afetação que não leva a nada, somente à monotonia.

E por falar em "martelar" o texto...

Matando o Ritmo: Exemplo Multimodal N. 2

Dado o momento oportuno da argumentação, aproveito para propor um exemplo multimodal que, desta vez, apresenta-se como o inverso do exemplo anterior, aquele do qual, estrategicamente, foram suprimidos os sinais gráficos de pontuação, chamando a atenção, agora, para o fato de que, como afirmam Badréglias e Trometélias[53]: "quando obstaculizamos demasiadamente as ideias, seja pelo excesso de sinais de pontuação ou de repetições de conjunções, na escrita, seja pelo abuso no uso de pausas, na fala cênica, acabamos por dificultar, desnecessariamente, a sua compreensão"[54]. Perceba, caro leitor, ou cara leitora, que acabo de elaborar, em um total de nove linhas (!), um período inteiro, fato que, provavelmente, dificultou, sobremaneira, a sua compreensão (certamente, você teve que reler esse período,

52 Ver *Minha Vida na Arte*.

53 Badréglias e Trometélias são irmãs pesquisadoras que, nascidas na Grécia, foram cedo para a França, onde vivem, até hoje, palestrando sobre epistemologia intersemiótica do pós-estruturalismo contemporâneo.

54 Badréglias e Trometélias em seu livro *A Perspectiva Epistemológica do Antirritmo na Escrita e na Leitura ou o Desvelar do Não Lugar do Atravessamento pelo Discurso Pseudo-taxonômico na Linguística Pós-Estruturalista e nas Artes Performativas do Afeto* (2017), p. 171. Todas as referências citadas neste parágrafo **são inventadas**, ou seja, Badréglias e Trometélias **não existem** na realidade! Inventei também, aleatoriamente, os conceitos e citações atribuídos a essas autoras fictícias.

pelo menos, mais uma vez, para, intrepidamente, captar o sentido da proposta) e, seguramente, fez você refletir, sobriamente, sobre o que mais, além do uso inconveniente, penoso, "fagedênico" e excessivo de vírgulas, poderia afetar, negativamente, o ritmo da leitura e, *ignotum per ignotius*, a apreensão das ideias de um texto. Segundo Badréglias e Trometélias, "o *uso indiscriminado* de *advérbios* e de *adjetivos* também pode causar desvios de atenção no leitor [ou na leitora], **travando o ritmo de sua leitura**, fato este agravado, pasmêm [*sic*], pelo emprego de termos desconhecidos e, às vezes, até incompreensíveis, quando usados em contextos inapropriados"[55]. Ufa! Agora chega! Que alívio!... Foi difícil de ler este parágrafo, não é mesmo?[56]

Nesse exemplo multimodal, ficamos diante de tantos obstáculos que não conseguimos imprimir um ritmo adequado à leitura! Concorda? Por "imprimir um ritmo adequado à leitura" entendo conseguir um fruir das ideias do texto com uma sensação de fluência adequada, percebendo as relações entre as partes sem perder a perspectiva do todo. Nesse caso, a "falta" de ritmo, ou até mesmo a sua morte, ocorre pelo excesso de obstáculos que interponho a você que está lendo.

Essa digressão sobre escrita e leitura também vale para a arte de atuar, pois o ator deve ter muita atenção para desenvolver adequadamente o ritmo de sua atuação. Assim como quem escreve, o ator deve ser capaz de perceber "as relações entre as partes sem perder a perspectiva do todo". Além disso, considero fundamental que ele

55 Badréglias e Trometélias, p. 171. (Grifo nosso.) "Epistemológico" e "perspectiva intersemiótica" são exemplos de termos que são, muitas vezes, incompreensíveis, por serem utilizados indiscriminadamente em contextos nem sempre adequados ao seu emprego (trabalhos acadêmicos costumam se valer desse tipo de anti-estratégia). A propósito, o abuso na hifenização de termos, como acabo de fazer com a palavra "anti-estratégia", desponta, também, como um possível problema rítmico da escrita que pode acabar mais confundindo do que esclarecendo as ideias do texto.

56 Coloco mais esta nota de rodapé para que você, caro leitor, ou cara leitora, perceba como é árdua a leitura de um texto com muitas notas de rodapé (utilizei sete, em apenas um parágrafo!). Fiz isso no intuito de provocar, de propósito, uma leitura dura, difícil, cansativa para você, nosso leitor, ou leitora, pois pretendi ilustrar, por meio do ato em si da escrita e da leitura, a morte que acomete o ritmo quando este é tão terrivelmente massacrado pela repetição excessiva dos mesmos e insistentes obstáculos como, por exemplo, na escrita, os ritmos enfadonhos causados pelo exagero no uso das vírgulas e das notas de rodapé.

jamais ignore a presença imprescindível do espectador que está ali buscando algum tipo de conexão humana e artística.

Mas você pode se perguntar: e se o ator tiver que interpretar uma personagem que fale com um ritmo truncado e enfadonho? Nesse caso, ele deve compreender, em especial, o contexto cênico dessa personagem, a fim de que o ritmo de sua fala tenha sentido dramaturgicamente. Isso significa que o ator precisa justificar esse ritmo, de forma análoga ao que fiz ao brincar com a escrita. O meu longo parágrafo multimodal tem um ritmo truncado e enfadonho, mas se justifica pela "dramaturgia" deste livro na medida em que se configura como uma crítica para elucidar questões sobre o presente objeto de pesquisa.

Mais uma Analogia: A Variação Rítmica em um Único Som

Também é possível falar de variações rítmicas em um único som. A qualidade específica de um som costuma ser chamada de timbre. No *Dicionário Grove de Música*, encontrei a seguinte definição de timbre: "termo que descreve a qualidade ou o 'colorido' de um som; um clarinete e um oboé emitindo a mesma nota estarão produzindo diferentes 'timbres'"[57]. A sensação humana do timbre é qualitativa, mas o fenômeno timbre é regido por quantidades e, portanto, pode ser medido. Mas que tipos de quantidades compõem o timbre? Para compreendermos isso, precisamos entender um pouco dos aspectos físicos básicos do som.

O som é uma onda que se propaga pela vibração das moléculas de um meio, como o ar. Os seus ciclos vibratórios são mais curtos em um som agudo e mais longos em um som grave. A frequência desses ciclos é medida em hertz, que define a altura do som[58]. E quanto

57 S. Sadie, op. cit., p. 947.

58 Não confundir altura com intensidade sonora, que diz respeito à quantidade de energia transportada pela onda. Altura é medida em hertz; intensidade, em decibéis.

maior a frequência, menor é o comprimento de onda (mais "encurtados" são os ciclos vibratórios) e vice-versa.

Então, vamos ao timbre. Quando, por exemplo, um músico toca um som de 220 hz em um violoncelo, temos a sensação de ouvir um único som, mas, na verdade, ouvimos muito mais do que um! Isso acontece porque uma onda sonora se desdobra em infinitas ondas complementares que vibram em frequências mais agudas. Nesse caso, a onda de 220 hz é chamada de "som fundamental" e as suas ondas complementares são chamadas de "harmônicos". Se o som fundamental tem 220 hz, os seus harmônicos terão 440 hz, 660 hz, 880 hz, 1100 hz, assim por diante. O filósofo, músico e matemático Pitágoras foi quem descobriu as leis que regem as relações quantitativas entre os harmônicos e o som fundamental[59].

Os harmônicos apresentam intensidades sonoras – medidas em decibéis (dB) – bem menores que o som fundamental, mas o conjunto de harmônicos é imprescindível para resultar na qualidade do timbre. Por que, então, o timbre de um violoncelo é diferente do timbre de um trompete? Imaginemos que ambos os instrumentos toquem um som de 220 hz. Nesse caso, precisamos levar em conta que o formato e o tipo de material desses instrumentos ressoarão de forma diferente. O amplo corpo de madeira do violoncelo vai ressoar os harmônicos mais graves com mais intensidade em relação aos mesmos harmônicos do trompete, resultando em um timbre encorpado e denso; já os estreitos tubos de metal do trompete vão ressoar os harmônicos mais agudos com mais intensidade em relação aos mesmos harmônicos do violoncelo, resultando em um timbre metalizado e brilhante.

Outro aspecto que influencia na determinação do timbre é o espaço acústico exterior. Isto é, além de ressoar no corpo do instrumento, o som fundamental e os harmônicos também ressoam no espaço exterior onde se propagam. Isso pode explicar por que as pessoas costumam gostar mais de suas vozes quando cantam no

59 Para mais informações sobre essa descoberta, ver P. Gorman, *Pitágoras: Uma Vida*.

banheiro, o qual, composto por materiais muito reverberantes, como os azulejos, é um espaço que amplifica bastante os harmônicos dos sons da nossa voz, resultando em um timbre cheio e reverberante.

Então, qual seria o meu objetivo com toda essa digressão sobre o timbre e a física do som? Estou desenvolvendo a reflexão sobre a relação entre quantidade e qualidade na sensação do ritmo. Assim, com essa analogia, podemos perceber que o timbre é uma qualidade sonora que não está livre de alguma relação quantitativa intrínseca. Nesse caso, mesmo sem entrar muito no estudo da física, podemos notar que elementos como hertz, decibéis, harmônicos e ressonância participam de um jogo quantitativo, criando uma verdadeira teia de relações que culminam na qualidade do timbre. Nessa perspectiva, é possível dizer que o timbre é uma qualidade determinada por variações rítmicas dos elementos que o constituem; também pode ser entendido como a qualidade de "escoar se esco$_{\mathbf{r}}$ando" do rio.

Penso que em toda qualidade há alguma quantidade. Portanto, qualidade e quantidade não são conceitos opostos, mas complementares. O ritmo, princípio de tudo, entra também nessa relação entre qualidade e quantidade que ocorre, por exemplo, no fenômeno sonoro do timbre. Podemos ter a sensação do ritmo em fenômenos que percebemos essencialmente em suas qualidades, mas isso não significa que as quantidades não estejam lá.

O *overtone singing* ou *throat singing* (canto harmônico), por exemplo, muito característico dos povos de Tuva e da Mongólia, traduz bem essa ideia de variações rítmicas em um único som. Aquele que faz o canto harmônico domina uma técnica vocal que lhe permite aumentar a intensidade do harmônico que quiser enquanto sustenta, simultaneamente, o som fundamental que emite por suas pregas vocais, dando a impressão de que possui não somente uma única voz, mas várias. Muitas vezes, seus cantos são entoados em homenagem a paisagens e elementos da natureza, como os rios. O interessante é que a forma com que procuram traduzir vocalmente o movimento de um rio me remete à ideia de Piana, do ritmo como barragem: o som fundamental, sustentado contínua e longamente, pode dar a sensação de um escoamento eterno, talvez associado ao fluir das águas, enquanto os harmônicos que se sobressaem dão a sensação de barragens ao fluxo, de esco**r**amento rítmico.

Até aqui, falei bastante sobre a questão do escoar e do esco**r**ar no fenômeno do ritmo, observando como os obstáculos, limites e barreiras são fundamentais para a sua gênese. Ao desenvolver essa questão, também abordei a sensação do ritmo em uma perspectiva em que os seus aspectos qualitativos e quantitativos estão entrelaçados. Nesse sentido, aproveito para citar Schoenberg, um dos músicos mais influentes na música ocidental do século XX:

> Se nos perguntarmos por que medimos a música no tempo, poderemos apenas responder isto: porque, de outro modo, não conseguiríamos concebê-la. Medimos o tempo para torná-lo semelhante a nós mesmos, para conferir-lhe limites. Conseguimos transmitir ou retratar somente o que possui limites. A imaginação criativa, no entanto, pode vislumbrar o sem limites – ou, pelo menos, o que é aparentemente sem limites. Portanto, tratando-se da arte, sempre representamos algo sem limites por meio de algo com limites.[60]

Esse raciocínio de Schoenberg deve também valer para o teatro. Por exemplo, para dizer um longo texto com fluidez, dando a impressão de que as palavras escoam "sem limites", o ator precisa trabalhar cuidadosamente para identificar os obstáculos que dão limites ao seu texto e que, portanto, lhe possibilitam jogar com as variações rítmicas de modo a propiciar uma sensação de "fluidez" artística.

60 A. Schoenberg apud A. Whittall, Rhythm, A. Latham (ed.), *The Oxford Companion to Music*, online.

Andamento e Ritmo em Stanislávski e Jaques-Dalcroze

Em todas as traduções de Stanislávski para o português que existem até então, o termo *temp-ritm* é traduzido por "tempo-ritmo". Contudo, na dissertação de mestrado de Philippsen, encontra-se a tradução "andamento-ritmo". Nas traduções em inglês, lê-se sempre *tempo-rhythm*, sendo que *tempo*, nesse idioma, é diferente de *time*: *tempo* é andamento; *time* é tempo. Elena Vássina me confirmou em conversa privada, após consultar Irineu Franco Perpetuo, crítico musical e tradutor da literatura russa, que a tradução mais adequada para a palavra *temp* é, de fato, andamento. Então, decidi escrever andamento-ritmo, em vez de tempo-ritmo, a fim de preservar coerência com o raciocínio de Stanislávski, profundamente enraizado em seu conhecimento musical. Ressalto também que o problema da tradução "tempo-ritmo" é que a palavra tempo tem uma infinidade de significados em português, predominando o de "transcorrer" e o de "duração" – seja esta entendida como "espaço" de tempo ou como o "contínuo indivisível" de Bergson. Essas acepções são diferentes do conceito musical específico de andamento do qual o mestre russo se apropria.

Stanislávski forjou a noção de andamento-ritmo a partir da investigação e da aplicação de seu conhecimento musical à cena, com implícita influência das ideias do músico vienense Jaques-Dalcroze. Ao decompor a expressão do mestre russo, observa-se à esquerda o termo "andamento", que deve ser entendido segundo os princípios da métrica musical. Cabe relembrar que o andamento pode ser medido por um metrônomo, em batidas por minuto (bpm), pois se faz de uma sequência regular de pulsos que demarcam durações temporais idênticas entre si. Em outras palavras, o andamento é isométrico.

O andamento musical costuma ser regido por uma pulsação dividida em compassos que são demarcados cada qual por um apoio, isto é, um pulso um pouco mais evidente do que os outros. Se o apoio ocorre, por exemplo, de dois em dois pulsos, dizemos que o compasso é binário; de três em três, temos um compasso ternário, e assim por diante.

Já o termo "ritmo", para Stanislávski, designa uma sequência de durações curtas e longas alternadas em diversos graus[61]. Durações de quê? No caso da música, de sons e pausas; no caso do teatro, das ações físicas do ator e, também, da ação polifônica de todos os discursos da encenação, como a dramaturgia, a iluminação, a cenografia e a sonoplastia, entre outros, que compõem as circunstâncias propostas – o contexto de relações entre diversos padrões.

Até aqui, a noção que o mestre russo faz de andamento-ritmo parece ser equivalente à noção métrica advinda da música, em uma simples tradução nos termos da semiótica, ou seja, em vez de "sons musicais", a matéria que compõe o ritmo teatral é a ação. No entanto, com uma visão singular para as artes da cena, Stanislávski enfatiza que a manifestação do andamento-ritmo na atuação cênica se dá em duas vias, simultâneas e complementares: existe o andamento-ritmo interior e o andamento-ritmo exterior. As ações físicas estão imbuídas dessas duas dimensões, que podem ser concordantes ou contrastantes entre si. A fala cênica, por exemplo, é articulada em um jogo de durações temporais tanto das palavras ditas (texto) como das não ditas (subtexto). Para isso, na perspectiva de Stanislávski, o ator distribui ênfases, pausas lógicas e psicológicas ao longo das palavras que profere e, também, cria subtextos – imagens mentais, visualizações – que impulsionam, justificam e imprimem camadas de sentido ao que efetivamente diz.

Ao ler Stanislávski sou provocado a supor: será que o andamento-ritmo interior revela um caráter subjetivo e não metrificável desse conceito? Reflitamos: havendo um andamento-ritmo interior, dificilmente poderia ser medido pelo espectador ou pelo próprio ator. Apenas o andamento-ritmo exterior é mensurável – e nem sempre.

61 Ver *An Actor's Work.*

Podemos pensar, por outro lado, que o andamento-ritmo exterior reverbera e ecoa o andamento-ritmo interior, provocando sensações tanto em quem observa como em quem atua: há algo mais naquilo que se vê e que se ouve de fato. Algo de que podemos nos dar conta sem precisar fazer contas.

Se tomamos por exemplo as técnicas de cinema de animação, alguém até poderia medir o jogo de durações de deslocamentos espaciais do ator: deu um passo em 1 segundo, saltou em ½ segundo, rolou em 4 segundos, levantou-se em ½ segundo. Mas como alguém poderia medir o jogo de durações da profusão de emoções, sentimentos, sensações e memórias que habitam a dimensão interior do ator? Essa impossibilidade não diminui a riqueza do conceito de andamento-ritmo; pelo contrário, consegue ampliá-lo, agregando-lhe o sabor subjetivo, simbólico e sensorial da arte do teatro.

Devemos lembrar que o elemento básico para o sistema de Stanislávski é a ação (conferir Anexo 1, *Esquema do Sistema de Stanislávski*). Para Stanislávski, são as ações físicas que iscam as emoções e sentimentos do ator. Trabalhar com as ações físicas não é, portanto, criar um roteiro de emoções ou uma linha de sentimentos para depois encarná-las no palco. Trabalhar com as ações físicas é desenvolver um jogo físico concreto – visível, audível, perceptível pelos sentidos humanos – que tenha a potencialidade de catalisar emoções e sentimentos. Nas palavras do mestre russo: "o andamento-ritmo afeta diretamente o sentimento"[62].

A expressão andamento-ritmo parece evidenciar que o ritmo depende do andamento. Pois qual seria o motivo de Stanislávski ter colocado um hífen para unir as palavras andamento e ritmo? Talvez tenha sido para pararmos de confundir ritmo com andamento, já que não faria sentido conectar com hífen dois termos que significassem a mesma coisa. Outras razões podem ser presumidas, mas parece evidente que o ritmo, tanto o interior quanto o exterior, implicam um andamento. Atentemos para as palavras do mestre russo: "onde

62 Ibidem, p. 503.

há *vida*, há *ação*; onde há *ação*, há *movimento*; onde há *movimento*, há *andamento*; onde há *andamento*, há *ritmo*"[63]. Se lermos essa citação de trás para frente, podemos entender o seguinte: o ritmo existe no andamento, que existe no movimento, que existe na ação, que existe na vida. A conexão entre ritmo e vida, que será explorada nos próximos capítulos, já começa a se desenrolar. E, nesse sentido, não posso deixar de notar que a qualidade de andamento-ritmo interior, proposta pelo mestre russo, em muito se assemelha à noção de temperamento, preconizada por Jaques-Dalcroze.

O Temperamento do Ritmo

O músico vienense Émile Jaques-Dalcroze (1865-1950) revolucionou o ensino de música com sua metodologia denominada rítmica – ou euritmia ou eurrítmica. A rítmica de Jaques-Dalcroze exerceu importante influência no sistema de Stanislávski[64]. O mestre russo, atento às inovações artísticas de sua época, incorporou aulas de rítmica em seus estúdios de pesquisa e se apropriou de alguns de seus princípios para rever e aprimorar o conceito de andamento-ritmo.

Nessa metodologia, Jaques-Dalcroze conduz o indivíduo por um aprendizado musical do ritmo que se dá pela vivência de todo o corpo, pela apreensão sensorial e muscular da música em um jogo de movimentos e deslocamentos corporais, explorando complexas habilidades motoras. Mônica Ribeiro considera que o aprendizado da música por intermédio do movimento corporal foi uma importante e inovadora ação de Jaques-Dalcroze na pedagogia musical e afirma: "o movimento é o meio ideal para aprender sobre o ritmo, porque combina em si mesmo as possibilidades de variações das

63 Ibidem, p. 473.

64 Ver A. Fernandes, Dalcroze, A Música e o Teatro: Fundamentos e Práticas para o Ator Compositor, *Fênix*, n. 3; M. Ribeiro, *Corpo, Afeto e Cognição na Rítmica Corporal de Ione de Medeiros*; e M. Mauch; R. Camargo, Stanislavski, Duncan e Dalcroze: Dança e Música nos Fundamentos do "Sistema" Stanislavskiano, *Anais da Jornada Latino-Americana de Estudos Teatrais*, n. 6.

intensidades – dinâmica –, das velocidades – agógica – e do espaço"[65]. Essa afirmação condiz com o pensamento do mestre vienense, para quem as "sensações musicais de natureza rítmica exigem respostas musculares e nervosas de todo o organismo"[66]. A base da rítmica de Jaques-Dalcroze está em "reagir fisicamente à percepção musical do ritmo", pois, na rítmica, os sons musicais estimulam reações sensoriais e emocionais no aprendiz, conduzindo-o à consciência do ritmo no seu próprio corpo, em suas posturas e movimentos[67].

Para esse autor, a consciência do ritmo tem a ver com a capacidade de incorporar "toda sucessão e combinação de frações de tempo em todas as suas gradações de rapidez e força [intensidade]"[68]. Em seu método, essa consciência é adquirida pelo estudo das contrações e relaxamentos musculares nos variados níveis de rapidez e intensidade possíveis, desafiando a agilidade, a tonicidade e o vigor muscular do corpo a assumir diversas qualidades contrastivas, trabalhando com oposições como forte/fraco, rápido/lento, continuidade/interrupção etc. Ele entende que "os músculos foram feitos para o movimento, e ritmo é movimento. É impossível conceber o ritmo sem pensar em um corpo em movimento"[69]. Nesse sentido, para esse autor, o ritmo sempre envolverá o tempo, diretamente associado ao ritmo musical, e também o espaço, atrelado ao ritmo plástico. Para trabalhar, por exemplo, a oposição "continuidade/interrupção", que representa um contraste fundamental do ritmo, Jaques-Dalcroze propõe uma série de exercícios que envolvem caminhadas e paradas. Dessa forma, o corpo aprende a importância das pausas no jogo rítmico, experiência sensorial e física que acaba melhorando a qualidade de seu fraseado quando toca um instrumento musical. A noção de fraseado precisa ser compreendida antes de entrarmos na questão específica do temperamento.

65 M. Ribeiro, op. cit., p. 25.
66 E. Jaques-Dalcroze, op. cit., loc. 33.
67 Ibidem.
68 Ibidem, loc. 1053.
69 Ibidem, loc. 1087.

Vejamos as palavras do autor: "Em música, o fraseado é a coligação de elementos dependentes um do outro, constituindo uma unidade mais ou menos completa. No movimento plástico, podemos afirmar: 'todo conjunto de gestos em sucessão lógica constituem uma frase.' Em outras palavras: se um gesto resulta de outro, os dois formam uma frase [...]."[70]

O fraseado musical pode, portanto, ser transposto para o movimento plástico[71]. E o fraseado não é mera soma de ingredientes, mas um movimento rítmico "temperado" ao sabor das emoções mais genuínas, extrapolando a dimensão quantitativa do andamento e da métrica. Aqui, os pensamentos de Stanislávski e Jaques-Dalcroze se encontram com bastante ressonância. Para o mestre russo, o andamento-ritmo correto é capaz de fazer emergir os mais sutis sentimentos e o que há de mais belo na vida e no espírito humano do papel, visão que coaduna com a do músico vienense, para quem os "ritmos físicos e espirituais se combinam, constituindo o temperamento"[72]. O temperamento de Jaques-Dalcroze seria análogo, portanto, ao andamento-ritmo interior de Stanislávski.

A propósito, ao pesquisar sobre a palavra "temperamento", descobri que, segundo o *Houaiss*, possui o mesmo elemento de composição latino (*temper-*) das palavras "tempero" e "temperatura". Temperar soa como uma palavra muito proveitosa para a arte: o músico, o ator, o pintor, o dançarino, não oferecerão mais do que um apanhado de técnicas se faltarem com o "tempero", ou o temperamento, em suas composições. O "banquete" artístico precisa ser bem temperado, e isso vai além da habilidade de combinar ingredientes; é preciso também, como diria Hermeto Pascoal, ter bom gosto, ser capaz de saborear cada gesto, som, silêncio, frase e movimento que se faz no palco[73].

70 Ibidem, loc. 3224.

71 Para conhecer alguns exercícios da Rítmica elaborados por Jaques-Dalcroze, sugiro o vídeo "Dalcroze Eurhythmics Teacher John Colman Gives A Demonstration".

72 E. Jaques-Dalcroze, op. cit., loc. 3558.

73 Ver H. Pascoal, Entrevista Concedida a Vinicius Albricker.

Nem sempre a quantidade exata de ingredientes de uma receita é suficiente para determinado *chef* conseguir a explosão de sabor que imagina. Intuitivamente, ele pode colocar um pouco mais ou um pouco menos do que manda a receita, sem precisar medir tudo com precisão matemática. O mesmo deve ocorrer com o artista. E na música e na dança, segundo Jaques-Dalcroze, o temperamento não se faz presente quando o artista se atém ferrenhamente à métrica, o que acaba bloqueando a sua intuição rítmica. Nas palavras do autor: "O metro, por ser um mecanismo intelectual, regula mecanicamente a sucessão e a ordem de elementos vitais e suas combinações, enquanto o ritmo assegura a integridade dos princípios essenciais da vida. O metro envolve o raciocínio, o ritmo depende da intuição."[74]

Para ele, a métrica é uma "ciência de natureza puramente mecânica"[75], mas o ritmo não, pois "uma das qualidades essenciais do ritmo – senão a qualidade essencial – é o seu poder de transmitir a presença da vida"[76]. Essa presença de vida se traduz no temperamento, que é capaz de conectar as sensações e as memórias musculares do ritmo aos sentimentos e emoções do indivíduo que pratica a rítmica de Jaques-Dalcroze.

A Dinâmica, a Agógica e o Rubato

Para o músico vienense, o temperamento tem a ver principalmente com nuances de dinâmica e agógica.

A dinâmica implica variações de força e peso dos sons, associando-se diretamente à intensidade sonora que, na física, se expressa em decibéis. Essas variações podem ocorrer "abruptamente, como efeito de contrastes repentinos, ou progressivamente [gradativamente], por meio de um *crescendo* ou de um *decrescendo*"[77]. Pode-

74 E. Jaques-Dalcroze, op. cit., loc. 3576.
75 Ibidem, loc. 105.
76 Ibidem, loc. 3641.
77 Ibidem, loc. 3152.

mos pensar no seguinte exemplo: no *Bolero*, de Ravel, o mesmo tema é entoado repetidas vezes, em *ostinato* rítmico e melódico, sempre no mesmo andamento, ao passo que a dinâmica avança em um longo e gradativo *crescendo*, que começa com uma intensidade sonora em *pianissimo* (muito suave) e termina em *fortissimo*. Para estabelecer essa dinâmica, o compositor recorre, principalmente, aos seguintes recursos: 1. a orquestração, estabelecendo o acúmulo progressivo de massa sonora, cada vez mais intensa, com cada vez mais instrumentos tocando simultaneamente; e 2. o recurso da expressão, que se dá pela indicação do aumento cumulativo de intensidade de cada linha melódica, que implica cada vez mais energia imprimida para o ataque que produz o som de cada instrumento. Além disso, é muito interessante observar como os corpos do maestro e dos instrumentistas vão, ao longo da apresentação da obra, assumindo gestos cada vez mais amplos, expansivos e vigorosos, isso significa que podemos também **ver** a dinâmica do *Bolero*, de Ravel, se materializar diante de nós em plasticidade rítmica.

A agógica, por sua vez, relaciona-se diretamente com o conceito de andamento, distorcendo o seu padrão isométrico e regular, desviando-o de sua velocidade média. Para o músico vienense, analogamente, a agógica é para o tempo o que a sombra é para a luz, ou seja, a agógica cria sombreamentos no tempo, imprimindo no conjunto de ritmos musicais o equivalente às nuances de luz e sombra da pintura. Podemos pensar no seguinte exemplo: na canção russa "Kalinka", de Ivan Larionov, a melodia inicial se faz de um motivo[78] que se repete com cada vez mais velocidade, em um movimento gradativo de aceleração que, ao atingir o seu ápice, se sustenta por um tempo até que seja subitamente interrompida por uma pausa do coro e dos instrumentistas. Nessa pausa, o solista sustenta uma longa nota sol, passando depois para um fá, em movimento melódico

78 Motivo é uma "ideia musical curta, podendo ser melódica, harmônica ou rítmica, ou as três simultaneamente. Independentemente de seu tamanho, é geralmente encarado como a menor subdivisão com identidade própria de um tema ou frase". S. Sadie, op. cit., p. 624. Ver também "Os Ritmos Vivos Emanam do Alvo", infra.

descendente. Nesse instante, os instrumentos voltam a soar, em um andamento muito mais lento que aquele logo antes atingido em conjunto pelo coro. Há também nessa música muitas alterações na dinâmica, que enriquecem ainda mais as variações rítmicas de sua dimensão agógica. O jogo de proporções entre aceleradas gradativas e desaceleradas súbitas, juntamente com as variações na dinâmica, confere a "Kalinka" instigantes variações no temperamento rítmico, repletas em nuances de "luz e sombra".

Nas palavras do músico vienense, a função da agógica, na música, é:

> Introduzir variações na duração do tempo e sombrear os sons em todos os seus níveis de velocidade, tanto metricamente (por uma divisão matemática de cada som em frações de metade, terço, quarto, oitavo, etc., considerando-se a unidade de tempo estabelecida), quanto pateticamente [emocionalmente], através de pausas e do uso de *rubato*, *accelerando*, *rallentando* etc. [79]

O *rubato*, "roubado" em italiano, é um recurso especialmente interessante de agógica. Então, literalmente, um *tempo rubato* é um andamento roubado, que implica uma maneira de tocar "furtando" do tempo metrificado a persistência de sua regularidade de pulsos isométricos. Quando não "rouba" o andamento, o músico toca de acordo com a indicação *a tempo*, que costuma vir escrita na partitura nos trechos em que o compositor pretende que o intérprete sustente um andamento precisamente isométrico e estável. O *Bolero*, de Ravel, por exemplo, citado anteriormente, é executado *a tempo*. Porém, em partituras com a indicação de *rubato*, ou de *tempo rubato*, o intérprete tem liberdade para promover alterações no andamento, prolongando-o em alguns momentos, acelerando-o em outros, de acordo com o seu próprio senso rítmico.

O célebre compositor e pianista polonês Frédéric Chopin é um mestre do *tempo rubato*. Guia a nossa escuta por um mundo imprevisível e imensurável, com tantas sutilezas de temperamento que não

79 E. Jaques-Dalcroze, op. cit., loc. 3173.

importa muito o ritmo das relações de quantidades entre cada nota, aquelas supostamente presas a compassos, mas sim o ritmo qualitativo que emerge das relações entre os momentos de "furto" do andamento que vão acariciando nossos ouvidos. Na música nacional, posso citar os cantores Milton Nascimento, João Gilberto e também Elis Regina, como mestres do uso do *rubato*, pois são artistas que costumam surpreender com a qualidade viva com que alargam ou encurtam a duração de certas palavras e sílabas cantadas, deliciosamente quebrando a expectativa do ouvinte.

Na perspectiva da rítmica de Jaques-Dalcroze, a dinâmica e a agógica se relacionam intimamente em um jogo de "sombreamento", aguçando o temperamento que liberta o ritmo natural de cada indivíduo. Para o autor, "o ritmo é a essência viva do sentimento"[80], frase que parece ressoar no pensamento de Stanislávski sobre o andamento-ritmo. Afirma que "o sentimento nasce da sensação"[81], ideia que, como veremos em "A Atuação Viva", além de ecoar no pensamento do mestre russo do teatro, também reverbera nas concepções de atuação cênica de Meierhold, Vahktângov, Brook e Donnellan.

Vimos que Jaques-Dalcroze sugeriu que a articulação rítmica dos sons e silêncios, com suas dinâmicas e agógicas, poderia provocar sensações de luz e sombra no ouvinte. No caso do teatro, Novarina parece seguir um raciocínio semelhante ao do mestre vienense, ao afirmar que é preciso "tratar o espaço como matéria do tempo; manejar o tempo como material do espaço, é isso que faz o teatro onde o espaço é atravessado diante de nós pelas silhuetas humanas como a matéria espetacular do tempo"[82]. Nesse sentido, se pensarmos na voz do ator, por exemplo, com suas variações rítmicas sombreadas com temperamento, poderemos vislumbrar um ator capaz de, com a voz, acelerar o espaço e iluminar o tempo. Assim como o *rubato* de Chopin pode tornar o espaço mais lento e o tempo mais escuro, a voz do ator, quando em uma atuação viva, também deve poder fazê-lo.

80 E. Jaques-Dalcroze, op. cit., loc. 2241.
81 Ibidem, loc. 1546.
82 V. Novarina, *Diante da Palavra*, p. 88.

Jaques-Dalcroze criticava o musicista virtuoso que tocava como uma máquina, com muita agilidade e apresentando uma coleção de efeitos decorativos, porém sem temperamento, sem conseguir imprimir sutilezas dinâmicas e agógicas que conectassem seus músculos às suas emoções. De maneira análoga, Stanislávski criticava com veemência a ação puramente mecanizada do ator que era incapaz de evocar a vida do espírito humano no palco[83]. A mera imitação de ritmos sonoros é muito diferente, para Jaques-Dalcroze, da expressão de ritmos diretamente conectados às emoções que os inspiram. Essa ideia se conecta com a noção de arte da experiência do vivo, de Stanislávski, para quem o teatro deveria despertar a verdade das paixões e das relações humanas, assunto que será retomado em "A Atuação Viva".

Um exemplo interessante dado pelo músico vienense é o do maestro dotado de temperamento: ele não fica apenas contando os compassos e lembrando os músicos da métrica da obra que executam na orquestra; na verdade, todo o seu corpo traduz muscularmente as variadas nuances rítmicas da música. A propósito, destaco na versão de *Bolero*, de Ravel, conduzida por Valéri Gérgiev, o inusitado e potente temperamento do maestro, que usa um palito de dente como batuta e irradia confiança e precisão no olhar.

Para Jaques-Dalcroze, as variações de agógica e dinâmica "são o produto direto da emoção espontânea, criando vida individual na ordem social e diversidade na unidade"[84]. Podemos perceber que ele era um idealista, com um pensamento humanitário muito consistente. Tal consideração sobre a conexão indivíduo-coletivo perpassa todo seu método de trabalho, ademais acreditava que o trabalho com a rítmica poderia contribuir para o "caminho físico e espiritual de conquista de si mesmo"[85], ajudando o indivíduo a desenvolver apurado senso moral e estético para a vida em sociedade. Para concluir, cito uma de suas belas e utópicas passagens sobre o poder do ritmo na vida e na arte:

83 Ver C. Stanislávski, *An Actor's Work*.
84 E. Jaques-Dalcroze, op. cit., loc. 1872.
85 Ibidem, loc. 122.

> O ritmo é uma força análoga à eletricidade e aos importantes elementos químicos e físicos – é uma energia, um agente radioativo e radiocriativo – que conduz ao autoconhecimento e à consciência não somente de nossos poderes, mas daqueles dos outros, uma consciência da própria humanidade. O ritmo nos leva às inexploradas profundezas de nosso ser. Ele nos revela os segredos do eterno mistério que governa a vida do homem através dos tempos; imprime em nossas mentes um caráter religioso primitivo que eleva esses segredos, e coloca diante de nós o passado, o presente e o futuro.[86]

Essa ideia de ritmo como energia viva será explorada em "A Atuação Viva", quando abordarei o conceito físico de entropia. Por enquanto, sigamos com a discussão sobre o ritmo no entrelaçamento entre música e atuação cênica.

Ampliando o Conceito de Ritmo

Stanislávski atribuía tanta importância ao ritmo no trabalho do ator que me sinto instigado a refletir sobre a possibilidade de ampliar essa noção para aproximá-la ainda mais das artes da cena, sem me limitar às acepções tradicionalmente metrificadoras. Inspirado pelo pensamento do mestre russo e de Jaques-Dalcroze, posso considerar tanto a instância métrica do trabalho do ator – que será indispensável em algumas estéticas – como sua dimensão sensorial não metrificável, falando de ritmo cênico de uma forma aberta, ampla e flexível. Sem a pretensão de encontrar uma definição absoluta entre muitas tentativas que há para a palavra ritmo, proponho ampliar e, ao mesmo tempo, especificar a visão sobre esse conceito.

86 Ibidem, loc. 1492.

Nesse sentido, considero que o jogo rítmico do ator pode se fazer pela composição de variações quantitativas e/ou qualitativas de reações físicas que ocorrem no tempo e no espaço da cena. Por exemplo: variações de amplitude, de agógica, intercorrências de pausas, alternâncias de direcionalidades, mudanças na espacialização da voz, transformações timbrísticas, contrastes de postura, dentre outras variações de elementos da arte da atuação. Nessa arte, a dinâmica pode ser entendida, por exemplo, como diminuição e aumento do espaço ocupado pela voz do ator e pelas partes visíveis e invisíveis de seu corpo em movimento, variando sua amplitude corporal. A agógica cênica, por sua vez, pode ser entendida como aceleração e ralentamento – variando súbita ou gradualmente – do fluxo de movimentos do corpo e da fala, em deslocamento pelo espaço ou não.

A atuação cênica pode ser vista como um tecido costurado por contrastes rítmicos. Há ritmo em tudo que o ator faz. Ao longo de um espetáculo, por exemplo, o timbre da sua voz pode apresentar características ora mais nasaladas, ora mais raspadas, ora mais macias etc. Nesse caso, poderíamos observar qualidades de timbres diferentes entre si, distribuídos alternadamente ao longo do tempo da cena. Então, teríamos um ritmo de timbres. E essa não é uma ideia original. Para Kiefer, "a variação de timbre pode gerar ritmo"[87]. Assim, porções de palavras ditas de forma nasalada, raspada ou macia compõem um jogo de variação singular, uma camada rítmica – quantitativa e qualitativa – da atuação e do espetáculo.

Essa forma de pensar o ritmo aproxima-se do conceito de musicalidade. Alguém poderia ficar tentado a dizer: para que chamar de aspectos rítmicos, ou de variações rítmicas, essa coisa que, no jargão do teatro, já tem o nome de musicalidade? Essa pergunta é pertinente, pois se já estamos acostumados demais com o termo "musicalidade", pode parecer inútil mudar de nome. Mas será que temos clareza do que queremos dizer com musicalidade no teatro?[88] Noto que, mesmo

87 B. Kiefer, op. cit., p. 25.

88 Para mais sobre a musicalidade no teatro, sugiro a leitura de J. Fernandino, *Música e Cena* e C. Werlang, *A Musicalidade na Dramaturgia do Ator*.

no ambiente da música – nas salas de ensaio de grupos, bandas e orquestras –, a palavra "musicalidade" costuma ser proferida em contextos em que os músicos percebem que precisam tocar com mais atenção às dinâmicas e às variações do plano agógico. Isto é, sabem que devem não apenas reproduzir as notas de uma partitura em sincronia com os outros músicos, em função de um dado andamento, mas também imprimir nuances de intensidades de execução instrumental (variando entre forte e fraco) e de velocidade, em alguns trechos específicos (variando entre acelerar e ralentar o andamento). Esse tipo de nuance, como observamos no pensamento de Jaques-Dalcroze, influencia no temperamento, uma qualidade importante do ritmo.

Essas transformações na dinâmica e na agógica em uma interpretação musical podem ser compreendidas como variações rítmicas. Podemos, por exemplo, ouvir alguma música que, do início ao fim, seja executada com as seguintes variações rítmicas, no plano agógico:

a n d a m e n t o   o r i g i n a l   e s t á v e l

a   c   e   l   e r a n do

a n d a m e n t o   o r i g i n a l   e s t á v e l

a   c   e   l   e r a n do

a n d a m e n t o   o r i g i n a l   e s t á v e l

r   b   a   o

u   t

a n d a m e n t o   o r i g i n a l   e s t á v e l

ral e n   t   a   n   d   o

a   c   e   l   e   r a n do

subitamenteralent a n d o

Esquema 8 – Variações rítmicas no plano da agógica.

O que significa essa sequência? Para mim, uma sequência rítmica. Significa que é possível falar de uma camada rítmica que há no jogo de durações de *accelerandi*, *rallentandi*, *rubati* e estabilizações do andamento. É possível, também, falar de uma camada rítmica que há no jogo de intensificações, suavizações e estabilizações da intensidade – provocando variações rítmicas na instância da dinâmica. Pois, então, questiono: para que focar na "musicalidade" se podemos nos referir à sua matéria-prima, que é o ritmo?

O Ritmo É o "Como"

Toporkov diz que Stanislávski considerava impossível dominar o método das ações físicas sem o domínio do ritmo, pois "cada ação física está inseparavelmente ligada a um ritmo e é por ele caracterizada"[89]. Essa afirmação me leva a pensar no ritmo, com todas as suas variações possíveis, como o fenômeno que define a identidade global do resultado artístico da atuação cênica. Nesse sentido, assim como o timbre pode ser compreendido como uma "impressão digital" do som, o ritmo pode ser visto como a identidade da ação cênica ou, em outras palavras, o "como" da ação.

Quem pensa no "como" significando ritmo é Richard Bolesłávski (1889-1937), outro aprendiz de Stanislávski, sobre quem também falarei em "A Atuação Viva". A exemplo do mestre, ele pensa o ritmo em uma perspectiva ampla, sem se prender às tendências métricas da definição do conceito, mas, ao mesmo tempo, sem desconsiderá-las, pois também fala de andamento com a mesma acepção empregada por Stanislávski. Nesse sentido, considero proveitoso o raciocínio de Boleslávski, que vê na palavra "ritmo" apenas um termo erudito que, na verdade, é sinônimo de uma palavra mais popular e de direta compreensão: o "como"[90]. Ele argumenta que a diferença

89 V. Toporkov, *Stanislávski Ensaia*, p. 195.
90 Ver R. Boleslávski, *A Arte do Ator*.

entre uma atuação e outra se dá no "como" o artista articula o "o quê". Esse "como" é, portanto, a composição rítmica em que o ator apresenta seus movimentos, suas falas, suas posturas, seus deslocamentos, suas pausas etc. Então, por curioso que sou sobre a arte de atuar, penso: de que modo articular esse "como"? Em outras palavras: de que maneira podemos combinar as variações rítmicas possíveis e pertinentes para lograr uma atuação cênica viva?[91]

Magnani considera que a linguagem musical seja composta de quatro elementos morfológicos, a saber: altura, intensidade, duração e timbre. Desses quatro derivam todos os outros elementos que compõem a música, a partir de infinitas combinações. Da intensidade e da duração, por exemplo, podem decorrer variações de dinâmica e agógica que, combinadas, contribuem para o que Jaques-Dalcroze chama de sombreamento musical, fundamental para o temperamento do ritmo. As variações rítmicas podem ser feitas por meio de jogos de durações de qualquer um desses elementos e de seus derivados, combinando-os em diferentes porções de regularidade e irregularidade, sempre se desenvolvendo por uma cadeia de transformações. Sim, o ritmo pode ser o "como", mas é preciso garantir que esse "como" não seja "escorrido" nem "estanque" (conferir exemplos multimodais n. 1 e 2).

Para Sadie, o ritmo não pode ser dissociado da melodia e da harmonia, porque afeta diretamente o fraseado melódico e a progressão harmônica. Além disso, "desempenha papéis em questões como textura, timbre e ornamentação"[92]. Se observarmos o ritmo em suas relações com melodia, harmonia, textura, timbre, ornamentação, entre outros, poderemos vislumbrar uma definição que vá além dos pressupostos métricos. Nesse sentido, afirma Sadie: "Melodia, ritmo e harmonia são considerados os três elementos fundamentais da música; encará-los como independentes, porém, seria uma simplificação excessiva. O ritmo é componente importante da própria melodia não apenas porque cada nota tem uma duração, mas

91 Essa questão será abordada em "Os Ritmos Vivos Emanam do Alvo", infra.
92 S. Sadie, op. cit., p. 788.

também porque a articulação rítmica numa escala mais ampla lhe dá forma e vitalidade."[93]

Essa escala mais ampla que "dá forma e vitalidade" à melodia pode ser entendida pela ideia de "como" da melodia. O elo indissociável que há entre ritmo, harmonia e melodia se manifesta de forma poética e bastante esclarecedora na visão de Hermeto Pascoal, que considera a música feita de uma trindade pai-mãe-filhos, sendo o ritmo o pai, a harmonia a mãe, e os temas (ou as melodias) os filhos[94].

Francesca Della Monica, ao discorrer sobre a voz cênica, considera que o "o que" seja a dimensão do *lógos*, da história, enquanto o "como" representa a região do mito, do surpreendente e desconhecido[95]. Para ela, no "como", as vogais ganham evidência e a amplitude dos gestos se extrema. No trabalho vocal dessa artista, a inteligibilidade das palavras é fundamental na relação com o(s) interlocutor(es); as qualidades sonoras da voz não prescindem da compreensão daquilo que se diz. Em suas palavras, "a possibilidade da vogal de ser dita continuamente permite a extensão do gesto vocal em um espaço/tempo variável. A característica instantânea da consoante, por sua vez, permite a articulação rítmica ao interno da palavra e do gesto vocal"[96]. Nesse sentido, entendo que as variações rítmicas vocais, se consideradas na perspectiva de Della Monica, não são apenas o "como", mas se dão por meio do entrecruzamento entre o "o que" e o "como", ideia que tornaria mais complexa aquela visão de Boleslávski. Em "Os Ritmos Vivos Emanam do Alvo", retomarei as ideias de Della Monica, a fim de propor estratégias e princípios pedagógicos com a atuação viva e os ritmos vivos.

93 Ibidem, p. 592.

94 H. Pascoal, Entrevista Concedida a Vinicius Albricker. Para aprofundar na questão da trindade na música de Hermeto Pascoal, recomendo L. Costa-Lima Neto, O Cantor Hermeto Pascoal, *Per Musi*, n. 22; idem, O Calendário do Som e a Estética Sociomusical Inclusiva de Hermeto Pascoal, *Revista USP*, n. 82.

95 Em palestra proferida por Della Monica, no VI Simpósio Internacional Reflexões Cênicas Contemporâneas, em 16 de fevereiro de 2017, na Unicamp.

96 F. Della Monica apud E. Maletta, *Estratégias Pedagógicas Polifônicas Para a Formação do Ator*, p. 39.

Para retomar a visão de Boleslávski sobre a questão do "o que" e do "como", ofereço o exemplo de uma situação cotidiana: em discussões e brigas, muitas vezes o problema que afeta uma pessoa não é o que a outra disse, mas sim como disse. Por causa de uma ênfase maior em uma frase, palavra ou sílaba, dois amigos podem entrar em uma discussão ferrenha. Às vezes, a pessoa pode até não se dar conta, mas acaba se irritando porque a outra alternou demais sua entonação com súbitas variações entre graves e agudos extremos, em vez de lhe dirigir a palavra com um ritmo de variações de entonação mais sutis e moderadas.

Sobre associar a altura com o ritmo, vale a pena citar a questão do termo "grave". Em italiano, assim como em português, "grave" pode significar os sons de frequência baixa, oposto aos sons agudos, e, também, pode ser usado como um adjetivo similar a pesado, austero, sério, problemático: "o paciente está em um quadro muito grave". A propósito, em música, o termo italiano *grave* também é utilizado como uma indicação de andamento (de 41 a 44 bpm) mais lenta que o *largo*. Grave é um andamento lento sério e solene. O "como" certamente será influenciado por esse contexto "grave", pois o ritmo é um fenômeno que se dá por ritmos reagindo a outros ritmos, em circunstâncias propostas específicas.

O "Como" Transcende a Métrica

É preciso falar um pouco de jazz, cujas partituras são, em geral, bastante simples se comparadas às de repertório de orquestras sinfônicas: apresentam bem menos detalhes sobre o "como" tocar a composição do que as partituras de sinfonias orquestrais. Dessa forma, no jazz, os instrumentistas de bandas pequenas ou grandes, regidas ou não por *bandleaders* – em *big bands*, o correlato do maestro de orquestra – têm bastante abertura para definir o "como" tocar a música, recriando-a em um jogo de vastas possibilidades rítmicas.

O renomado jazzista Chick Corea, por exemplo, interpreta suas próprias composições de maneira diferente a cada execução.

Consegue imprimir nuances rítmicas às suas diversas interpretações de uma mesma música, não apenas por reservar espaço para improvisações, mas também e, principalmente, por se permitir relacionar com sua música de maneira singular. Por exemplo, o mesmo trecho de uma melodia, com durações específicas, pode ser tocado uma vez com uma articulação toda contínua – reduzindo a percepção da passagem de uma nota para outra – e outra vez com uma fluência não tão contínua – evidenciando algumas dessas passagens. Essas mudanças de fraseado, provavelmente, alteram a percepção do ritmo.

Podemos perceber esse tipo de variação rítmica ao apreciarmos dois vídeos de dois concertos de épocas diferentes em que a dupla Chick Corea (piano) e Gary Burton (vibrafone) toca, ao vivo, a música "La Fiesta". Podemos identificar os mesmos temas melódicos e praticamente o mesmo andamento (bpm) nas duas interpretações da dupla. No entanto, há incontáveis variações rítmicas entre uma interpretação e outra, como por exemplo: em um mesmo trecho da música, percebe-se uma dinâmica crescente e gradual, no show realizado em Tóquio, em 1978, e uma dinâmica decrescente e quase súbita, marcada por ataques firmes do vibrafone, na apresentação de 2011, na Alemanha.

Chick Corea também ensina que mudar o andamento pode às vezes causar mudanças no ritmo. A mudança de andamento de um mesmo tema musical provoca mudança de *mood*, de caráter, ânimo, estado de espírito (de temperamento). Isso quer dizer que o ritmo pode até não mudar muito em relação às suas proporções, preservando sua identidade, sua ordenação, mas dificilmente não reagirá à mudança de andamento, nem que sejam com micronuances na articulação, na acentuação, na dinâmica etc. Isso fica explícito nas demonstrações jazzísticas de Chick Corea.

Essas variações rítmicas não são exclusividade do jazz, podemos observá-las em diversos contextos artísticos. Vamos retomar a analogia com o maestro de um concerto, que guia a orquestra ditando toda sorte de variações rítmicas e não apenas marcando seu andamento, como poderia fazer, em seu lugar, um metrônomo – o que de fato ocorre no filme *Ensaio de Orquestra*, de Fellini. O maestro, tanto nos ensaios quanto nas apresentações públicas, indica à orquestra nuances de acentuações sonoras, ora mais ríspidas, ora mais suaves; e também sinaliza, por exemplo, variações no andamento, fazendo os músicos ora acelerarem, ora ralentarem uma sequência breve ou longa de sons – e essas variações também podem incluir pausas. Por mais indicações que o compositor coloque na partitura, na intenção de configurar o "como" tocar sua música, sempre haverá espaço para a interpretação do maestro e, também, dos músicos: o "como", que se faz de aspectos rítmicos diversos, será reconfigurado. A maneira como ocorrem as nuances rítmicas na música me instiga a pensar: qual seria o maestro do ator? Questão que abordaremos em "Os Ritmos Vivos Emanam do Alvo".

O Ritmo É um Fenômeno Que Se Processa Por Variações

Após toda a reflexão apresentada até aqui, dialogando com referências do teatro, da música e também da filosofia, compreendo o ritmo como um fenômeno que se desenvolve por meio de variações, contrastes, transformações, nuances, justaposições, matizes. O ritmo é inquieto, não aceita viver de um padrão apenas, precisa de um metapadrão, de uma polifonia de movimentos sonoros e plásticos que vão se escorando nas margens do rio, que é o espetáculo cênico.

Na arte da música, as variações rítmicas se desdobram diretamente do elemento morfológico da *duração* (como andamento, pulsação, tempo, acento, síncope e quiáltera) e, também, de elementos que compõem o seu temperamento, em conexão vital com os elementos morfológicos da *intensidade*, da *altura* e do *timbre*: dinâmica e agógica, pausa e silêncio, regularidade e irregularidade, quantidade e qualidade, *a tempo* e *rubato*, consonância e dissonância, melodia e harmonia, entre outros. Sendo métrico, ou não métrico, ou amétrico, o ritmo parece lutar contra a monotonia e a esterilidade.

Independentemente de o tempo ser reinado por Cronos ou por Kairós, ou por ambos, o ritmo se constituirá como um fenômeno decorrente das **relações** entre as partes que constituem o todo. Já vimos que as relações qualitativas do ritmo vão sempre depender do contexto. No entanto, no teatro do nosso tempo, e nas salas de aula de atuação, as variações rítmicas costumam ser ignoradas. Muitas vezes, podemos ouvir diretores dizerem aos atores: "aumentem/ diminuam o ritmo", "acelerem/desacelerem o ritmo", "sustentem/ mantenham o ritmo". Expressões como essas tendem a associar o ritmo somente ao manejo da velocidade. Dessa forma, pode até ser que a agógica esteja sendo contemplada. Mas, e a dinâmica? E as mudanças de timbre, o *rubato*, as cadências, as texturas imagéticas e sonoras, as síncopes, quiálteras, anacruses, contratempos e polirritmias? Onde foi parar o caminho rítmico das barreiras, barragens, obstáculos, esco**r**amentos e descontinuidades que podem provocar transformações vivas nas ações físicas do ator? Não precisamos continuar a tratar o ritmo como se fosse andamento, gritando e estalando os dedos para que os atores se apressem ou se contenham em cena. Isso parece ser demasiadamente limitador...

Até aqui, busquei refletir sobre o conceito de ritmo, delineando as propriedades do que entendo por variações rítmicas. Em síntese, expresso o meu pensamento sobre o fenômeno do ritmo da seguinte forma:

O ritmo é um "como" que se faz de variações. E as variações rítmicas se dão em um processo de esco**r**amentos, em um contexto sistêmico, envolvendo relações entre as partes que integram o todo. Essas variações nem sempre são metrificáveis, pois o ritmo também habita a dimensão subjetiva e qualitativa do temperamento. Mensuráveis ou não, as variações rítmicas são caracterizadas por jogos de contrastes, graduais ou súbitos, com transformações de durações e intensidades, que implicam desvios no sentido de ordem.

E, para complexificar o raciocínio, é possível dizer que esses "desvios no sentido de ordem" acabam por provocar o surgimento de um metapadrão, formado por variações metarrítmicas, já que novas conexões vão se dando à medida que os ritmos de um evento vão variando.

Contudo, para a arte da atuação cênica viva, não parece suficiente compreender as variações rítmicas; é preciso algo mais: vislumbrar o que seriam as variações rítmicas **vivas** para, assim, cultivar uma atuação cênica **viva**.

2

A Atuação Viva

A prova de fogo não é "está certo ou errado?"
A prova de fogo não é "gosto ou não gosto?"
A prova de fogo é, sempre, e tem sempre que ser,
"está vivo ou não está?"

DECLAN DONNELLAN

Para elaborar definições a respeito de variações rítmicas vivas e atuação cênica viva, reflito sobre uma questão mais ampla: o que é vida?

Por se tratar de um conceito complexo, é difícil delinear "o que é vida" com total precisão, nem é meu objetivo dar conta de sua imensa abrangência. Entretanto, podemos encontrar indicações valiosas para a questão "o que faz com que um ser esteja vivo?" para refletir sobre "o que faz com que um ator esteja vivo em cena?" Em outras palavras, quero desencadear uma reflexão sobre o que pode diferenciar a atuação cênica viva da não viva. Irei, portanto, apresentar aqui uma reflexão sobre o conceito de vida e revelar a minha perspectiva de seu entrelaçamento com ritmo e atuação cênica.

Vamos então começar refletindo sobre o que seria uma atuação cênica viva. Ao pesquisar sobre o diretor britânico Declan Donnellan, detecto um ideal que perpassa todos os seus princípios: a atuação cênica tem que ser viva. Em suas palavras: "Para mim, a mais importante prioridade é que o trabalho que realizamos esteja vivo, e não morto. Aceito que isso norteie o meu trabalho e me entrego à simplicidade desse objetivo. Então, a prova de fogo não é 'está certo ou errado?' A prova de fogo não é 'gosto ou não gosto?' A prova de fogo é, sempre, e tem sempre que ser, 'está vivo ou não está?'"[1]

Ainda que Donnellan considere a manifestação de vida como a prioridade de seu trabalho artístico, o autor não explicita a sua definição do conceito, a não ser de forma tautológica – está vivo o que não está morto. No entanto, ao me aprofundar no universo conceitual que sustenta a ideia desse autor do que pode ser o vivo na atuação, além de estabelecer conexões entre a sua perspectiva e a de outros autores das artes da cena, incluindo também analogias com outras áreas do conhecimento, como a biologia e a física, arrisco-me a delinear o que chamo "atuação cênica viva" e "variações rítmicas vivas".

No senso comum, atores e espectadores parecem saber muito bem o que é uma atuação viva. Até mesmo artistas iniciantes e espectadores leigos conseguem identificar quando há vida ou não no palco. É tão improvável haver um ator que não queira "sentir-se vivo" em cena, quanto um espectador que não se incomode em assistir a um espetáculo "sem vida". E não adianta forçar a vida em cena, pois o espectador será capaz de perceber. Discípulo de Grotowski, afirma Thomas Richards: "um espectador sente na mesma hora quando um ator está forçando"[2]. Em *A Arte Secreta do Ator*, lê-se: "o ator, quando tem consciência da própria presença, [...] não precisa se esforçar: o espectador o segue, o escuta"[3]. Mas se atuar é uma profissão, sem dúvida algum esforço precisa ser feito pelo profissional que vai ao palco. Talvez não exatamente um "esforço", no sentido de fazer força, mas uma dedicação em favor dessa vida cênica que tanto encanta quando acontece. Nesse sentido, cito o pensamento do ator japonês Yoshi Oida:

1 D. Donnellan, About Macbeth, *Forma*, n. 1, p. 31.
2 T. Richards, *Trabalhar Com Grotowski Sobre as Ações Físicas*, p. 117.
3 E. Barba, Organicidade, Presença, *Bios* Cênico, em E. Barba; N. Savarese, *A Arte Secreta do Ator*, p. 210.

> Nosso trabalho, como atores, não é exibir virtuosismo técnico, mas, ao contrário, fazer com que o palco ganhe vida. Quando isso acontece, o público é levado junto com o artista e entra no mundo que o palco cria. As pessoas se sentem como se estivessem num desfiladeiro, ou no meio de um campo de batalha, ou em qualquer outro lugar que possa existir no mundo. O palco contém todas as possibilidades. É responsabilidade do ator fazer com que elas apareçam.[4]

Ao considerar o raciocínio de Oida por outro ângulo, podemos pensar que o palco já está cheio de vida e que, então, o nosso trabalho, como atores, é aprender a não matar essa vida, a deixá-la livre e a se nutrir dela para que o espectador também possa vivenciá-la. Há muito trabalho por trás da suposta magia que faz atores e espectadores sentirem um fluxo de vida em cena e se deliciarem com um espetáculo teatral. Somos capazes de intuir que a energia viva é vital para a cena, mas não sabemos dizer exatamente por que algumas atuações são vivas e outras não. A resposta simplória "porque uns têm talento, e outros não" pode até ser verdadeira, mas não diz nada sobre o fenômeno da vida cênica em si. Parece somente ser capaz de frustrar as expectativas daqueles que supostamente não teriam dom ou talento algum.

A palavra "viva" não costuma ser a única utilizada para se referir à qualidade da atuação em um espetáculo. Tanto em conversas entre iniciados na arte do teatro como entre leigos, ouvimos dizer que a atuação pode ser orgânica, verdadeira, crível, espontânea, real, autêntica, natural; ou que aquele ator tem inspiração, criatividade, sinceridade, energia, presença, alma, conteúdo interior. Renomados encenadores e pesquisadores do teatro utilizam termos diferentes para designar esse misterioso fenômeno da cena viva, aquele que até mesmo o mais leigo dos espectadores e o mais iniciante dos atores são capazes de captar com seus sentidos, embora não consigam explicá-lo com palavras. Porém, penso que uma cena orgânica,

4 Y. Oida, *O Ator Invisível*, p. 18-19. (Grifo nosso.)

verdadeira, espontânea etc. não seja exatamente sinônima de uma cena viva, ainda que organicidade, verdade, espontaneidade etc. possam traduzir algumas das possíveis qualidades de uma atuação viva. Nenhum desses termos parece-me adequado como a palavra "**viva**" para designar o fenômeno de uma atuação cênica viva. Ao final deste capítulo, isso deverá ficar claro.

O ser humano teve que aprender a andar, falar, comer, rir, chorar, lutar, comunicar... No decorrer desse aprendizado, na vida, o ser humano observa outros seres humanos com seus diversos ritmos no andar, falar, comer, rir, chorar, lutar, comunicar. Então, quando o ser humano vai ao teatro para ver outro ser humano, ele tem uma sabedoria sobre o que é ser humano. Ele não sabe tudo sobre ser humano, por isso vai ao teatro para saber mais. Mas o que ele já sabe pode ser suficiente para perceber se o outro humano atua irradiando uma energia viva, independentemente da forma mais contida ou mais expansiva de seu andar, falar, comer, rir, chorar, lutar, comunicar.

Sigo, então, com a exposição de conceitos de encenadores, pesquisadores e mestres do teatro, refletindo sobre as suas possíveis contribuições para a sustentação do que chamo de atuação cênica viva.

Stanislávski, o Desbravador do Universo da Vida Cênica

O mestre russo Constantin Serguéievitch Alekséiev (1863-1938), de nome artístico Constantin Stanislávski, é um expoente do teatro mundial, com uma vasta e consistente obra. Sua experiência artística como ator, diretor, encenador, pedagogo e obstinado pesquisador foi pioneira e ressoa com relevância, até hoje, nos escritos que nos deixou – para que aprendêssemos com suas descobertas e continuássemos suas buscas.

Em 1898, Stanislávski e Nemiróvitch-Dântchenko (1858-1943) fundaram o Teatro de Arte de Moscou (TAM), companhia que revolucionou a maneira de se fazer teatro no mundo ocidental, que conferiu uma importância sem precedentes à preparação dos espetáculos: muito tempo era dedicado a sua criação; longos períodos de estudos e de ensaios eram realizados para uma produção inovadora e cuidadosa de cenário, figurino, iluminação, sonoplastia etc. e, principalmente, para chegar a uma atuação cênica orgânica e verdadeira. Stanislávski também inaugurou importantes estúdios nos quais pôde experimentar com profundidade os elementos do sistema e desenvolver procedimentos de trabalho que fossem proveitosos para o ator na busca pela organicidade cênica.

Stanislávski desbravou o universo da vida cênica, também muito explorado por grandes artistas e pesquisadores que vieram depois dele. Graças aos que passaram, foi possível vislumbrar a vastidão desse universo e constatar que ainda há muitas regiões recônditas esperando por nossos esforços em trazê-las à luz. Inquieto com a questão do vivo na atuação e no ritmo, encorajei-me a explorar um pouco desse universo que fora iluminado, em sua origem, por Stanislávski. Ele vislumbrou o ator ativamente criador, aquele capaz de compor sua arte de forma ativa, sem precisar esperar pelas ordens, indicações e marcações do diretor. Nesse sentido, o mestre russo mergulhou fundo no fazer do ator, em seu ofício artístico, investigando conscientemente os elementos de seu trabalho, a fim de capacitá-lo a despertar a inspiração do seu inconsciente criativo. Para isso, ele cultivou este elemento fundamental do fazer artístico, capaz de conferir autonomia criativa ao ator: a ação.

Segundo Jonathan Pitches, a ênfase de Stanislávski na ação encontra eco no pensamento do filósofo grego Aristóteles (384-322 a.C.), pois o mestre russo introduz o assunto remetendo-se à palavra "drama" que, em grego, guarda o significado de ação. Veremos que, na perspectiva de Stanislávski, é por meio da ação que o ator consegue chegar à arte da experiência do vivo. Stanislávski concebia o ser humano como uma unidade, em que corpo e mente são inseparáveis. Nesse sentido, Pitches infere que o mestre russo se contrapunha ao pensamento do filósofo René Descartes (1596-1650). Aquilo que Stanislávski em geral condenava como "atuação puramente mecânica", segundo Pitches, tinha semelhança com o relógio cartesiano – analogia de Descartes para simbolizar o homem como uma máquina, feito de engrenagens e separado da mente. Nessa perspectiva, para Stanislávski, uma atuação mecânica poderia até exibir alguma técnica, porém sem vida[5]. Em oposição à via puramente mecânica, o mestre russo almejava uma atuação orgânica.

Segundo Barba, "tanto no teatro como na dança, o termo *orgânico* é usado como sinônimo de 'vivo' ou 'crível'"[6]. Para ele, foi Stanislávski o primeiro a introduzir o termo *organitchnost* (organicidade) no vocabulário teatral, uma "premissa para que um espectador reagisse com um 'eu acredito' absoluto"[7]. De fato, Stanislávski utiliza diversas vezes expressões como "leis orgânicas da natureza", "verdade orgânica", "conexão orgânica" e "organismo vivo"[8].

Podemos entender a organicidade da atuação, na perspectiva de Stanislávski, como a manifestação indissociável dos elementos de seu sistema, tais como: interior e exterior; vivências e encarnação; inteligência, vontade e sentimento (motores da vida psíquica); consciente e subconsciente. O mestre russo também utiliza muito as palavras "real", "crível", "verdade" e, inclusive, "vida" ou "vivo/a" como sinônimos de "orgânico" ou "organicidade". Para Stanislávski, quando o ator age organicamente, a **vida do espírito humano** se manifesta em cena e contagia o espectador, fazendo-o acreditar na ação que vê no palco. De acordo com esse autor, o que mais querem as pessoas que vão ao teatro é "um reflexo da genuína 'vida do espírito humano' no palco"[9].

O uso do termo "organicidade", por Stanislávski, deriva de "naturalidade". Segundo Mirella Schino, até o fim do século XIX, dizia-se

5 Ver *An Actor's Work*.
6 E. Barba, Organicidade, Presença, *Bios* Cênico, op. cit., p. 206.
7 Ibidem.
8 Ver *An Actor's Work*.
9 Ibidem, p. 157.

que um ator era natural quando lograva uma atuação crível, do ponto de vista do espectador. Concordo com essa autora quando afirma que a naturalidade cênica não deve ser confundida com a imitação da vida cotidiana nem com a estética do naturalismo. Do mesmo modo, quando se diz que uma atuação é "real", ou que tem "senso de realidade", isso não tem necessariamente a ver com o resultado de um espetáculo de estética realista. Na obra de Stanislávski, os termos natureza, natural, real, crível, verdade, organicidade e leis orgânicas da natureza estão associados à lógica e à coerência das ações, dentro das especificidades das circunstâncias propostas de cada obra encenada. Nesse sentido, "um ator 'natural' deve ser compreendido como aquele que cria uma complexidade e uma coerência do comportamento análogas e equivalentes à coerência e à complexidade que caracterizam um organismo vivo"[10].

Foi esse tipo de coerência no trabalho do ator que Stanislávski buscou por toda a sua vida pesquisando a arte da atuação cênica profundamente, sempre tendo a organicidade da natureza da vida como guia, a fim de ajudar o ator a encontrar meios para acender a inspiração. Seu sistema oferece princípios para o ator preservar sua autonomia e alimentar o seu talento, em vez de ficar esperando, romântica e passivamente, pela milagrosa inspiração.

De acordo com Vássina e Labaki, os conceitos misteriosos de talento, dom e inspiração são o motor da pesquisa de Stanislávski, e o seu grande desafio era descobrir como sustentá-los durante todas as apresentações de uma temporada. Mais tarde, ao acompanhar as novidades no campo da psicologia, Stanislávski passa a se referir ao termo inconsciente em substituição às ideias de talento e intuição, afirmam ainda os autores: "o cerne de seu trabalho é exatamente encontrar os mecanismos conscientes pelos quais acessar, estimular e proteger os processos inconscientes de criação"[11]. Portanto, o que chamo de atuação cênica viva está intimamente relacionado, em

10 M. Schino, "Natural" e "Orgânico", em E. Barba; N. Savarese, *A Arte Secreta do Ator*, p. 208.
11 E. Vássina; A. Labaki, *Stanislávski: Vida, Obra e Sistema*, p. 130.

Stanislávski, à manifestação do inconsciente criativo do ator. Nas palavras do mestre russo: "O ator cuidadosamente transfere suas melhores qualidades para a cena. A forma e o cenário variam de acordo com a peça, mas as emoções humanas do ator, que se manifestam paralelamente aos sentimentos do papel, têm que continuar vivas. Elas não podem ser falseadas ou substituídas por outra coisa qualquer, por algum truque complicado do ator."[12]

Sustentar vivas, em cena, as emoções humanas, sem truques para falseá-las, é uma maestria que exige do ator uma psicotécnica específica. Para Stanislávski, uma psicotécnica que oferecesse meios conscientes de despertar as indomáveis emoções inconscientes[13]. Nesse sentido, ele forjou este conceito fundamental do sistema: as **circunstâncias propostas**.

Sua elaboração deriva de um aforismo do poeta russo Alexander Púschkin (1799-1837), para quem o dever do dramaturgo é proporcionar ao leitor a "verdade das paixões, sentimentos que parecem verdadeiros em circunstâncias supostas"[14]. Para o mestre russo, o ator tem esse mesmo dever, mas em relação ao espectador. Então, pensou: se o dramaturgo criou sua obra a partir de circunstâncias supostas, estas são, agora, propostas para o ator que, a partir desse contexto – as circunstâncias propostas –, criará sua arte.

As circunstâncias propostas figuram na base do sistema de Stanislávski, identificadas como "aforismo de Púschkin" (conferir o componente nº 2 do esquema do sistema no Anexo). Além de reagir às circunstâncias inicialmente supostas pelo dramaturgo, o ator também precisa complementá-las, constantemente, usando a sua própria imaginação. Para além das imaginações do autor e do ator, o mestre russo também considera como circunstâncias propostas as contribuições do diretor e de todos os envolvidos com a criação de um espetáculo. Em suas palavras:

12 C. Stanislávski, op. cit., p. 209.

13 Ibidem.

14 Púschkin apud C. Stanislávski, op. cit., p. 52.

> As circunstâncias propostas são a fábula da peça, seus fatos, acontecimentos, época, tempo e lugar da ação, condições de vida, o entendimento da peça por nós, atores e diretor, nossos acréscimos, *mise-en-scènes* [sic], a montagem, cenário e figurinos do artista, adereços, luz e som etc.: tudo o que é proposto para que os atores levem em conta na criação.[15]

Segundo Carnicke, no sistema de Stanislávski, a criação da personagem pelo ator é consequência de suas reações orgânicas a circunstâncias específicas, isto é, o ator não transfere as suas próprias circunstâncias da vida pessoal para o palco, mas se coloca naquelas da personagem da peça, as circunstâncias propostas da obra. Então, a personagem nasce das reações autênticas do ator a essas circunstâncias, considerando que atuar, nessa perspectiva, é "como se", ou seja: a imaginação do ator tem que ser criativa o suficiente para inseri-lo naquele contexto ficcional, acreditando em cada um de seus detalhes, para torná-lo real com suas reações autênticas. Em relação à imaginação, vejamos o que diz Nair D'Agostini:

> Stanislávski quer para o ator uma imaginação produtiva que se estabeleça, através de um treino sistemático, como uma alavanca que impulsiona a criação, despertando o inconsciente e a intuição, levando-o à ação e, indiretamente, podendo despertar os sentimentos. Assim, a imaginação, junto com a atenção, torna-se psicotécnica sensorial.[16]

Aqui, D'Agostini faz referência implícita à base do sistema de Stanislávski denominada "subconsciente através do consciente", isto é, através da imaginação e da ação, sentimentos podem se manifestar, despertados **indiretamente** (conferir o componente n. 3 do esquema do sistema no Anexo). Em um trabalho consciente, a comunicação

15 Stanislávski apud E. Vássina; A. Labaki, op. cit., p. 295.
16 N. D'Agostini, *Stanislávski e o Método da Análise Ativa*, p. 86.

e a relação do ator com o parceiro, ou com os objetos de cena, são também fatores importantes para uma atuação viva, no pensamento de Stanislávski. De acordo com D'Agostini, a comunicação e a relação têm fortes conexões com a imaginação e as circunstâncias propostas, pois o ator pode ter que reagir a imagens, objetos ou sujeitos imaginários. A autora diz que o mestre russo também falava de uma dimensão comunicativa e relacional de qualidade interior, invisível e espiritual: a irradiação, "que consiste na emissão e recepção de raios"[17]. A ideia de uma corrente de raios comunicativos exigia do ator uma atenção holística em relação ao outro; não bastava vê-lo apenas com os olhos, era preciso vê-lo com o corpo inteiro e ser capaz de captar suas vibrações interiores que reverberavam por trás das suas palavras e ações.

Importantes artistas que foram discípulos diretos de Stanislávski também seguem a mesma linha de seu mestre, no que diz respeito ao ideal de uma atuação que irradie no palco a "vida do espírito humano".

Mikhail Tchékhov e o Ator Que Irradia e Recebe

Mikhail Tchékhov (1891-1955), sobrinho do grande escritor Anton Tchékhov, teve participação como ator no primeiro estúdio do *Teatro de Arte de Moscou*, inaugurado por Stanislávski em 1912. De acordo com Vássina e Labaki, ele emigrou da Rússia após a Revolução de 1917 e, portanto, não teve a oportunidade de acompanhar a evolução do sistema de seu mestre até 1938, ano da morte de Stanislávski.

Em *Para o Ator*, Mikhail Tchékhov segue a lógica do elo inseparável entre as dimensões interior e exterior da atuação cênica, originariamente defendida por seu mestre. O autor enfatiza que uma atuação verdadeira é um constante intercâmbio entre os atos de **irradiar** e **receber**. Para ele, receber significa captar a presença dos

17 Ibidem, p. 100.

parceiros de cena, ações, palavras, aspectos do ambiente circundante, atmosferas, eventos, impressões. Nas suas palavras, receber significa "*atrair* para nosso próprio eu, com o máximo de poder interior, as coisas, pessoas ou eventos da situação"[18]. Ao utilizar o verbo "atrair", o autor evidencia que receber é um processo ativo, um ato volitivo do artista. No meu entendimento, esse processo de atração é importante para o ator alimentar o seu interior com o que há no seu exterior.

A irradiação, por sua vez, significa dar, transmitir, e tem estreita conexão com o poder da imaginação, levando o ator a ultrapassar os limites físicos do próprio corpo, como no exercício de "continuar levantando após levantar" e de "enviar raios para diferentes direções do espaço"[19]. Em suas palavras, "o ator não deve ser perturbado por dúvidas sobre se está realmente irradiando ou apenas imaginando o que faz. Se sincera e convincentemente imagina que está emitindo raios, a imaginação conduzi-lo-á gradual e fielmente ao processo real de irradiação"[20].

Além dos exemplos acima mencionados, para atingir a sinceridade e o convencimento da imaginação, Mikhail Tchékhov propõe uma série de exercícios corporais específicos para o treinamento do ator. Para ele, em consonância com seu mestre, a vida da atuação cênica depende da inspiração do ator. Nesse sentido, seu desafio foi oferecer ferramentas objetivas para ajudar o ator a despertar sua inspiração ativamente, sem ficar refém dela. Seus exercícios buscam "um sólido equilíbrio entre tangível e intangível, entre exalar e inalar"[21]. Receber e irradiar, tanto o tangível como o intangível, são ideias com forte influência das experimentações com ioga[22] realizadas no Primeiro Estúdio conduzido por Stanislávski e Sulerjítski. Nesse período, a vida do espírito humano na atuação era buscada

18 M. Chekhov, *Para o Ator*, p. 23.
19 Ibidem, p. 14.
20 Ibidem, p. 15.
21 Ibidem, p. 196.
22 Para o estudo dessas relações com o sistema de Stanislávski, ver S. Tcherkásski, *Stanislávski e o Yoga*.

nas sutilezas invisíveis e espirituais da comunicação humana, na percepção e sustentação de uma corrente de raios que se dá entre um ator e outro, e entre ator e espectador, como uma poderosa camada sensorial e primordial da comunicação, a da conexão energética entre as pessoas.

A essa conexão comunicativa, Stanislávski chama de irradiação e inradiação. Diz o mestre russo: "é a comunicação invisível por meio da inradiação e da irradiação que, como uma corrente submarina, se move constantemente por baixo das palavras e dos silêncios, e cria uma ligação invisível entre os sujeitos que resulta em uma engrenagem interna"[23]. De acordo com as acepções de Stanislávski e Mikhail Tchékhov, expostas até aqui, posso afirmar que um dos fatores importantes da atuação viva é a disponibilidade do ator para sustentar uma comunicação baseada no duplo movimento interior e exterior de irradiar (transmitir, dar, emanar) e inradiar (receber, absorver, atrair).

Ao exemplo de Stanislávski, Mikhail Tchékhov propõe ao ator exercícios para desenvolver a sua "segunda natureza", conceito que, segundo os princípios desses autores, pode ser compreendido pelo seguinte raciocínio: considerando que a natureza do ser humano seja composta por um conjunto de hábitos, que se manifestam por reflexos inconscientes em seu dia a dia, o ser humano que é ator precisa criar um novo conjunto de hábitos que componham uma segunda natureza, esta mais apropriada que a primeira para propósitos artísticos por lhe possibilitar um espectro mais amplo de utilização do corpo, com variadas posturas, sonoridades, movimentações etc. e, também, proporcionar uma sensibilidade maior para acender a atenção e a imaginação criativa. Em outras palavras, a segunda natureza seria a natureza cênica, artística, do ator, e a primeira seria a cotidiana. Para Stanislávski, o estado criativo interior e o estado criativo exterior do ator culminam no estado criativo geral, sem o qual o ator não consegue transmitir, no palco, a vida do espírito humano. Nas

23 Stanislávski apud E. Vássina; A. Labaki, op. cit., p. 313.

palavras do mestre russo, esse estado criativo geral "deve se tornar uma parte **natural e biológica** de nós – uma segunda natureza"[24].

O cultivo de uma segunda natureza também fez parte de outro aluno de Stanislávski: Richard Boleslávski, que, assim como Mikhail Tchékhov, participou do primeiro estúdio do TAM e emigrou após a Revolução de 1917.

Boleslávski e o Swing Que Sustenta a Vida do Ritmo

Em *A Arte do Ator*, Richard Boleslávski também segue a mesma linha de seu mestre no que diz respeito à busca por uma atuação cênica orgânica, verdadeira, real. Nesse sentido, o ator não deve imitar a realidade para parecer crível em cena, mas sim criá-la artisticamente, apropriando-se dos ensinamentos da natureza, por meio do cultivo diário da observação, para que suas ações e emoções não sejam forçadas.

Para ele, em nosso dia a dia, "Pensamos que vemos tudo e não assimilamos nada. Mas no teatro, onde temos que recriar a vida, não podemos nos permitir isso. Somos obrigados a perceber o material com que trabalhamos."[25] Essa recriação da vida implica a busca do que chamo de uma atuação cênica viva, considerando-a como uma prioridade para Stanislávski e seus discípulos. Noto essa prioridade na própria definição de atuação segundo Boleslávski: "o que é atuar? [...] Atuar é *a vida da alma humana recebendo seu nascimento através da arte*. Em um teatro criativo, o objeto de concentração do ator é a *alma humana*"[26].

Boleslávski se refere à alma humana em sentido semelhante ao que Stanislávski falava sobre a vida do espírito humano, alçando a

24 C. Stanislávski, *O Trabalho do Ator*, p. 618. (Grifo nosso.)
25 R. Boleslávski, *A Arte do Ator*, p. 96.
26 Idem, *Acting*, loc. 91. (Grifo do original; e-book.)

natureza à posição de mestre do ator. A sua lógica é a de que o ator somente conseguirá atuar espontaneamente se cultivar uma aguçada observação da natureza, considerando toda a realidade visível e invisível que o circunda. Para Boleslávski, assim como os exercícios de escala podem ajudar o músico a se preparar para executar um dos complexos *Noturnos*, de Chopin, exercitar os cinco sentidos é a chave para o ator atingir um nível de sensibilidade que lhe possibilite atuar espontaneamente.

Cabe ressaltar que, para esse autor, a noção de espontaneidade está intimamente conectada à sua noção de ritmo, ao afirmar que o ator conseguirá ser espontâneo apostando "em um desenvolvido senso de ritmo. Não de andamento, certamente, que significa apenas lento, médio e rápido. Isso é limitado demais. O ritmo, por sua vez, tem um *swing* infinito e eterno. **Todas as criações vivem pelo ritmo**"[27].

Entre as muitas definições existentes do termo *swing*, destaco a do *Free Dictionary*, que mais se adéqua ao seu uso na citação acima: "a alternância padronizada e recorrente de elementos contrastantes, tais como os sons acentuados e não acentuados na música". Nos anos 1550, segundo o *Etmonline*, o termo foi usado como verbo, significando "provocar oscilações"; nos anos 1680, *swing* também já foi empregado para se referir a um "assento suspenso em cordas" (semelhante a um balanço); nos anos 1889, surgiu outro significado: "mudança de opinião pública". Baseando-me no histórico de uso dessa palavra e relacionando-o com a afirmação de Boleslávski, imagino que *swing* possa significar a capacidade que o ritmo dá ao ator para mudar de direções, criar contrastes, sombreamentos e transformações em cena. Ou seja, na perspectiva de Boleslávski, **o ritmo está sempre se transformando**, o que lhe confere a capacidade de sustentar a atenção do espectador que, assim, poderá se surpreender com suas variações rítmicas.

Também chama a atenção o fato de Boleslávski falar do ritmo como meio pelo qual todas as criações vivem, ideia reafirmada

27 Ibidem, loc. 1261. (Grifo nosso.)

quando diz que "existir é ter ritmo"[28]. A partir dessa ideia, em que espontaneidade e ritmo estão intrincados, podemos começar a vislumbrar o conceito de ritmo vivo: primeiramente, o ritmo é vivo porque sustenta vivas as criações, sejam estas geradas pela natureza da vida ou pela invenção artística. E, podemos nos perguntar: como essas criações se sustentam vivas? Talvez por meio de seu "*swing* infinito e eterno" ou de suas variações. Para complementar esse raciocínio sobre o ritmo vivo e o *swing*, cito também a pesquisadora Cristiane Werlang: "tal qual um ritmo *swingado* tenta escapar dos códigos da métrica musical, o ator tem no ritmo um aliado para escapar da regularidade mecânica da técnica"[29].

Contra a Mecanização: Ritmo e Espírito de Improvisação em Kusnet

Para desenvolver sobre a sustentação do ritmo vivo, vale fazer referência a Eugênio Kusnet (1898-1975), ator e diretor nascido no antigo Império Russo e radicado no Brasil, que foi um grande divulgador de ensinamentos de Stanislávski em nosso país. Afirma ele: "a natureza inteira é organizada na base do ritmo, a começar pelo movimento dos astros e terminando pelo movimento das amebas. Tudo no mundo obedece ao ritmo"[30]. Isso nos remete à nossa primeira frase – "no princípio era o ritmo" –, pois o ritmo aparece como organizador da natureza. Mas pretendo ir além: **o ritmo vivo dá origem à vida cênica e, com seus contrastes e variações, sustenta-a viva.**

Kusnet também fala de espontaneidade e verdade como aspectos intimamente ligados à habilidade de improvisação cênica e na observação da natureza. Para esse autor, a palavra "talento" poderia

28 Ibidem, loc. 1221.
29 C. Werlang, *A Musicalidade na Dramaturgia do Ator*, p. 179.
30 E. Kusnet, *Ator e Método*, p. 87.

ser substituída pela expressão "dom da improvisação", por meio do qual emergiria a espontaneidade. Além disso, diz que o ator precisa confiar na natureza e "estabelecer condições em que a própria natureza possa criar através dele"[31].

Quanto à improvisação preconizada por Kusnet, não se trata de um gênero teatral nem de uma improvisação livre e irrestrita; trata-se de um tipo de improvisação que se aproxima dos *études* de Stanislávski, pois são improvisações baseadas em circunstâncias propostas específicas[32]. Ao destacar o papel desse tipo de improvisação, penso que Kusnet esteja em busca de uma medida de flexibilidade do ator, de seu *swing*, de um ritmo vivo que seja capaz de preencher a cena com uma atuação verdadeira e espontânea. Nas palavras do autor:

> Graças ao seu *poder de receber*, o ator consegue captar, em cada novo espetáculo, novos detalhes da ação cênica, aos quais por serem novos para ele, reage com a autêntica surpresa. Essa faculdade, quando bem desenvolvida, garante ao ator a possibilidade de sempre estar dentro do espírito de improvisação e poder lutar contra o maior flagelo do teatro: a mecanização progressiva dos espetáculos em cartaz e o uso costumeiro dos "clichês" pelos atores.[33]

Essa luta contra a mecanização, que sufoca a vida da atuação, perpassa a busca de muitos dos grandes encenadores, atores, pesquisadores e mestres do teatro, como Stanislávski. Dessa luta, surgem expressões interessantes que podem ajudar na elaboração de estratégias para ajudar o ator a atuar com ritmos vivos como, por exemplo, a expressão "poder de receber", de Kusnet, que destaquei na citação acima. Ao final deste capítulo, após as analogias com o conceito de vida na ciência, veremos como a disponibilidade do ator

31 Ibidem, p. 96. No capítulo "Os Ritmos Vivos Emanam do Alvo", infra, proponho princípios e práticas para estabelecer essas condições de que fala Kusnet.

32 Discorro sobre o *étude* em "Os Ritmos Vivos Emanam do Alvo", infra p. 231s.

33 E. Kusnet, *Ator e Método*, p. 100. (Grifo nosso.)

para receber é fundamental para a sustentação da vida cênica. Por enquanto, sigamos com a apreciação de ideias e conceitos de Stanislávski e seus discípulos.

Toporkov: Aprendendo a Ver o Mundo Cênico Com Olhos Humanos

Vassíli Toporkov (1889-1970), em suas memórias dos últimos anos de estudo com Stanislávski, oferece pensamentos valiosos para a investigação sobre o que chamo de atuação cênica viva e de variações rítmicas vivas. Toporkov estudou com Stanislávski, de 1927 a 1938, e pôde aproveitar os frutíferos ensinamentos dos últimos três anos de vida de seu mestre. Ao se recordar de suas sensações em relação a uma experiência ruim com a cena de um monólogo em que iria atuar, diz ele: "nenhuma entonação viva, nenhum lampejo de emoção viva. Tudo morto, vazio, falso"[34]. Esse ator foi instigado por Stanislávski a buscar o caminho da autenticidade e da organicidade na atuação.

No Estúdio de Ópera e Arte Dramática, fundado por Stanislávski em 1935, encerrando-se no ano de seu falecimento, em 1938, Toporkov esteve presente à primeira reunião sobre os estudos da arte de atuar com as ações físicas, utilizando o texto *O Tartufo*, de Molière, e ouviu do mestre russo as seguintes palavras:

> A arte do Teatro de Arte é tal que requer renovação constante, o trabalho sobre si mesmo. Foi construída sobre a reprodução e a transmissão da vida *viva* e orgânica, e não suporta formas e tradições engessadas, por mais belas que sejam. Nossa arte é viva, e como tudo o que vive, encontra-se em movimento e desenvolvimento. Algo que ontem foi bom, hoje já não serve

34 V. Toporkov, *Stanislávski Ensaia*, p. 51.

> mais. Um mesmo espetáculo amanhã não será o mesmo de hoje. Essa arte requer uma técnica especial, que não é a técnica do estudo de procedimentos e recursos teatrais específicos. É a técnica de domínio das leis da natureza criativa do ser humano, a capacidade de agir sobre essa natureza, de conduzi-la, a capacidade de descobrir, a cada espetáculo, suas possibilidades criativas, sua intuição. Trata-se de uma técnica artística, ou, como a chamamos, psicotécnica.[35]

Essas palavras de Stanislávski, conforme recordadas por Toporkov, evidenciam a importância conferida pelo mestre à diferenciação de uma atuação viva para uma não viva. Isso fica evidente se notarmos que Stanislávski se utiliza – provavelmente, não à toa – do pleonasmo "vida viva". Também percebo nesse discurso um dado imprescindível para a busca por uma definição do conceito de atuação cênica viva: a **transformação** é um elemento fundamental da atuação, pois tudo que é vivo está em constante transformação; trata-se de uma "lei da natureza criativa do ser humano".

Toporkov fala também sobre a necessidade de limpar a sujeira acumulada pelo narcisismo do ator, que o impede de atuar de acordo com as "leis da natureza criativa do ser humano"[36]. Stanislávski condenava a destruição da verdade pelo ator e a interrupção do processo vital orgânico que deveria orientá-lo em cena. Em sua visão, destruir a verdade é ignorar as sutilezas do comportamento humano, desconsiderar as fases que compõem a comunicação humana e ficar com a atenção voltada só para si mesmo e para seu próprio desempenho, meramente obedecendo às marcações do diretor, independentemente de escutar seus companheiros de cena. Como antídoto da destruição da verdade, Toporkov lembra um ensinamento que seu mestre repetia com frequência: "tente não usar seus olhos do ator, mas seus olhos humanos"[37].

35 Ibidem, p. 175-176. (Grifos nossos.)
36 Ver V. Toporkov, op. cit.
37 Stanislávski apud V. Toporkov, op. cit., p. 230.

Entendo que os "olhos do ator", criticados por Stanislávski e Toporkov, remetem a uma postura ansiosa do ator que faz esforço demais para criar, um esforço tão demasiado que o ator acaba literalmente contorcendo seu corpo e espremendo o som da sua voz, em busca da suposta expressão de algum sentimento arrebatador. Então, os "olhos do ator" não seriam capazes de fazer o ator captar a energia viva da cena, conduzindo tão somente ao teatralismo.

Fugindo do Teatralismo

De acordo com Sarrazac, Stanislávski não era avesso à teatralidade (notada, por exemplo, nos espetáculos de Meierhold), mas sim a outro tipo de atitude que poderia ser chamada de teatralismo: "um estado histriônico e narcísico, a manifestação redundante do teatro dentro do teatro [...] um teatro empanturrado de si mesmo"[38]. Ao que Sarrazac veio chamar de teatralismo, Stanislávski e Toporkov se referiam por atuação mecânica, falsa, cheia de truques, cheia de um "sentimentalismo barato", uma atuação muito longe de alguma faísca de vida cênica[39]. Em contraposição ao teatralismo, comenta Toporkov:

> Fazer um papel é transmitir, em cena, a vida do espírito humano, dizia Stanislávski. Mas seria possível criar a vida do espírito humano sem criar um fluxo de vida realmente autêntico em cena? Claro que apenas a organicidade do que acontece em cena não basta para criar uma obra de arte cênica. No entanto, ao formar o tecido orgânico e ao selecionar o necessário e despir-se do desnecessário, supérfluo, o ator ou o diretor dão credibilidade e direção conceitual ao fluxo da vida cênica.[40]

38 J.-P. Sarrazac (org.) et al., *Léxico do Drama Moderno e Contemporâneo*, p. 181.
39 V. Toporkov, op. cit., p. 49.
40 Ibidem, p. 247.

Nesse sentido, o ator foge do teatralismo na medida em que se livra de tudo que é desnecessário para a criação de um fluxo de vida em cena. Nessa criação, sua intuição desperta o estado criativo que lhe possibilita a experiência do vivo.

O Ritmo Como Processo na Arte da Experiência do Vivo de Stanislávski

Toporkov afirma que Stanislávski almejava um ator que agisse de acordo com a arte da experiência do vivo, em vez de representar (imitar). A expressão "experiência do vivo" é uma nova tradução[41] para o termo russo *perejivánie*, frequentemente traduzido como "vivências". Sobre esse conceito de arte da experiência do vivo, que está no cerne do sistema elaborado por Stanislávski, vejamos o que artista russo Anatoli Vassíliev diz em uma esclarecedora nota da tradução brasileira de sua mestra Maria Knebel:

> Dentro do sistema teatral de Stanislávski, *perejivánie* nos remete ao *processo da experiência vivenciada no momento presente*. O teatro como "a arte da experiência do vivo" [*iskússtvo perejivánia*] é precisamente a nova definição do teatro tal como imaginado por Stanislávski e pela escola russa. A sensação ou a vida que é experimentada aqui e agora são contrapostas ao teatro de representação, ou de imitação; trata-se de um teatro onde *é necessário viver, e não parecer vivo*. Nas línguas latinas, *perejivánie* é frequentemente traduzido de forma errada, como "reviver [uma experiência passada]".[42]

41 Tradução proposta por Marina Tenório e Diego Moschkovich, ver M. Knebel, *Análise-Ação*.

42 A. Vassíliev, Diálogo Com os Tradutores Franceses, em M. Knebel, op. cit., p. 26. (Grifo nosso.)

A expressão "arte da experiência do vivo" chama a minha atenção por enfatizar o **caráter processual, transformacional e presencial da vida**, o que não ocorre com a mesma intensidade no termo "vivências" - este, inclusive, pode dar a sensação de remeter a algo que ficou para trás, no passado. Além disso, como a palavra arte inicia a expressão, sustenta-se que a ação artística não é uma cópia da realidade cotidiana, mas sim uma ação viva que se faz interior e exteriormente.

Stanislávski explicita que as ações interiores do ator também têm ritmo; portanto, posso inferir que os sentimentos também têm ritmo[43]. No entanto, levando em conta que a arte da experiência do vivo não é inerte e fixável, o ator conseguirá realizar apenas ritmos cadavéricos se tentar forçar esses sentimentos ignorando a lógica processual e viva da ação. O ritmo sentimentalista mata as suas próprias variações - no dizer popular, ele é chapado, ou deixa a cena chapada, monótona - e inunda a atuação com respirações ofegantes, tremulações na voz, tensões e relaxamentos musculares excessivos, entonações enfadonhas... Se a arte da experiência do vivo é um processo, tem que se processar com algum ritmo - um ritmo do processo do vivo em vida, e não de um resultado empalhado.

Retomando Toporkov, com base nos seus conhecimentos sobre a arte da experiência do vivo, ele fala sobre a sinceridade do ator. Conta que Stanislávski buscava meios para o ator sustentar um corpo vivo, autêntico, orgânico, livre de clichês, que obstruíam a vida do espírito humano e afastavam o ator da sinceridade. Para Toporkov, "a qualidade vital mais convincente de nossa arte é a sinceridade"[44]. Para ele, não adianta o ator tentar forçar risos e lágrimas, pois fascinação alguma brotará da plateia diante desse ator; em vez disso, é preciso sinceridade, palavra que aparece, em Toporkov, como substituta para talento. Sobre esse aspecto, penso que "ter talento" implica algo dado, totalmente passivo, um dom inato. Quanto à sinceridade,

43 Ver *An Actor's Work*.
44 V. Toporkov, op. cit., p. 179.

poderá ser uma qualidade nascida da disciplina, do atento trabalho com elementos que favoreçam a vida cênica (como as circunstâncias propostas e a imaginação). A sinceridade de que fala Toporkov tem a ver com a sensação de verdade constantemente exigida por Stanislávski. Para alcançar uma atuação viva, na perspectiva de Stanislávski, o ator precisa mergulhar no processo da ação, longe de sentimentalismos, e "acreditar sinceramente na lógica de outro [do papel] como se fosse a sua própria"[45].

Knebel: Cultivando uma Fala Cênica Autêntica

Outra discípula de Stanislávski que referencio neste livro é Maria Knebel (1898-1985). Assim como Toporkov, vivenciou os três últimos anos de vida de Stanislávki e foi capaz de registrar suas novas descobertas. Atriz do Teatro de Arte de Moscou, Knebel também foi discípula de Mikhail Tchékhov e ministrou aulas no Estúdio de Ópera e Arte Dramática. Para Vássina e Labaki, Knebel foi uma das principais divulgadoras do sistema de Stanislávski em seu estágio mais maduro, quando desenvolveu o método das ações físicas.

Knebel se refere a uma atuação cênica viva utilizando termos como "ação orgânica", "verdade cênica", "dizer o texto com verdade", "palavra viva" em oposição a "clichê", "palavra morta". Menciona a "palavra verdadeira", "impregnada de um sentimento sincero", o "falar de uma forma verdadeira e natural", contra a "afetação falsa", a "declamação artificial". Também chega a afirmar que, ao falar, em cena, as palavras do ator têm que ser "cheias de vida"[46].

Em relação ao ritmo, Knebel destaca a sua importância no trabalho com a fala cênica, e assinala que é preciso o domínio técnico, mas não suficiente, de atributos como fluidez, articulação e precisão.

45 Ibidem, p. 181.
46 M. Knebel, op. cit., p. 28-30 e 116-119.

O principal, para Knebel, seguindo os ensinamentos de seu mestre Stanislávski, é que o andamento e o ritmo da fala, para serem verdadeiros e orgânicos, devem estar totalmente conectados ao trabalho com outros elementos do sistema, quais sejam: as tarefas; a imaginação; a visualização; e, sobretudo, as circunstâncias propostas.

Nesse sentido, o ator pode, por exemplo, entremear o ritmo de sua fala com "pausas de mestre"[47]. A pausa de mestre é uma potente pausa psicológica justificada nas circunstâncias propostas. Ao estudar os exemplos de pausas de mestre dados por Knebel, notei que estas são capazes de expressar preciosas sutilezas e/ou tempestuosos turbilhões da vida interior da personagem, favorecendo a transmissão do que Stanislávski chamava de vida do espírito humano do papel.

A ênfase da pesquisa de Knebel recai no trabalho do ator com a palavra, lutando contra a fala mecanizada, pelo cultivo da ação verbal autêntica. Essa autora valoriza a integração de pensamento e ação, instigando o ator a criar subtextos – sempre acreditando nas circunstâncias propostas da obra – para o seu texto pronunciado soar orgânico em cena. De modo muito semelhante a Toporkov, Knebel também afirma que "a ideia fundamental de Stanislávski, no decorrer de toda a sua vida, era a de que uma vida autêntica em cena só é possível se ela estiver de acordo com as leis da própria vida"[48].

Segundo o diretor russo Adolf Shapiro, discípulo de Knebel, o principal ensinamento obtido da sua mestra foi que "o teatro consiste no interesse pela vida e nos encontros entre as pessoas"[49]. Conectando essa premissa de Knebel citada por Shapiro àquilo que Stanislávski chamava de "vida do espírito humano", posso intuir uma característica importante do espírito humano: o humano é um ser que se encontra com outros humanos; a vida busca pela vida, o humano busca pelo humano, e com ele se conecta, para se relacionar, comunicar, trocar, transformar.

47 Ibidem, p. 205-210.

48 Ibidem, p. 89.

49 A. Shapiro, Sobre Maria Knebel, em M. Knebel, op. cit., p. 320.

Knebel também contribui para o estudo sobre o que chama de diretor pedagogo, sempre com muita deferência ao trabalho de Stanislávski, Mikhail Tchékhov e Nemiróvitch-Dântchenko. Ela ressalta, por exemplo, que o trabalho de Nemiróvitch-Dântchenko pautava-se pela observação cuidadosa de toda faísca de vida que despontasse na cena, tentando ajudar o ator a se aproximar cada vez mais do autêntico e verdadeiro, afastando-o de artifícios da vaidade. Sobre essa questão do diretor pedagogo que busca os caminhos mais propícios para o nascimento de uma atuação viva, em vez de uma atuação meramente marcada, Knebel escreveu sobre a análise pela ação (ou análise ativa), o novo método de ensaio que Stanislávski desenvolveu ao final de sua vida, baseado em *études* que possibilitassem ao ator o aprofundamento na obra, por meio de improvisações objetivadas, com circunstâncias propostas cada vez mais específicas.

Stanislávski condenava atuações generalistas, então, procurava conduzir os atores, por meio da atenção e da imaginação criadora, a ver muito especificamente os detalhes da obra que lhes impulsionariam à ação – uma ação do humano vivo. Vassíliev fala sobre a importância do humano que, na cena, "é a única medida do vivo. A única medida! Tudo o que existe em cena constitui-se a partir desse objeto vivo – o ser humano"[50]. Para esse autor, a manifestação de vida – humana – na cena independe da estética do espetáculo ser x ou y, pois o ator "pode assumir qualquer forma, digamos, não humana, qualquer uma... Mas a forma não humana deve ser preenchida com a naturalidade humana"[51]. Reitero mais uma vez: na perspectiva de Stanislávski, "naturalidade" não implica um cotidianismo; naturalidade, para o mestre russo, tem as suas raízes na natureza profunda da vida do espírito humano. Vassíliev alerta para o fato de que a "arte da experiência do vivo" não é o resultado da atuação, mas a fonte que põe o ator em movimento; é o processo por meio do qual se faz a ação viva. A arte da experiência do vivo, portanto, não

50 A. Vassíliev, Diálogo Com os Tradutores Franceses, op. cit., p. 281.

51 Ibidem.

se limita a pretensas estéticas realistas ou naturalistas. Esse fato me leva, então, a abordar outros importantes discípulos de Stanislávski, que ampliaram e transcenderam as possibilidades estéticas que seu mestre conseguiu experimentar enquanto esteve vivo.

O Ator Preciso e Surpreendente em Meierhold

Vsévolod Meierhold (1874-1940), nome que figura entre os mais importantes no rol dos encenadores do século XX, também foi discípulo de Stanislávski e trabalhou no Teatro de Arte de Moscou desde sua inauguração, em 1898, até 1902, quando saiu do TAM e fundou sua própria companhia teatral. Em 1905, junto com Stanislávski, fundou o Estúdio experimental da rua Povarskáia, que "uniu diretores e atores em busca de referências dramatúrgicas afinadas ao novíssimo drama simbolista"[52]. A partir de 1907, Meierhold funda os seus próprios estúdios para pesquisar a atuação e a encenação, segundo princípios de convenção e estilização. Trabalha novamente com Stanislávski, em 1936, no último estúdio conduzido por seu mestre.

Enquanto Stanislávski se esforçava para encontrar meios de cultivar no ator a capacidade de atuar de acordo com a "arte da experiência do vivo" – em uma perspectiva psicofísica, considerando as dimensões interior e exterior do papel –, Meierhold queria se afastar dos resultados predominantemente realistas das encenações de Stanislávski e, para isso, buscava uma atuação estilizada, convencionada no alto rigor da plasticidade do movimento. Sabemos que as circunstâncias propostas são um dos principais conceitos de

52 C. Werlang, op. cit., p. 105.

Stanislávski e que, em sua experiência teatral, estas se originavam do texto do autor dramático, sendo então complementadas pelas contribuições dos atores, do diretor, do cenógrafo etc. Já na obra de Meierhold, o texto dramático não tem uma função tão primordial, pois ele "não hesita em adaptá-lo, ao mesmo tempo para submetê-lo às suas pesquisas formais e para iluminar o seu significado histórico ou político"[53].

Stanislávski e Meierhold, ambos queriam levar o ator para longe do sentimentalismo e zelavam pelo desenvolvimento de sua segunda natureza; porém, em contraponto ao seu mestre, Meierhold se afastava radicalmente das ações mais cotidianas do ser humano ator; sua busca apontava para uma segunda natureza grotesca, transbordando teatralidade, fundada na convenção. Segundo Werlang, o teatro regido pela convenção aponta para um "teatro teatral" e recusa a encenação ilusionista. Essa autora argumenta que Meierhold considera que "o convencionamento está na base da arte operística, na qual o ator bebe da partitura e traduz as sutilezas do desenho orquestral na língua do desenho plástico"[54].

É possível que o tipo de vida cênica perseguida por Meierhold repouse nos conceitos de grotesco e teatralidade. Então, convém pincelar algumas das suas características.

O Ritmo Vivo na Perspectiva do Grotesco e da Teatralidade

Segundo Pavis, para além da comicidade, podemos perceber o grotesco quando nos deparamos com o exagero e a estilização extrema, com a desfiguração da natureza e, principalmente, com a deformação de formas conhecidas, ou aceitas como norma[55]. Já a

53 J.-J. Roubine, *A Linguagem da Encenação Teatral*, p. 61.
54 C. Werlang, op. cit., p. 111.
55 Ver P. Pavis, *Dicionário de Teatro*.

teatralidade pode ser definida, de acordo com Jolly e Plana, quanto ao advento da encenação moderna, como a ênfase na potencialidade dos signos teatrais, na autonomia da encenação em relação à literatura, na exaltação da forma exterior e do literal no lugar da interioridade, do conteúdo e do simbólico[56]. Ao estudar as ideias de Meierhold, devemos ter atenção para não associar o trato com o grotesco e a teatralidade ao fatídico hábito de encenadores e atores que recorrem a clichês e se perdem em mero exibicionismo.

Em Meierhold, é precisamente no grotesco e na teatralidade que a vida se manifesta na arte teatral, no jogo de contrastes e mudanças bruscas e imprevistas, que tenciona atingir as dimensões da sensorialidade e da cinestesia (com c mesmo) do espectador. Para isso, a precisão no trabalho com o ritmo é fundamental, a ponto de o ator para Meierhold desenvolvê-lo próximo à dança, a qual, de acordo com Barba, é o desenho preciso e contrastante dos movimentos cênicos, uma dança inspirada em uma síntese transcultural que Meierhold extraía do Kabuki, Nô, Ópera de Pequim, das convenções do drama indiano e, principalmente, da *Commedia dell'Arte*[57]. Maria Thais afirma que Meierhold carregava forte influência do teatro oriental, no que diz respeito ao uso de batidas percussivas para demarcar as evoluções cênicas e imprimir rigor à assimilação do tempo pelos atores – às vezes, chegando a utilizar um cronômetro em substituição à percussão. Dessa forma, ainda segundo Thais, a composição dos movimentos do ator era elaborada com frases rítmicas[58], que desenhavam pequenas unidades rítmicas contrastivas no tempo e no espaço da encenação[59].

Além de encenador e ator, Meierhold era músico e, assim como seu mestre Stanislávski, era um dedicado estudioso da arte da ópera. A prática polifônica de Meierhold, entrelaçando teatro, música e dança, sob o prisma do grotesco e da teatralidade, rendeu valorosas

56 Ver G. Jolly; M. Plana, op. cit.

57 Ver E. Barba, Organicidade, Presença, Bios Cênico, op. cit.

58 Ver "O Temperamento do Ritmo", supra.

59 Ver M. Thais, *Na Cena do Dr. Dapertutto*.

contribuições para o campo estético e também pedagógico das artes cênicas. Para além de suas renovações estilísticas, é possível afirmar que Meierhold contribuiu para o estudo da atuação viva, tanto que o seu conceito mais famoso tem o nome de biomecânica, que significa "o estudo da mecânica aplicada ao corpo humano"[60]. O prefixo "bio" deriva do grego antigo *bíos* e significa "**vida**", existência, gênero de vida[61]. Nesse contexto, a palavra "mecânica" pode ser compreendida tal como afirma o *Houaiss*: "ramo da física que estuda o comportamento de sistemas (como os de equilíbrio ou movimento dos corpos) submetidos à ação de uma ou mais forças". De acordo com Pavis, a biomecânica de Meierhold consistia na técnica que conduzia o ator a partir do exterior na abordagem do papel[62]. Segundo o criador do termo:

> Se observarmos um trabalhador especializado em ação, notamos: 1. ausência de movimentos supérfluos e improdutivos; 2. ritmo; 3. um correto posicionamento do centro de gravidade do corpo; 4. estabilidade. Movimentos baseados nesses princípios se distinguem por sua qualidade de dança. Um trabalhador especializado em ação sem dúvida nos lembrará um dançarino [...]. Cada artesão – um ferreiro, um fundidor, um ator – deve ter familiaridade com as leis do equilíbrio. Um ator que ignora as leis do equilíbrio é menos que um aprendiz [...]. A deficiência fundamental do ator moderno é sua absoluta ignorância das leis da biomecânica.[63]

Aqui, fica evidente que Meierhold faz suas inferências sobre a biomecânica a partir da observação da vida, mais exatamente dos movimentos do ser humano em uma situação rotineira da vida: o trabalho. Para criar seus exercícios de biomecânica, Meierhold

60 P. Pavis, *Dicionário de Teatro*, p. 33.
61 Dicionário Grego – Português, p. 167.
62 Ibidem.
63 Meierhold apud E. Barba, Organicidade, Presença, *Bios* Cênico, op. cit., p. 146.

observou a natureza desses movimentos, captando seus vetores de direção, seu equilíbrio, o deslocamento do centro de gravidade do corpo e suas transições posturais. Com a prática rigorosa desses exercícios decodificados, com ações como atirar uma pedra e dar um tiro com arco e flecha – sem o uso de objetos concretos –, o ator desenvolveria domínio de sua expressividade e, posso imaginar, seria capaz de imprimir variações rítmicas adequadas à estética cênica de Meierhold. As variações rítmicas do ator de Meierhold podem ser sentidas como vivas na medida em que conseguem surpreender o espectador com o jogo grotesco de seus contrastes.

Contraste: O Princípio Vital do Ritmo

Ao escrever sobre o grotesco em Meierhold, Werlang salienta que a musicalidade das ações do ator se faz de contrastes acentuados e abruptos, do choque dissonante entre ambivalências como o trágico e o cômico, o revelar e o esconder, o belo e o feio, o real e o não real, o particular e o social, a tensão e o relaxamento, a rapidez e a lentidão, os ritmos da fala e os do corpo. A capacidade de impactar o espectador com o alto grau de precisão na realização desses contrastes cênicos se desenvolvia pela prática da biomecânica, que proporcionava forte domínio da plasticidade dos movimentos, adequados à intensa teatralidade e musicalidade perseguida por esse encenador. A teatralidade musical e a musicalidade teatral do ator de Meierhold apontam para o que Maletta chama de atuação polifônica, fenômeno que ocorre quando múltiplos discursos se manifestam simultaneamente e em contraponto, sem que haja a fusão dos contrastes. Segundo esse autor: "O grotesco exige um ator que, tendo incorporado os fundamentos das técnicas do *clown*, do canto e da dança, da acrobacia e do atletismo, da mágica, entre outras, é capaz de reger uma partitura cênica composta por múltiplos discursos, e transitar com facilidade da atuação trágica para a cômica, e vice--versa."[64]

Para facilitar essa incorporação de fundamentos técnicos e favorecer a precisão rítmica de cada gesto, Meierhold treinava seus atores com exercícios acompanhados por música ao vivo, executada ao piano. A música dava estrutura às encenações de Meierhold. Mesmo quando não podia ser ouvida, a música estava profundamente enraizada nos sentidos dos atores – dando precisão aos contrastes rítmicos de seus movimentos – e podia ser sentida pelo espectador ao longo do espetáculo como um todo. Inclusive, a seguinte citação ficou famosa no meio acadêmico teatral: "sonho com um espetáculo ensaiado sobre uma música e representado sem música. Sem ela, e com ela: pois o espetáculo e seus ritmos serão organizados de acordo com suas leis e cada intérprete a carregará em si"[65].

Afirma Werlang: "Meierhold apresenta um tipo de teatro musical no qual o teatro dramático e a música – audível e não audível – têm um papel essencial para valorizar, estruturar e aprofundar o espetáculo, as cenas, o texto, o movimento e o gestual."[66] Nesse sentido, a visão musical de Meierhold ia muito além da dimensão concreta do som. Ele se apropriava, por exemplo, de formas musicais tradicionais – de organização de sons e silêncios executados na arte musical –, transpondo-as para o plano da encenação – de organização de movimento, forma, espaço, luz, palavra, cenário e objetos realizados no espetáculo teatral. Picon-Vallin afirma que a encenação de Meierhold "segue as leis da forma-sonata, uma parte lenta intercalada entre duas partes rápidas"[67].

Além da apropriação do conceito de forma musical, outro aspecto importante da composição rítmica da encenação de Meierhold, em toda sua potência de variações vivas, é a **pausa**, a qual entendo como

64 E. Maletta, *Atuação Polifônica*, p. 137-138.
65 Meierhold apud B. Picon-Vallin, *A Música no Jogo do Ator Meyerholdiano, Études et Documents*. T. III.
66 C. Werlang, op. cit., p. 122.
67 Ver B. Picon-Vallin, A Música no Jogo do Ator Meyerholdiano, op. cit.

um elemento fundamental para qualquer estética teatral, pois com a pausa de um elemento da encenação (por exemplo, a fala) – no sentido de interrupção ou de suspensão –, é possível realçar outro elemento (por exemplo, a luz). Então, a ênfase que se dá a um ou outro elemento, dentro do tempo e do espaço da encenação, forma uma camada geral – macro – das variações rítmicas da encenação. Nesse sentido, penso: no plano da atuação, o ator imprimirá variações rítmicas vivas, na medida em que perceberá e reagirá às variações rítmicas dos outros planos da encenação (uma mudança brusca de luz, por exemplo, deve provocar variações nos ritmos do ator em cena, se este estiver atento). Talvez por isso a pausa seja um elemento rítmico expressivo tão caro aos grandes encenadores e músicos, além de dançarinos, poetas, escritores, pintores, escultores... Com Meierhold não é diferente e, segundo Picon-Vallin, esse artista ensina seus atores a:

> "escutar o silêncio" para, "depois de ter compreendido a significação da pausa, não deixar de *viver na ação cênica*". E esta pausa, de "passiva", pode igualmente tornar-se ativa, centro, culminação da ação, ser sentida como o grito do silêncio (na encenação de *Culpado ou Inocente* de Strindberg em Terioki em 1912), ou como uma abertura escancarada sobre um vazio monstruoso (as pausas do ator Garin em *O Mandato* de N. Erdman)[68].

A pausa está intimamente conectada a uma atuação cênica viva e, em Meierhold, contribui no delineamento dos seus acentuados contrastes rítmicos. E outro fator importante da composição rítmica desse artista cênico foi sua maneira de lidar com a métrica.

68 Ibidem. (Grifo nosso.)

O Ritmo Vivo

Lutando Contra a Métrica Fria

Meierhold queria que o ator tomasse consciência da métrica, mas sem ficar acorrentado a ela; era preciso transcendê-la para conquistar a liberdade rítmica. Nesse sentido, suponho que voltava-se à polirritmia e ao ritmo amétrico. Werlang afirma que, para ele, "o ritmo [...] se opunha à frieza matemática da métrica e caracterizava o que o ator possuía de mais importante, o fogo da criação próximo ao modelo improvisacional da *Commedia dell'Arte*"[69]. Ainda segundo a autora:

> O ritmo tem a ver com a criação do ator propriamente dita, a sua capacidade de improvisar dentro de uma estrutura. Não raro, para tanto, os elementos dinâmicos (alterações na intensidade) são solicitados para criar o ritmo dentro da métrica (momentos, fragmentos) do espetáculo, favorecendo, por exemplo, a criação do caráter dos personagens. Improvisação e autolimitação é a fórmula buscada. Uma não vive sem a outra. Restringindo-se apenas a seguir a métrica, o ator não será capaz de improvisar ao máximo. Explorando somente o ritmo, deixará de se relacionar com o conjunto e não haverá coerência entre o todo e as partes da obra. O ator tem de ser capaz de criar dentro das restrições impostas pelo conjunto e sempre nos tempos estabelecidos pela encenação, mas isso não significa que o ator não tenha liberdade de criação.[70]

Em 1921, em curso ministrado no GVYRM (Oficinas Estatais Superiores de Encenação), Meierhold diz aos estudantes: "costumo explicar o ritmo como qualquer coisa que luta contra, que se opõe à monotonia do metro"[71]. Ora, dizer que o ritmo "luta contra" o metro

69 C. Werlang, op. cit., p. 128-129.
70 Ibidem, p. 131.
71 Ver Meierhold apud B. Picon-Vallin, A Música no Jogo do Ator Meyerholdiano, op. cit.

significa, por exemplo, que a prática da biomecânica, para preservar o que carrega de vida (bio-), não pode ser fixada na monotonia do metro. De acordo com Werlang, os exercícios de biomecânica são baseados na métrica ternária do pé dátilo grego, decompondo o movimento em três fases sequenciais: longa, curta, curta. Dentro dos limites dessa métrica ternária estabelecida, o ator exercitará a sua liberdade rítmica ao imprimir nuances de força, postura e direção em seu movimento[72].

Em Meierhold, portanto, o rigor com a precisão no andamento do espetáculo e das ações dos atores era essencial para compreender a métrica e poder transcendê-la. Dessa forma, a atuação podia ter alto grau de estilização e virtuosidade e, ainda assim, ser viva, com ritmos vivos capazes de surpreender o espectador e mantê-lo em relação intensa com a obra. Com o incentivo à liberdade de criação, dentro de uma estrutura temporal precisa, Meierhold possibilitava ao ator improvisar para alimentar sua vida rítmica em cena, evitando atuar maquinalmente. Nesse aspecto, o pensamento de Meierhold parece ressoar no de Kusnet que, como vimos, apostava no espírito da improvisação contra a mecanização da atuação.

Apesar dos esforços de Meierhold para evitar atuações puramente mecânicas – e não biomecânicas –, alguns críticos de sua época atacavam sua obra, como descrevem Roubine e Orani, sob a taxação de tecnicismo e formalismo exacerbados. Stanislávski, por sua vez, recebia críticas de excessivo psicologismo e realismo ilusionista. Diante disso, pergunto-me: será que poderia haver um diretor-pedagogo capaz de entrelaçar a exaltação da teatralidade de Meierhold com a profundidade da ação psicofísica de Stanislávski, a fim de favorecer o fluxo de ritmos vivos na atuação cênica?

72 Sobre as características da métrica e do ritmo na prática de Meierhold, ver C. Werlang, op. cit., p. 129.

Vakhtângov e a Teatralidade Orgânica: Um Elo Entre Meierhold e Stanislávski

A busca pela teatralidade, com forte influência da *Commedia dell'Arte*, caracteriza também a trajetória artística deste outro notável discípulo de Stanislávski: o ator e diretor Evguêni Vakhtângov (1883-1922). Ele também participou, junto a Richard Boleslávski e Mikhail Tchékhov, do primeiro estúdio do TAM, inaugurado em 1912 e coordenado por Stanislávski. Segundo Orani, suas encenações revelavam "o verdadeiro realismo do comportamento humano representado em todo o esplendor da teatralidade"[73]. De acordo com esse pesquisador, Vakhtângov foi um entusiasta da teatralidade e do grotesco, tal qual Meierhold, e, ao mesmo tempo, um defensor da organicidade e da sinceridade das ações, tal qual Stanislávski: "ele conseguiu reestabelecer o brilho intenso e a imaginação fantástica no palco sem ter comprometido a essência da verdade e da realidade humanas"[74]. Então, podemos pensar que Vakhtângov, em sua busca por uma teatralidade orgânica do ator, tenha sido um elo entre as diferentes ênfases dadas por Meierhold e Stanislávski.

Orani afirma que, em vez de renunciar ao passado em nome da inovação, Vakhtângov incorporou ao seu trabalho a essência dos ensinamentos de seu mestre Stanislávski, sendo capaz de preencher a lacuna entre "o realismo psicológico e o movimento estruturalmente expressivo da biomecânica" e, por causa disso, continua o autor, "tanto Stanislávski como Meierhold viam nele seu verdadeiro seguidor. Stanislávski costumava dizer que Vakhtângov sabe como ensinar o sistema melhor do que eu"[75]. Seu espírito de artista investigador rendeu a Vakhtângov, em 1920, o seu próprio estúdio no TAM.

73 A. Orani, Realism in Vakhtangov's Theatre of Fantasy, *Theatre Journal*, n. 4, p. 470.
74 Ibidem, p. 463.
75 Ibidem, p. 464.

Infelizmente, esse estúdio não durou muito, pois ele adoeceu e faleceu em 1922, quando estava no seu auge criativo, com apenas 39 anos.

A pesquisa de Orani aponta que Vakhtângov, insatisfeito com o suposto esvaziamento da teatralidade que via nas obras de seu mestre, e a suposta falta de verdade cênica que observava no teatro de Meierhold, conseguiu articular a teatralidade das formas expressivas da fala e do movimento cênico com a pesquisa de motivações interiores do sistema de Stanislávski.

Vakhtângov desenvolvia em suas encenações a estética do realismo fantástico, compondo a cena com o "uso de máscaras, música, dança, figurinos e cenários arrojados e abstratos, em busca de um teatro capaz de oferecer sonhos, fantasia e sátira em vez de um espelho de si mesmo"[76]. Segundo o próprio autor:

> Naturalismo e Realismo não têm lugar no teatro. Devem ser substituídos pelo Realismo Fantástico. Os recursos teatrais corretos, quando descobertos, aprimoram o trabalho do autor com a *verdadeira realidade no palco*. Esses recursos podem ser aprendidos; a forma, entretanto, tem que ser criada. A forma tem que ser forjada através da fantasia. Por isso que falo de Realismo Fantástico. Ele existe e deve ser encontrado em toda forma de arte.[77]

Nessa definição, é possível perceber que o realismo fantástico de Vakhtângov é mais que um resultado estético, é a sua visão artística, sua atitude ética diante da criação da obra teatral. Além disso, nota-se que esse encenador confere valor à verdade cênica, à organicidade do ator e, consequentemente, à atuação cênica viva. A partir de sua fala, somos sugeridos a visualizar a fantasia como uma janela através da qual nasce a forma e, nesse ponto, vejo conexão com os ensinamentos de Stanislávski sobre a imaginação na arte da experiência do vivo.

76 Yevgeny Bagrationovich Vakhtangov, *Britannica Academic*.
77 Vakhtângov apud A. Orani, Realism in Vakhtangov's Theatre of Fantasy, op. cit., p. 476. (Grifo nosso.)

Assim como em Meierhold, o estudo da *Commedia dell'Arte* e a busca pelo grotesco eram fundamentais para o trabalho de precisão do ator de Vakhtângov. A improvisação conferia vida à atuação estilizada e "o grotesco alcançado impressionava com seu realismo e precisão"[78]. Segundo Gomes, "Vakhtângov atenta para o fato de que no trabalho dos cômicos *dell'Arte* ao domínio artístico se vincula o absoluto controle de todos os meios de expressão do corpo, e que a improvisação, o jogo dos atores e o contato com o público são aspectos imprescindíveis para o teatro."[79]

No pensamento de Vakhtângov, o domínio dos meios de expressão do corpo dá ao ator a possibilidade de imprimir variações rítmicas complexas, com grande destaque para a fala cênica. Uma de suas direções, o espetáculo *O Dibuk*, de Sch. An-Ski, texto do teatro judeu, foi encenado em 1922 e apresentado para o público soviético, na língua hebraica. Vale conhecer a experiência de Evrêinov, que assistiu ao espetáculo e ficou impressionado com esse trabalho: "para mim, a demonstração máxima da genialidade de Vakhtângov está no fato de que, apesar de não compreender Hebraico, fiquei entusiasmado o tempo todo, e meu entusiasmo subia e caía junto ao ritmo do enredo"[80].

Em *O Dibuk*, as variações rítmicas se desenhavam principalmente pela voz, sendo que "o modo de falar e a entonação das palavras foram musicalmente anotadas a fim de transmitir seu significado"[81]. Imagino que a lógica de Vakhtângov possa ter sido esta, ainda que intuitivamente: se o público não pode compreender a língua falada, é imperativo que o ator possa estabelecer um fluxo vivo de comunicação por meio de uma precisa composição rítmica de sons, movimentos e pausas. E para que o espectador conseguisse acompanhar o desenrolar da trama, esses sons, movimentos e pausas precisariam evoluir com variações rítmicas vivas, profundamente conectadas

78 A. Orani, Realism in Vakhtangov's Theatre of Fantasy, op. cit., p. 473.

79 A.M. Gomes, O Teatro de Vakhtângov, *Revista de Literatura e Cultura Russa*, n. 9, p. 173.

80 Evreinov apud A. Orani, Realism in Vakhtangov's Theatre of Fantasy, op. cit., p. 475.

81 A. Orani, Realism in Vakhtangov's Theatre of Fantasy, op. cit., p. 474.

com as circunstâncias propostas; não bastaria a exibição de uma coleção de virtuosismos rítmicos desconectados da imaginação do ator e do contexto da obra.

O trabalho de Vakhtângov com o ritmo vivo podia ser notado na atuação, mas também em outros elementos da encenação. Por exemplo, em sua versão de *Turandot*, texto de 1762, de Carlo Gozzi, em 1922, na qual, segundo Orani cada objeto cênico ganhava vida quando manipulados pelos atores, com ritmos variados, conectados à música. Esses ritmos variados se baseavam em contrastes acentuados – uma forte semelhança com Meierhold – e esses contrastes poderiam contribuir para compor uma atuação viva. Nesse aspecto, ainda sobre *Turandot*, destaco o seguinte comentário de Orani: "O real e o fantástico, o trágico e o cômico, o poético e o vernacular, o engraçado e o comovente – tudo isso era misturado como partes inextricáveis do todo. Elas [as partes, os contrastes] constituíam as forças polares necessárias na concepção da própria vida."[82]

Para mim, as variações rítmicas vivas são compostas de contrastes vivos e também de pausas vivas. No espetáculo *O Milagre de Santo Antônio*, texto de Maeterlinck, estreado em 1921, "Vakhtângov fez 'largo' uso de pausas, de suspensões, de paradas"[83]. A exemplo de Stanislávski, para quem o andamento-ritmo existia tanto exterior como interiormente, Vakhtângov explorou o jogo rítmico, inclusive, na aparente imobilidade do ator em cena. Ainda de acordo com Silva, Vakhtângov chamava essa qualidade cênica de **viver nas pausas**. Cabe pensar em como a expressão "viver nas pausas" explicita o fato de que estar em pausa não tem relação com desconexão ou interrupção das variações rítmicas vivas; pelo contrário, fazer pausas e nelas viver é continuar atuando com vida – com um ritmo vivo –, pois este é um importante elemento rítmico.

82 Ibidem, p. 479. (Grifo nosso.)
83 A.E.B. Silva, *Vakhtangov em Busca da Teatralidade*, p. 84.

A Faísca de Vida Buscada Por Peter Brook

Em sua vasta e rica trajetória artística, Peter Brook (1925-2022) faz uma busca incessante pela vida cênica, constantemente prestando atenção às relações vivas do ser humano com seus semelhantes, com o espaço e com a palavra. Afirma ele:

> A diferença entre a vida e a morte, tão cristalina no homem, é algo obscura em outros campos. Um médico pode dizer de imediato, entre um indício de vida e um inútil saco de ossos, que a vida deixou de existir; mas estamos menos acostumados a observar como uma ideia, uma atitude, ou uma forma pode passar da vitalidade à ruína. É difícil definir, mas uma criança consegue detectar isso.[84]

Evidentemente, a capacidade de um médico para definir a vida e a morte tem a ver com a existência de fenômenos observáveis no ser humano, os seus sinais vitais – pulso cardíaco, temperatura corporal, respiração e pressão arterial. Mas e na arte da atuação cênica? Quais seriam os sinais vitais do ator? Seria possível identificá-los? Como? E como não deixá-los escapar de nossa arte? Brook buscava esses sinais de vida o tempo todo, afastando-se do que chamava de teatro moribundo, no qual atores e espectadores padecem. No que diz respeito à atuação cênica, para salvá-la do padecimento, Brook recorrentemente faz menção ao que chama de **faísca de vida**[85].

A faísca de vida está relacionada ao termo da filosofia hindu *sphota*, que, pra Brook, remete ao que ele entende por forma: "o virtual tornando-se manifesto, o espírito tomando corpo, o primeiro

84 P. Brook, *O Espaço Vazio*, p. 20.
85 Ver *Não Há Segredos* e *O Espaço Vazio*.

som, o *Big Bang*"[86]. A própria sonoridade da palavra sphota remete a um elemento originário, uma espécie de som primordial ou, na imagem de Brook, uma faísca que acende o fogo da vida, uma centelha de criatividade que suscita a vida cênica[87].

Para Brook, é impossível haver vida sem forma – o amorfo é incapaz de atingir a condição de vivo. O desígnio artístico desse artista, o objetivo de todo seu fazer teatral, é, "nem mais nem menos, um encontro com o tecido da vida"[88]. Independentemente do estilo ou da estética de seus espetáculos – que podem ser múltiplas e variadas –, a forma existe como faísca de vida, como meio de uma relação viva entre ator e espectador. O ator japonês Yoshi Oida (1933-), importante colaborador do diretor inglês, afirma: "mesmo que o ator esteja trabalhando numa produção estilizada, seu objetivo é estar naturalmente no palco. Por natural quero dizer humano: algo real é gerado pelo ator e sentido pelo público"[89]. Essa naturalidade, de que fala Oida, está relacionada à faísca de vida evocada por Brook.

Para encontrar a vida cênica, Brook também fala da importância do "espaço vazio"[90]. Em termos concretos, o espaço vazio é um espaço livre de aparatos cênicos. Também não descartava a utilização de alguns aparatos cenográficos, mas dispunha no espaço somente o indispensável para favorecer o jogo do ator – investindo, dessa forma, em uma fruição mais imaginativa do espectador. Segundo o autor, "a ausência de cenário é pré-requisito para o funcionamento da imaginação"[91].

Mas o espaço vazio de Brook não se refere somente ao ambiente exterior. Há, também, aquele entre a objetividade e a subjetividade, o interior do ator. Um espaço vazio, nessa perspectiva, implica certa liberação interior, afinal, não é possível abrir caminho para a vida cênica quando o ator está cheio de julgamentos e desejos a impor

86 *Não Há Segredos*, p. 72.
87 Ver *O Espaço Vazio* e *Não Há Segredos*.
88 *Não Há Segredos*, p. 76.
89 Y. Oida, op. cit., p. 84.
90 Ver *O Espaço Vazio*.
91 *Não Há Segredos*, p. 25.

no palco. Esse espaço vazio tem a ver, portanto, com "um silêncio certeiro dentro de si"[92], silêncio sem o qual não é possível estar verdadeiramente presente e fazer essa presença ser significativa para os outros (os companheiros de cena e os espectadores); silêncio sem o qual não é possível irromper o *sphota*.

Repetição, Representação e Assistência

Brook sugere que o fenômeno teatral ocorra de acordo com a seguinte lógica tríplice: repetição, representação e assistência[93]. Em francês *répétition* significa tanto repetição como ensaio. O repetir é imprescindível, do artista ao atleta, quando se pretende atingir alto grau de complexidade. No entanto, a repetição acaba degradando e negando a vida, pois a vida não admite imitação.

Para resolver o problema da tendência fatal da repetição, então, Brook propõe a instância da representação que, a seu ver, "é a ocasião em que algo é re-presentado, em que algo do passado é mostrado de novo – algo que existia no passado, existe agora"[94]. A representação, portanto, abre espaço para o frescor vivo do presente imediato, resgata a instabilidade natural do instante imprevisível e renova a vida que a repetição nega, até mesmo durante boa parte dos períodos de ensaios de um espetáculo.

Quanto à dimensão da assistência, de acordo com Brook, serviria para dar unidade à experiência teatral e diluir a repetição na representação, estabelecendo atenta conexão entre ator e espectador. O diretor inglês explica que a palavra "assistência" vem do verbo "assistir": nos ensaios, o diretor assiste aos atores, tanto no sentido de observá-los como de ajudá-los; na re-presentação, é a plateia que assiste, igualmente em ambos os sentidos. Podemos pensar, também, continuando o raciocínio de Brook, que os atores também

92 Ibidem, p. 64.
93 Ver *O Espaço Vazio*.
94 Ibidem, p. 220.

precisam se assistir – um observa o outro atentamente, um ajuda o outro generosamente. O ator t a m b é m poderia assistir à sua imaginação. Talvez, poderia t a m b é m assistir ao espectador, no sentido de perceber nele as reações causadas pelo processo comunicativo da arte da atuação.

Maria Clara Ferrer, professora de Teatro da Universidade Federal de São João Del-Rei, na informalidade de uma conversa, chama-me a atenção para outra acepção possível, em nossa língua, da palavra "assistir": a de servir de parteira. É interessante imaginar como esse significado pode complementar a ideia de Brook, pois seria através da assistência que ocorreria o parto artístico de uma cena viva. Esses três elementos – repetição, representação e assistência – são fundamentais para aquilo que o mestre inglês chama de teatro imediato.

O Sacro e o Rústico na Atuação do Teatro Imediato

O teatro imediato de Brook é formado da combinação do que chama de teatro sacro com o teatro rústico. Para o autor, em relação ao teatro sacro, "o aspecto essencial é reconhecer que há um mundo invisível que necessita tornar-se visível"[95]. O invisível, para esse artista, se conecta a aspectos profundos da existência e está além das capacidades cognitivas humanas. Quanto ao mundo interior da personagem – instância psicológica do invisível – que se revela por gestos e palavras, Brook reconhece o seu valor, mas não o associa ao que chama de teatro sacro. Para muito além, a dimensão sagrada do invisível está relacionada a "campos de energia pouco conhecidos"[96].

A questão fundamental no trabalho desse diretor, quanto à sua dimensão sacra, é esta: "poderia o invisível se tornar visível por

95 *Não Há Segredos*, p. 50.
96 Ibidem.

meio da presença do ator?"[97] O diretor inglês entende que, quando a atuação se dá em condições adequadas de receptividade, o impalpável invisível pode se fazer presente. Para Brook, o momento presente constitui a essência da arte do teatro e esse presente possui uma dimensão sagrada[98]. Afirma o autor:

> Teatro do Invisível-que-se-faz-Visível: a noção de que o palco seja um lugar onde o invisível pode aparecer exerce uma profunda influência em nossos pensamentos. Temos todos consciência de que a maior parte da vida escapa aos nossos sentidos: a explicação mais poderosa das várias artes é que elas tratam de configurações que só começamos a reconhecer quando se manifestam como ritmos ou forma.[99]

Em relação ao teatro rústico, afirma "lida com as ações dos homens e, por ser terra-a-terra e direto – por admitir as malandragens e a gargalhada –, o rústico e acabado parece ser melhor que o falsamente sagrado"[100]. Assim, a raiz da rusticidade está no teatro popular, um teatro que, ao longo de milênios de história, sempre enfrentou a escassez de materiais. Mas Brook argumenta que a escassez nunca foi um problema, pois esse teatro sempre teve imaginação em abundância. De carroças a celeiros, de praças públicas a cabarés, fez-se palco para o teatro rústico divertir e encantar suas plateias, valendo-se dos recursos possíveis e quebrando toda a lógica do impossível somente com a arte dos corpos e da imaginação de seus criadores: "num teatro rústico, bate-se num balde para representar uma batalha, usa-se farinha para mostrar rostos brancos de medo"[101]. Ainda segundo o artista inglês, eis mais alguns aspectos do teatro rústico: "A escatologia e a vulgaridade são naturais, a obscenidade é divertida; com elas, o espetáculo assume seu papel socialmente libertário,

97 *O Espaço Vazio*, p. 85.
98 Ver *Não Há Segredos*.
99 *O Espaço Vazio*, p. 69.
100 Ibidem, p. 115.
101 Ibidem, p. 107.

pois, por natureza, o teatro popular é antiautoritário, antitradicional, antipomposo, antipretensioso. É o teatro do barulho, e o teatro do barulho é o teatro do aplauso."[102]

O grande dramaturgo e encenador Bertolt Brecht (1898-1956) é, para Brook, um exemplo de artista do teatro rústico[103]. O diretor inglês reconhece a rara habilidade do alemão para convocar o espectador à reflexão e a uma atitude ativa para a transformação social da realidade, sem perder de vista este fator decisivo para fazer a arte teatral de fato mover o espectador: o entretenimento.

Para entreter o espectador, capturando e sustentando sua atenção e sua imaginação, não são necessários, de acordo com Brook, muitos recursos materiais[104]. Para provar isso, muitas vezes, leva seu elenco à seguinte prática: tendo já passado da metade do período de ensaios para criação de um espetáculo, os atores devem improvisar uma versão em uma escola, para crianças, no espaço que estiver disponível, não importando sua precariedade. Sem seus objetos cênicos originais, sem as possíveis mobílias do cenário em construção, o que conta nesse exercício é a relação viva que precisa se estabelecer entre atores e espectadores, uma experiência que exige alto grau de inventividade e habilidade comunicativa. Brook remete essa habilidade ao talento dos grandes contadores de história – sua imaginação jamais poderia estar confinada, pois seria impossível suscitar, por meio das palavras, imagens instigantes em quem o ouve.

Por fim, ao reunir o sagrado e o rústico, Brook chega à síntese do teatro imediato. Em suas palavras: "Independentemente do assunto, devem-se encontrar os melhores meios, aqui e agora, para trazê-lo à vida. [...] O 'teatro imediato' pode ser definido como o 'teatro de tudo quanto se necessita', ou seja, um teatro no qual os elementos mais puros e impuros podem encontrar seu espaço legítimo. O exemplo, como sempre, é Shakespeare."[105]

102 Ibidem, p. 109.
103 Ibidem.
104 Ver *Não Há Segredos*.
105 Ibidem, p. 53.

Como podemos notar, o teatro imediato se fundamenta no contraste entre sagrado e rústico. Contraste, como já vimos, tem a ver com ritmo, ou melhor, é inerente ao ritmo. Brook evoca Shakespeare possivelmente por causa de sua habilidade em criar contrastes poderosos que tocam, até hoje, o âmago das pessoas. É possível dizer que Shakespeare, na arte das palavras, foi um mestre das variações rítmicas vivas. O bardo vai, com precisão rítmica, do sublime ao vulgar, do divino ao terreno, do sofrimento ao riso. De acordo com Peixoto, "entre as várias reverberações da obra do dramaturgo inglês no trabalho de Brook, podemos destacar a valorização da palavra como veículo de intersecção entre o concreto da cena e a imaginação, entre o mundo visível e o mundo invisível"[106]. Isso nos permite perceber mais contrastes que permeiam a ideia de teatro em Brook: concreto e imaginário; visível e invisível.

Esses jogos de contrastes compõem uma ética e uma filosofia artística que permeiam o trabalho do diretor inglês. Brook considera, por exemplo, a seguinte prática: a cada novo trabalho, antes de utilizar o texto escolhido para a encenação, deve-se realizar exercícios e jogos contrastantes para ampliar a sensibilidade do grupo de atores. Para isso, recomenda, por exemplo, praticar "exercícios vocais e improvisações, tanto sérios quanto cômicos"[107]. Seriedade e comicidade, pureza e impureza, sagacidade e palermice, são muitos os binômios contrastantes que vivem no ritmo... E o ritmo das palavras na obra de Shakespeare encantou Brook, que dedicou muito do seu tempo a fazê-las viver na voz do ator.

106 C. Peixoto, *A Perspectiva Orgânica da Ação Vocal no Trabalho de Stanislávski, Grotowski e Brook*, p. 95.
107 *Não Há Segredos*, p. 86.

Não Existe Reação Sem Relação: O Ritmo da Palavra Falada É Alimentado Pelo Interlocutor

A palavra é, para Brook, o resultado de uma reação que começa com um impulso. Afirma ele: "a palavra é uma pequena parte visível de uma gigantesca formação invisível"[108]. O invisível, contudo, não é obrigado a se manifestar. A seu ver, pensando semelhantemente a Stanislávski e Grotowski, o trabalho do ator e do diretor é criar as condições adequadas para a manifestação do invisível, é encontrar um "estado de receptividade"[109] que possibilite a faísca de vida que se sustenta, no meu entendimento, pelo nascimento e desenvolvimento das variações rítmicas vivas.

Brook considera o falar em público (como em uma palestra) uma experiência teatral, pois é preciso estabelecer uma relação comunicativa potente – fundada no aqui e no agora – com seus interlocutores. Para uma palestra realizada em 1991, no Japão, escreveu previamente sua fala, que se inicia com uma reflexão sobre a relação entre o falar em público e o teatro. A citação a seguir é longa, porém, nesse caso, devido à precisão do autor, decidi transcrevê-la inteiramente:

> Neste exato momento, "eu mesmo, número um", o autor, desapareceu para vocês: ele foi substituído por "eu mesmo, número dois", o orador. Quando o orador lê, sua cabeça inclinada sobre o papel, transmitindo os conteúdos em *tom de voz monótono e pedante*, as palavras que pareciam tão vívidas enquanto as colocava no papel cairão em uma *insuportável monotonia*, demonstrando, mais uma vez, o que frequentemente confere má fama às conferências acadêmicas. Então, "eu mesmo, número um" é como um dramaturgo que precisa ter confiança

108 *O Espaço Vazio*, p. 22.
109 *Não Há Segredos*, p. 52.

de que o "eu mesmo, número dois" trará uma nova energia e sutileza ao texto e ao evento. Para aqueles que entendem o inglês, trata-se das *mudanças no timbre da voz, as repentinas mudanças na altura, os crescendos, os fortíssimos, os pianíssimos, as pausas, o silêncio - a música vocal imediata que traz consigo a dimensão humana que o faz querer ouvi-la*, e esta dimensão é tudo o que nós, e nossos computadores, menos compreendemos de maneira precisa, científica. É sentimento, o sentimento levado à paixão, a paixão trazendo convicção, e a convicção sendo o único instrumento espiritual que faz com que um homem se importe com o semelhante. Mesmo aqueles entre vocês que escutam por meio de um tradutor não estão afastados de certa energia que começa, gradualmente, a *conectar nossas atenções*, pois ela cobre toda a sala através do som e também do gesto; cada movimento que o orador faz com as mãos, com o corpo, seja consciente ou inconscientemente, é uma forma de transmissão - como um ator, tenho que estar ciente disso, é minha responsabilidade -, e vocês também têm participação ativa, pois no interior de seu silêncio está escondido um amplificador que envia de volta suas próprias emoções particulares para o nosso espaço, encorajando-me sutilmente, melhorando meu discurso. E o que isso tem a ver com teatro? Tudo.[110]

Focando a atenção nos trechos destacados, podemos perceber que Brook está discorrendo sobre o que chamo de variações rítmicas vivas. Entendo essa "música vocal imediata", de que fala o diretor inglês, como o jogo de contrastes rítmicos, de variações sensivelmente conectadas à relação comunicativa viva e presencial que se estabelece com o ouvinte - variações que podem ocorrer, por exemplo, em mudanças de timbre vocal. Nesse caso, a "insuportável monotonia" da fala dificulta a conexão das atenções do orador

110 Ibidem, p. 65-66. (Grifo nosso.)

e dos seus interlocutores; o que a facilita é a capacidade de imprimir variações rítmicas vivas que, por serem vivas, não podem ser somente uma execução de curvas e saltos virtuosamente elaborados, mas precisam estar conectadas à necessidade imediata da comunicação que se faz no instante presente.

Em 2017, após assistir a uma palestra de ritmo enfadonho e monótono, junto com Francesca Della Monica, conversamos sobre esse "problema" e ela disse que é inevitável uma palestra se tornar chata quando a pessoa lê o que está no papel tendo como interlocutor o próprio papel. Em vez disso, ela disse que é preciso ampliar o espaço da voz para chegar aos seus verdadeiros interlocutores, os ouvintes da palestra, mesmo que os olhos estejam direcionados para o papel.

Nesse sentido, atrevo-me a afirmar: **não existe reação sem relação**. Curiosamente, em nossa língua, a palavra reação está contida no termo relação. Para visualizar isso, basta tirar a letra l, que é o elo de união do sufixo re- com a palavra "ação". Segundo o *Houaiss*, além do sentido etimológico de conexão e vínculo, um dos significados da palavra "relação" é "ação de dar em retorno". Quanto ao termo "reação", um de seus significados mais antigos – e que considero proveitoso na busca de uma atuação cênica viva – é, segundo o *Etymonline*, de "uma ação em resposta ou resistência a outra ação ou a uma força". A reação, portanto, depende de um elo; e esse elo – que é mais um sinônimo da palavra "relação" – pode ser desta forma visualmente representado:

relação

Para o pensamento de Brook, se considerarmos a fala do orador como uma reação, ou como um conjunto de várias reações – ainda que o texto de sua fala tenha sido previamente escrito –, os ritmos vivos pelos quais tomarão forma essas reações dependerão do nascimento e da sustentação de uma relação viva com os interlocutores.

Sem, antes de qualquer coisa, abrir-se para essa relação, o ator muito dificilmente poderá reagir com ritmos vivos; talvez, possa até lograr a elaboração sofisticada de um conjunto de palavras, sons e movimentos – mas, sem a experiência da relação viva, nada disso será reação, apenas ações escoando genericamente com ritmos empalhados. Brook diz que a leitura começa a soar viva a partir do momento em que o leitor para de analisar e de se preocupar com os ritmos da sua fala e, em vez disso, conecta-se com as imagens que a imaginação lhe sugere[111].

Variações Rítmicas Vivas Surgem de Relações Vivas

Considerando as referências estudadas até aqui, entendo que as variações rítmicas vivas não constituem um fim em si, isto é, o ator, em cena, faz seus ritmos variarem em função de uma relação viva – com o outro, o parceiro de cena, o espectador, com os objetos reais e os imaginários, com os sons reais e os imaginários. E essa relação viva se desenvolve naquele momento específico da cena. Trabalhar com o ritmo, nessa perspectiva viva, não tem a ver com impor um desenho de variações em função de um resultado isolado, ou da ideia em si de realizar variações.

Oida também contribui com a minha argumentação sobre o ritmo vivo, pois entende que uma atuação retilínea, de um só nível, sem contrastes e variações, não é capaz de capturar e sustentar a atenção do espectador. Porém, também alerta que os contrastes não devem servir apenas para entreter o público; os contrastes servem, principalmente, em sua perspectiva, para corresponder à verdade da vida humana e da natureza.

Ao citar Zeami, mestre do teatro *Nô*, Oida reforça o fato de que a natureza é sempre mutável, sempre apresenta novidades, variações,

111 Ver *O Espaço Vazio*.

novos contrastes, e jamais permanece exatamente a mesma. Para fazer essa lei da natureza reverberar na cena viva, o ator japonês cultiva um aguçado senso de observação da vida e da natureza, preparando o seu corpo física e emocionalmente para responder, em cena, aos mais sutis estímulos. Um de seus principais alicerces é o trabalho com o ritmo e com o andamento na atuação. Como podemos observar, Oida evoca pensamento muito semelhante ao de Stanislávski quanto à relação do andamento-ritmo com as emoções: "Uma reprodução apurada de uma situação emocional pode parecer muito verdadeira para o ator, mas não necessariamente para o espectador. Antes de pensar sobre produzir uma emoção, devemos examinar o que precisamos fazer em termos de ritmo e andamento. Na verdade, se trabalharmos nosso andamento de maneira adequada, a emoção surgirá muito facilmente."[112]

O trabalho de Oida com o ritmo segue a lógica do *jo-ha-kyu*[113], um padrão rítmico fundamental – presente nos fenômenos naturais, arraigado na natureza – que pode ser inconscientemente sentido como vivo pelo espectador. Esse padrão, considerado por Zeami como uma progressão que está presente em todos os fenômenos do universo, desenvolve-se por um início lento, que vai orgânica e gradualmente acelerando, até atingir o ápice, o clímax. Após uma pausa, reinicia-se o ciclo. Portanto, o *jo-ha-kyu* implica transformação, contraste, variação, mudança. Na concepção de Oida, seguindo o mestre Zeami, o *jo-ha-kyu* é inerente à vida e o ator não atingirá uma relação viva com o espectador se não dominá-lo. Para o autor: "Infelizmente, quando atuam, os atores procuram estados imutáveis. Buscam uma única emoção forte, ou ideia, ou nível de intensidade. Mas isso não é verdadeiro no que se refere à vida. A vida muda constantemente e nossos sentimentos e reações também."[114]

112 Y. Oida, op. cit., p. 135.

113 Ibidem, p. 55, Lorna Marshall faz o seguinte comentário: "a palavra *jo* significa literalmente 'começo' ou 'abertura', *ha* significa 'intervalo' ou 'desenvolvimento', e *kyu* guarda o sentido de 'rápido' ou 'clímax'".

114 Y. Oida, *Artimanhas do Ator*, p. 102.

Ao recusar formas fixas na atuação e exaltar o caráter mutável da vida, Oida faz coro a Brook, que considera que o ator tentar "sentir", na acepção de introspecção, é um desperdício de energia[115]. Além disso, no estudo de Leite e Silva, sobre a verdade teatral em Stanislávski e Brook, lê-se: "uma forma perde sua virtude e sua vida se estanca no momento exato em que se torna fixa"[116]. Ainda segundo esses autores: "A diferença entre a concepção de *verdade teatral* de cada um [Stanislávski e Brook] está mais nos procedimentos metodológicos adotados, na opção estética e na linguagem utilizada para expressar-se sobre um determinado tema, do que na qualidade de expressão cênica exigida de seus atores."[117]

Stanislávski falava do mágico "se" como uma faísca que acendia a imaginação do ator e o inseria nas circunstâncias propostas da obra encenada, mesmo que essas circunstâncias fossem muito distantes da sua própria realidade cotidiana. Brook se afina a essa ideia e a amplia: "no dia a dia, o 'se' é uma ficção; no teatro, o 'se' é uma experiência. No dia a dia, o 'se' é uma fuga; no teatro, o 'se' é a verdade. Quando estamos convictos de crer nessa verdade, o teatro e a vida são uma só coisa"[118]. Segundo o diretor inglês, para o teatro ser vivo, é preciso que os atores joguem com vivacidade. Atuar – *to play*, no inglês – também significa peça de teatro e brincadeira, jogo. Mas não se trata de estar em cena o tempo todo com um sorriso estampado no rosto nem de um sentimento de passageira diversão consigo mesmo; trata-se do prazer pelo jogo de imaginação que se faz a cada novo encontro relacional com o espectador, de uma atitude de disponibilidade para o outro e para o instante incerto que está sempre se transformando.

115 Ver *O Espaço Vazio*.
116 M. Leite; E. Silva, A Verdade Teatral em Stanislávski e Peter Brook, *Artefilosofia*, n. 2, p. 162.
117 Ibidem, p. 168.
118 *O Espaço Vazio*, p. 223.

O Natural e o Artificial Segundo Brook

Para o mestre inglês, "nas mãos de um verdadeiro artista, tudo pode parecer natural, mesmo se sua forma externa for tão artificial a ponto de não haver equivalente na natureza"[119]. Ele considera que toda arte é artificial, mesmo o teatro e o cinema realista e naturalista, não importam a estética e o estilo. E não parece haver juízo de valor quando Brook utiliza a palavra "artificial"; ele apenas salienta que toda arte, em menor ou maior grau, é baseada em convenções e se assemelha, em algum nível, ao trabalho de um artesão.

Nessa perspectiva, a arte não é cópia do real, ainda que possa encontrar equivalentes na realidade cotidiana e natural; a arte se faz de uma realidade artificial. Contudo, para o diretor inglês, o ator tem a função de tornar natural o artificial. E, segundo esse autor, "natural significa que no momento em que algo ocorre não há análise, não há comentário, apenas soa verdadeiro"[120]. Ele entende que "intuição" e "pensamento" estão interligados e são indispensáveis para o trabalho do ator na direção de uma atuação viva. Então, quando se refere à "análise" e ao "comentário" como aspectos antinaturais, Brook parece chamar a atenção para uma mente excessivamente vigilante do ator que, às vezes, de acordo com uma de suas analogias, faz os artistas parecerem militares planejando uma operação. Retomarei essa analogia em "Os Ritmos Vivos Emanam do Alvo".

A naturalidade se conecta, em Brook, à espontaneidade. Ele diz que muitos atores interpretam equivocadamente a palavra "espontaneidade", como se tivesse o sentido de algo desprovido de rigor artístico e precisão técnica. Esse tipo de ator, criticado por Brook, acredita que, para levar espontaneidade à cena, seria suficiente trabalhar com a observação e a apreensão dos seus gestos e atitudes cotidianos. Entretanto, o diretor inglês enfatiza que, quando o ator se limita a essa prática, "ele busca dentro de si mesmo um alfabeto

119 *Não Há Segredos*, p. 61.
120 Ibidem, p. 61.

que também está em estado fóssil, pois a linguagem de sinais tirados da vida que ele conhece é a linguagem não da invenção, mas de seu próprio condicionamento"[121]. Nesse sentido, para lutar contra seus condicionamentos e descobrir a espontaneidade criativa, o ator precisa se desafiar para tomar consciência das imposições que a imagem cotidiana de si mesmo lhe faz em cena. Assim, descobrindo o disfarce de pretensa espontaneidade que suas ações vestem, esse ator já começaria a abrir espaço para o inesperado e, consequentemente, para uma possível espontaneidade.

Ator Sincero, Espectador Interessado

A palavra "sinceridade", comumente usada para se referir a uma qualidade de atuação, torna-se confusa e imprecisa, na opinião de Brook, na medida em que carrega conotações morais. "Ser sincero", em cena, não teria necessariamente a ver com ser honesto, franco, afetuoso ou cordial. A sinceridade também não se manifestaria somente por meio da suposta identificação total do ator com a sua personagem, chegando a sentir sinceramente as emoções dela como se fossem as suas próprias. Em contraponto, Brook sugere que nas encenações de Brecht, por exemplo, havia a necessidade de um forte grau de insinceridade – para que fosse possível o efeito de distanciamento, que resultava da quebra da ilusão dramática, da interrupção do fluxo catártico do espectador, com a finalidade de despertar sua consciência ao pensamento crítico[122]. Contudo, para o autor inglês, até mesmo essa "insinceridade" precisaria ser sincera, no sentido de ser viva e capturar a atenção do espectador – tocar os seus sentidos, sua razão, suas emoções.

Refletindo sobre esse paradoxo, o artista diz que o ator "deve praticar com sinceridade como ser insincero e como mentir com

121 *O Espaço Vazio*, p. 178.
122 Ibidem.

veracidade. Isso é quase impossível, mas é essencial e, muitas vezes, ignorado"[123]. Nessa perspectiva, a ideia de teatro de Brook rejeita o jargão coloquial que diz "atuar é mentir"; ao contrário, em sua visão, atuar tem a ver com a capacidade de instaurar uma relação realmente viva com o espectador. Essa relação, para ser viva, parece depender da invenção de verdades. Como diz Cotrone, na peça *Os Gigantes da Montanha*, "jamais falamos tanto a verdade, como quando a inventamos"[124]. Essa invenção de verdades, em Brook, é feita do engajamento sincero do ator que, por meio de contrastes rítmicos, consegue conquistar o interesse do espectador. Em suas palavras:

> Se o ator conseguir conquistar o interesse do espectador e, assim, baixar sua guarda e, em seguida, conseguir levá-lo a uma posição inesperada ou à consciência de um choque de crenças opostas, de contradições absolutas, então o público se torna mais ativo. Essa atividade não exige manifestações – a plateia que reage pode parecer ativa, mas isso pode ser muito superficial. A verdadeira atividade pode ser invisível, mas também indivisível.[125]

Para encerrar, cito a seguir um elogio que o diretor britânico Declan Donnellan faz sobre o trabalho de Peter Brook. Transcrevo esse elogio para salientar a força impactante dos contrastes na obra de Brook, aspecto fundamental de seu pensamento sobre a atuação viva: "eu amo o trabalho dele pelo modo que cinge os polos do espiritual e do vulgar. O que é mais importante, respirar ou comer? Precisamos fazer os dois; se deixamos de fazer um ou outro, morremos"[126].

123 Ibidem, p. 187.
124 L. Pirandello, *Os Gigantes da Montanha*, p. 67.
125 *O Espaço Vazio*, p. 204, 205.
126 D. Donnellan, *On Directing*, p. 22.

A Atuação Viva Segundo Declan Donnellan[127]

Ao escrever sobre o livro *O Ator e o Alvo*, de Donnellan, afirma Brook: "por trás da alegria e do humor de sua escrita, Declan Donnellan vai sutilmente conduzindo os jovens atores a uma tomada de consciência do processo vivo que sustenta seu trabalho"[128]. Concordo com Brook, pois o processo vivo do trabalho do ator é o objeto de atenção de máxima prioridade no trabalho de Donnellan. E suas contribuições podem ser muito valiosas para a pesquisa sobre a atuação viva e ritmo vivo. Veremos o porquê nesta seção.

Donnellan nasceu em 1953, em Manchester, Inglaterra, filho de irlandeses. Desde 1981, dirige o Cheek by Jowl, junto ao seu parceiro, Nick Ormerod, companhia de teatro cujo impacto é intercontinental, acumula apresentações em mais de quatrocentas cidades e cinquenta países. Cresceu em Londres e, aos dezesseis anos, assistiu ao espetáculo *A Midsummer Night's Dream* (Sonho de uma Noite de Verão), de Shakespeare, dirigido por Brook. Essa experiência ficou marcada em sua memória e o influenciou como artista. Declara ele: "fui profundamente influenciado por Peter Brook, por sua simplicidade, seu carisma e sua humanidade"[129]. Donnellan já recebeu diversas honrarias, tais como o Leão de Ouro de Veneza, em 2016, pelo conjunto de sua obra, e o Prêmio Internacional Stanislávski, em Moscou, 2018, por sua extraordinária contribuição para o desenvolvimento do teatro mundial.

127 A presente seção é um desdobramento atualizado e ampliado do segundo capítulo da minha dissertação de mestrado. O texto desta seção também foi publicado, de forma reduzida e adaptada, em um artigo de minha autoria. Ver respectivamente V. Albricker, *A Fala Cênica sob o Entrelaçamento dos Princípios e Procedimentos de Constantin Stanislávski e Declan Donnellan*; idem, A Atuação Cênica Viva na Perspectiva do Diretor Britânico Declan Donnellan, *Ação*, n. 1.

128 P. Brook, Quarta-Capa, D. Donnellan, *The Actor and the Target*.

129 D. Donnellan, *On Directing*, p. 22.

Além da influência de Peter Brook, Donnellan também costumava assistir aos balés da Royal Shakespeare Company e se interessava por outras artes. Estudou o trabalho de artistas visuais, como o do espanhol Francisco de Zurbarán, que, na opinião de Donnellan, tinha a habilidade de pintar santos, não em poses genéricas, mas em ações específicas e potentes, realmente chamando a atenção para o total envolvimento de cada indivíduo na realização de sua ação[130]. Rembrandt também representa um estímulo ao seu teatro, na medida em que suas pinturas evocam um movimento humano totalmente entregue ao momento presente, premissa fundamental de sua visão sobre o trabalho do ator. Donnellan também nutre profunda admiração pelo teatro russo, pela tradição de inquietação com a pesquisa do fenômeno da atuação orgânica, herança significativa de Stanislávski e de seus principais discípulos.

O Vivo Como Prioridade Artística

Nas palavras de Donnellan, sua grande prioridade "é que o trabalho que realizamos seja vivo, e não morto"[131]. E o vivo, na concepção de teatro desse artista, tem a ver com a disposição do ator para se relacionar com o mundo exterior (por exemplo, com o espaço, o parceiro de cena, o espectador), no instante presente. Não à toa, o nome da companhia de Donnellan e Ormerod, Cheek by Jowl, é uma expressão inglesa que, em português, pode ser traduzida como "lado a lado", ou "face a face". Esse nome reflete a importância que os criadores dessa companhia dão à **relação** entre atores, e à relação entre atores e espectadores, no evento vivo que é o teatro. Em seu livro, o autor inglês aborda cuidadosamente os problemas da atuação, buscando estratégias para ajudar o ator a se libertar do medo de atuar. Como diretor, Donnellan lança um olhar atento e

130 Ibidem.
131 Idem, About Macbeth, *Forma*, n. 1, p. 31.

criterioso ao trabalho do ator, buscando ajudá-lo em seu trabalho como um perspicaz propositor, instigador e provocador.

A frase "Existo, logo atuo" introduz o pensamento de Donnellan sobre a arte da atuação[132]. Para o autor, não há meios para ensinar alguém a atuar, pois atuar é inerente ao ser humano. Não existe, portanto, aquilo que Stanislávski chamou de segunda natureza. Ao contrário, para Donnellan, atuar só pode ser a primeira natureza, pois está conectada a um reflexo humano – é como um instinto primitivo[133]. Nesse sentido, sendo impossível ensinar a atuar, seu interesse está em contribuir com o ator para desbloqueá-lo e deixar fluir a sua (única) natureza – em uma situação de experiência estética, artística e cênica.

Eliminar bloqueios, para esse diretor, é a chave para encontrar vida em cada instante da cena, para ajudar o ator a reagir e não temer a imprevisibilidade inerente ao teatro, pois o imprevisível é essencial para a experiência de uma cena viva. Em favor de uma atuação viva, livre e singular, Donnellan incentiva o ator a desapegar-se de seu eu para dispor-se à relação com: o outro, o espaço, o texto, o contexto, a imaginação e, principalmente, o mundo exterior ao seu redor. Esse desapegar-se do eu não implica uma perda de identidade do indivíduo; em vez disso, possibilita liberar a atenção do ator para ativar sua criatividade interior não por meio do ato de expressar-se – movimento de dentro para fora –, mas de captar, receber e transformar a energia que vem do espaço exterior.

Quanto à qualidade de um espetáculo, Donnellan diz que um bom teatro é, simplesmente, aquele no qual algo muito especial acontece no aqui e agora do encontro entre ator e espectador. Em suas palavras: "é tudo uma questão de conseguir alcançar uma relação desnudada com uma plateia, de modo que algo real e humano aconteça entre eles [ator e espectador], e porque humano, potencialmente divino"[134]. Isso me remete à dimensão sagrada do teatro, em

132 Idem, *O Ator e o Alvo*, p. 13.
133 Ver *The Actor and the Target* e *O Ator e o Alvo*.
134 M. Delgado; P. Heritage (eds.), *In Contact with the Gods?*, p. 91.

Brook e, também, à arte da experiência do vivo e à vida do espírito humano, em Stanislávski.

Segundo o artista inglês, "um dos objetivos do Cheek by Jowl é reexaminar os textos clássicos do teatro mundial e investigá-los com frescor e sem sentimentalismos, evitando conceitos diretoriais para, assim, focar no ator e no trabalho do ator"[135]. Ele encena muitos textos de Shakespeare, mas não hesita em ignorar a tradição britânica das pretensas regras e convenções de uma montagem shakespeareana, pois não acredita que existam técnicas para se dirigir teatro algum; seu interesse é no ator, na vida que as palavras ganham, em cena, graças ao jogo vivo da atuação. O guia de sua direção é, portanto, o processo vivo da atuação. Donnellan declara que seu ofício é detectar **ondas de vida** que surgem das improvisações dos atores e, então, ajudá-los a sustentar essas ondas até que elas perpassem todo o espetáculo. Donnellan também se refere, em diversos momentos, a uma centelha, uma faísca, um indício de vida na atuação[136]. Nesse sentido, esse artista vai ao encontro de Brook, que fala da faísca de vida como o fator mais importante de seu teatro. Na busca por essas ondas de vida, Donnellan procura liberar os atores do peso de "querer atuar bem" e do julgamento de si mesmo. Para esse autor, a sala de ensaios precisa estar livre de preconcepções do que seria certo e errado. Além disso, para sustentar a vida cênica ao longo de várias temporadas do mesmo espetáculo, Donnellan considera que o único jeito é dar aos atores a liberdade de, a cada noite, modificar ligeiramente as cenas. Para ele, consoante a Brook, a repetição – imitar, hoje, o que foi feito ontem – só pode levar a uma atuação cênica morta, desconectada do momento presente[137].

Ao contrário da tradição europeia de direção teatral, Donnellan acompanha seus elencos a cada temporada, a cada viagem, indo ao máximo possível de apresentações – pelo menos, uma por

135 D. Donnellan, *On Directing*, p. 19.
136 Ver D. Donnellan; N. Ormerod, Practitioners, *OCR*; D. Donnellan, *O Ator e o Alvo*.
137 Ver D. Donnellan, About Macbeth, *Forma*, n. 1.

semana – e ensaiando continuamente[138]. Essa prática é importante, para esse artista, justamente para poder ajudar os atores a entrar em cena com uma presença de fato viva e, para isso, o seguinte princípio lhe é fundamental: **em cena, como na vida, nada é imune a modificações**. Esse princípio acompanha Donnellan e Ormerod durante todo o processo criativo, mesmo depois de anos de temporada de um mesmo espetáculo. Segundo os autores:

> O teatro não é como um filme, que é fixo, gravado, e nunca muda. Não importa o que aconteça, temos que acompanhar nossos espetáculos, porque ele vai mudando ao longo do tempo. Não vai continuar sendo o mesmo, pois *a única constante na vida é a mudança*. Então, como o espetáculo vai inevitavelmente mudar, é importante garantirmos que a mudança seja sempre revigorante.[139]

Esse paradoxo da constante mutabilidade da vida me parece fundamental para compreender o que pode ser uma atuação cênica viva. Contudo, a disposição para mudanças não é algo fácil; exige desapego. No dia a dia teatral, costumamos ouvir diretores orgulhosamente bradando que, antes mesmo de começar o período de ensaios, já veem o espetáculo todo dentro da cabeça. Afirmam que já sabem como vai ter que ser o cenário, a luz, o "ritmo" e até as marcações de cena. Chegam a dizer, ao final de um processo, que desde o início já sabiam que o resultado seria exatamente aquele. Donnellan, ao contrário, não se alinha a esse tipo de direção e chega a confessar que jamais vê a peça em sua cabeça, nem antes nem durante os ensaios[140]. Sua autodeclarada função, como diretor, é a de ver o que os atores fazem, instigando-os ao aprofundamento naquilo que fazem para, então, ajudá-los a organizar todo esse fazer. A partir

138 Ver M. Delgado; P. Heritage (eds.), *In Contact with the Gods?*; idem, D. Donnellan, About Macbeth, *Forma*, n. 1; idem, In the Beginning Was Breath, *The Spectator*.
139 D. Donnellan; N. Ormerod, Practitioners, op. cit., p. 3. (Grifo nosso.)
140 Ver *On Directing*.

daí, sim, ele começa a ver o espetáculo, mas diante de si, e não dentro de sua cabeça.

Outro aspecto marcante de Donnellan e Ormerod na busca pelo vivo é o espaço. Para eles, o ator deve estudar o seu texto, sim, mas não conseguirá dar vida às palavras se não for capaz de se conectar com toda a energia viva que o espaço tem para oferecer. Parafraseando Donnellan, o ator não conseguirá nadar em uma cena sem água; ficará apenas se debatendo em suas tentativas de expressar emoções[141]. Nesse sentido, o espaço (com todas as suas dimensões, obstáculos, imagens, temperaturas e todas as suas possibilidades de movimento) é para o ator o que a água é para o peixe, seu elemento vital. O diretor britânico afirma, de modo recorrente, que o ator não consegue criar ou fabricar a vida em cena, mas pode encontrá-la no espaço e permitir ser energizado por ela. Desse modo, assim como os cientistas não procuram exatamente pela vida em si em outros planetas, mas por **condições** ambientais e contextuais nas quais a vida poderia existir, o ator e o diretor também não deveriam buscar pela vida em si, mas pelas condições favoráveis ao surgimento e sustentação da vida – e, para Donnellan, na arte teatral, essas condições só podem ser encontradas no espaço, ainda que esse espaço possa ser abstrato e imaginário.

A Direção, o Texto e a Encenação Sob o Prisma da Reação

Nos ensaios, esse artista não realiza trabalho de mesa e evita falar demasiadamente sobre o sentido do texto, pois "o diretor não é o detentor dos sentidos da peça"[142]. Ele se aproxima, nesse sentido, ao procedimento de análise através da ação – ou análise-ação, ou análise ativa, ou análise pela ação –, de Stanislávski. O diretor

141 Ver D. Donnellan, Declan's Tagliatelle, *Cheek by Jowl*.
142 Idem, *On Directing*, p. 20.

britânico não descarta de seus processos a conversa e a reflexão; porém, para ele, esse tipo de atividade deve ocorrer somente em função daquilo que se pratica, cenicamente, no contexto dos ensaios – prática que pressupõe atores em movimento no espaço. Escapando da ideia de diretor como detentor dos sentidos da peça, Donnellan considera que até mesmo uma peça escrita é viva e, por isso, muda de sentido o tempo todo, jamais preserva apenas uma possibilidade de leitura. Quando perguntado acerca do que se trata o texto *Macbeth*, de Shakespeare, o diretor britânico responde:

> Não posso dizer do que se trata *Macbeth*, pois não há como saber. Como todas as peças de Shakespeare, quanto mais a compreendemos, mais ela se modifica. Suspeito que, se pudéssemos entrevistar Shakespeare, ele não seria capaz de nos dizer do que se trata a sua peça. Ele descobriu um jeito de criar algo, com tantas facetas, que todos nós olhamos para suas criações por diferentes perspectivas. É como uma extraordinária matriz da experiência humana, porém, por mais que a examinemos, sempre se apresentará ligeiramente diferente. E essa é a genialidade de Shakespeare. Deixar livres de seu controle as tantas possibilidades de sentido daquilo que ele mesmo fez.[143]

Em vez de impor e fixar sentidos a um texto, Donnellan e Ormerod o abordam pela perspectiva da reação, isto é, o texto é uma reação, deve ter sido escrito em reação a alguma coisa. Mas reação a quê? É dessa questão que parte o estudo do texto. Vejamos um relato desses autores sobre o trabalho com o texto *Ubu Rei*, escrito por Alfred Jarry, em 1896, e encenada pelo Cheek by Jowl, de 2013 a 2015:

> O que sempre perguntamos aos atores é: "de onde surgiu essa peça?" A peça tem que ser uma reação a alguma coisa, a peça não é, em si, uma ação; ela tem que ser uma reação. Então,

143 Idem, About Macbeth, *Forma*, n. 1, p. 34.

perguntamos ao nosso elenco francês: "qual foi a coisa que fez Jarry escrever *Ubu Rei*?", que é ligeiramente diferente de perguntar por que ele escreveu a peça; em vez disso, perguntamos: a que a peça reage? A que a peça se opõe? A que a peça está reagindo contra? Ficou nítido, então, que *Ubu Rei* é um assalto a todos os valores burgueses de decência e bom senso.[144]

Todo o processo do Cheek by Jowl se dá com base no princípio da reação. Todas as concepções de cenários e figurinos de Ormerod desenvolvem-se a partir da investigação da atuação, das ideias que surgem ao observar o jogo de reação dos atores. Tanto na direção quanto na criação de cenários e figurinos, Donnellan e Ormerod reagem aos atores, privilegiando a imaginação destes, e não as suas próprias. Em consonância com Stanislávski, Donnellan vê a imaginação do ator como elemento de maior importância na criação. Tal qual o mestre russo, o diretor inglês considera que o espectador só tem a sua imaginação ativada quando o ator consegue comunicar aquilo que imagina e, a partir daí, pode nascer um momento mágico em que ator e espectador imaginam juntos. Nesse sentido, assim pensam os fundadores do Cheek by Jowl: "o que nós, diretor e cenógrafo, imaginamos, não importa; o que realmente importa é o que o ator está imaginando diante do espectador naquele momento – seu impulso naquela noite"[145].

A concepção cenográfica de Ormerod segue uma lógica semelhante à do espaço vazio, de Brook, utilizando somente o estritamente necessário, a fim de potencializar a vida cênica do jogo de atuação e de ampliar as possibilidades imaginativas do ator e do espectador. É importante repetir que a direção, para Donnellan, é também reação: ele responde aos impulsos e propostas dos atores em vez de dizer o que eles devem fazer. Contudo, em alguns casos raros, logo de início Donnellan e Ormerod propõem alguns parâmetros

144 D. Donnellan; N. Ormerod, Practitioners, op. cit., p. 5.
145 Ibidem, p. 7.

e pré-requisitos para a criação dos atores. Por exemplo, no espetáculo *Tis Pity She's a Whore* (Pena Que Ela Seja Uma Puta), texto de John Ford, encenada de 2011 a 2014, os dois preestabeleceram que toda a ação da peça deveria acontecer na cama da personagem central, Annabella. A partir dessa ideia, Donnellan não disse aos atores como devem criar concretamente as cenas, mas os deixou livres para usar a imaginação e criá-las de acordo com os seus próprios impulsos – os impulsos vivos do ator, não os do diretor.

O Impulso Exterior Que Pulsa a Vida do Ritmo

A noção de impulso em Donnellan está relacionada ao estímulo inicial da criação, o que entendo como uma **força exterior** ao ator, que o impele a reagir[146]. Donnellan enfatiza que o impulso do ator se origina do exterior, das relações com as pessoas e coisas que vê, sendo estas reais ou imaginárias, concretas ou abstratas[147]. Portanto, afasta-se de uma possível interpretação de impulso como um fenômeno supostamente associado a algum tipo de alavanca interior.

Em sua raiz etimológica, a palavra inglesa *impulse* (impulso) remete à ideia de "empurrar, pressionar, chocar contra", conforme o *Etymonline*. Para Donnellan, em cena, cada personagem, a cada momento, tem sempre algo a ganhar e a perder e, por isso, há sempre conflito[148]. Assim, o impulso do ator nasce a partir do momento em que ele vê o mundo exterior, através dos olhos da personagem, com tudo o que esse mundo oferece a ganhar e a perder – e o confronta para ganhar o que tem a ganhar e, ao mesmo tempo, não perder o que tem a perder. Aqui, podemos notar a conexão dessa ideia com a concepção de ritmo de Piana, aquele fenômeno mais associado às barragens do que ao fluir de um rio, pois o impulso está

146 Ver D. Donnellan; N. Ormerod, Practitioners, op. cit.
147 Ver *O Ator e o Alvo*.
148 Ibidem.

associado ao escoramento, ao confronto, à resistência, à oposição imposta pelo ritmo[149]. O impulso pulsa.

Nessa perspectiva, é possível notar a relação íntima que o impulso do ator tem com o ritmo. De acordo com Kirwan, pesquisador da obra do Cheek by Jowl, Donnellan "percebe quando as coisas não estão funcionando e quando algo interessante acaba de acontecer. Porém, quando algo interessante acontece, os atores **não** são instruídos a repetir a sequência exata do que fizeram"[150]. Para Donnellan, o impulso, que, a partir do exterior, move e vivifica o ator, não pode ser controlado[151]. Por isso, em vez de repetir a sequência exata daquela coisa "interessante" que aconteceu, ele instiga os atores a ver o mundo exterior, a ver as pessoas e coisas que os provocam a reagir.

Com base no pensamento de Donnellan, penso: se o impulso vivo do ator principia a criação, esse impulso vem com um ritmo; se o ritmo, com sua natureza contrastiva, faz nascer algo interessante em cena, esse ritmo pode ser vivo; mas se, em seguida, o ator tenta repeti-lo como se fosse somente uma sequência exata, sem mais conectar-se com o mundo exterior, esse ritmo pode morrer. Ao falar de impulso, Donnellan me provoca a supor que: trabalhar as variações rítmicas vivas do ator é diferente de criar sequências puramente precisas e exatas de ações.

Na perspectiva de Donnellan, o impulso do ator não surge do nada[152]. Assim como em Stanislávski, para o artista britânico, os impulsos e as reações do ator nascem da conexão da imaginação com o contexto da criação, com as circunstâncias propostas da obra. No entanto, para além da concepção de Stanislávski, Donnellan enfatiza que o impulso do ator se origina do exterior, das relações com as pessoas e coisas que vê, sendo estas reais ou imaginárias[153]. Para Donnellan, a arte é um fenômeno fundado na concretude e

149 Ver G. Piana, *A Filosofia da Música*.
150 P. Kirwan, *Shakespeare in the Theatre*, p. 22. (Grifo nosso.)
151 Ver *O Ator e o Alvo*.
152 Ver D. Donnellan; N. Ormerod, Practitioners, *OCR*.
153 Ver *O Ator e o Alvo*.

na especificidade, no abstrato que toma corpo; ele considera que a função da arte é destruir generalizações[154]. Assim, na visão desse artista, o impulso é sempre específico e nasce daquilo que o ator especificamente vê. Aquilo que o ator faz também é específico, mas é sempre reação ao que ele concretamente vê. Então, como diretor, seu trabalho consiste em ajudar os atores a ver coisas que lhes despertem impulsos.

Quando os atores demonstram dificuldades para reagir, Donnellan não começa a marcar as cenas; em vez disso, procura sugerir novas circunstâncias propostas, até que alguma onda ou faísca de vida possa surgir. Somente a partir do momento em que a vida começa a surgir em cena – partindo dos impulsos – é que Donnellan pode ajudar os atores a desenvolvê-la. Nesse sentido, sua função é alimentar esses indícios de vida dos atores com novas e instigantes circunstâncias propostas, no intuito de sustentar e expandir essa vida que vai surgindo. As circunstâncias propostas são, para Stanislávski, como as sementes da imaginação do ator[155]. Os fundadores do Cheek by Jowl dizem algo que me remete imediatamente a essa analogia do mestre russo: "[dirigir uma cena] é como regar o solo. Algo nasce a partir de então. Fazer isso é muito diferente de simplesmente dizer para alguém 'isto é uma planta', ou, para um ator, 'faça deste jeito'"[156].

As Escolhas Incômodas: Atitudes Para uma Atuação Viva

Como vimos, Donnellan não se preocupa em dizer o que o ator tem que fazer em cena, nem como fazê-la; sua meta não é ensiná-lo, mas sim desbloqueá-lo, deixá-lo confiante e encorajá-lo

154 Ver In the Beginning Was Breath, *The Spectator*.
155 Ver *An Actor's Work*.
156 D. Donnellan; N. Ormerod, Practitioners, *OCR*, p. 8.

para não permitir que o medo o paralise. A ânsia do ator por assumir o controle de tudo, colocando-se no centro de todas as coisas, é, para Donnellan, um efeito do medo[157]. Na busca por uma atuação cênica viva, o diretor britânico luta contra o medo do ator e, para isso, coloca-o diante de algumas **escolhas incômodas**, que representam um conjunto de atitudes. Essas escolhas são consideradas incômodas porque não permitem relativização, exigindo uma tomada de decisão ímpar do ator, que deve optar por certos princípios e abdicar de outros. Vamos conhecê-las:

1. Concentração ou Atenção;
2. Liberdade ou Independência;
3. Ver ou Mostrar;
4. Certeza ou Confiança;
5. Criatividade ou Curiosidade;
6. Originalidade ou Singularidade;
7. Excitação ou Vida.

Antes de continuar, pense você: qual opção escolheria em cada um dos sete tópicos acima? Por quê?

Na primeira escolha, concentração ou atenção, Donnellan considera que a **atenção** é mais útil do que a concentração. Para o encenador inglês, a atenção nos ajuda a perceber o que está ao nosso redor e nos permite ver coisas que podem nos provocar a reagir. A concentração, todavia, tende a nos encerrar em nós mesmos, nos ensimesmando, deixando-nos introspectivos. A concentração nos "envia para casa", nos bloqueia, mas a atenção nos abre caminhos para uma relação sensível com o mundo exterior. Parafraseando Donnellan, o ator foge para casa como falso mecanismo de defesa. Isto é, o ator escapa do mundo exterior, isolando-se de seus parceiros de cena e ignorando as sutilezas do texto, até mesmo da luz, do figurino, da sonoplastia. Por isso, o diretor inglês recomenda diretamente ao

157 Ver *O Ator e o Alvo*.

ator, em diversas partes de seu livro: "não vá para casa"[158]. No teatro de Donnellan, o ator deve se submeter à relação efêmera e revigorante do instante presente, sem temer o desconhecido, o desafio, a aventura, o erro e, para isso, precisamos de atenção.

O pesquisador e diretor Rob Swain salienta que a lógica criativa de Donnellan se dá pela eliminação de bloqueios do ator, procurando meios de conectar sua atenção ao mundo exterior da cena, às pessoas e aos objetos que o habitam[159]. Nesse sentido, o diretor britânico não se preocupa em ensinar o ator a dominar técnicas específicas; em vez disso, ele prefere trabalhar com negativas liberadoras, na medida em que procura ajudar o ator a não se concentrar, a não ser absorvido por seu mundo interior, a não se perder em psicologismos improdutivos, a não se desconectar das pessoas e das coisas exteriores que o provocarão a reagir.

Então, com as minhas próprias palavras, sintetizo a primeira escolha incômoda proposta por Donnellan:

O ator nega a ~~concentração~~,
Para não ficar ensimesmado,
E presta *atenção* ao mundo exterior.

Diante da segunda escolha, liberdade ou independência, Donnellan argumenta que não existe independência e que, portanto, só podemos optar pela **liberdade**. Na sua perspectiva, tudo o que fazemos depende diretamente do mundo a nossa volta. Para vivermos, dependemos da energia do mundo exterior que nos alimenta. Nesse sentido, parafraseando Donnellan, são as coisas ao seu redor que alimentam o ator: sua energia não brota de dentro de si, mas é oferecida por pessoas ou coisas provocadoras e instigadoras, que sempre são exteriores ao ator[160]. Para esse autor, a ideia de independência é anulada na medida em que, para termos liberdade, sempre dependemos

158 *O Ator e o Alvo*, p. 39.
159 Ver *Directing*.
160 Ver *O Ator e o Alvo*.

de alguma coisa. Mais adiante, na visita a noções científicas, falarei mais profundamente da questão da dependência à energia, que só pode ser obtida do exterior, sempre transformada, jamais produzida.

Sobre essa questão, vale a pena citar Ariane Mnouchkine, a quem tive a oportunidade de fazer uma pergunta, após assistir ao ensaio do espetáculo *As Comadres*, de sua direção, na Cidade das Artes, no Rio de Janeiro, em 21 de março de 2019. A pergunta que fiz foi: "o que é, para você, uma atuação cênica viva? E, no sentido de uma atuação viva, como você ajuda essas atrizes?" Mnouchkine me respondeu que os aspectos mais importantes para uma atuação viva são a autodisciplina e a liberdade do ator. Para ela, a autodisciplina implica em trabalho árduo em direção à precisão da forma. A artista francesa diz também que não existe teatro sem forma, mesmo no teatro mais realista há que se ter disciplina e rigor formal. Já a liberdade, no pensamento de Mnouchkine, tem a ver com estar disponível ao jogo de cada dia, mesmo dentro de uma estrutura formal bastante rigorosa (como exemplo, ela cita que, ao cantar, em cena, o ator tem liberdade de, sem perder o fio da métrica musical, "cantar mais falado"; ou, em outros casos, "falar mais cantado"). Esse pensamento de Mnouchkine parece reforçar a ideia de Donnellan, pois a ideia de liberdade também está associada, em certa medida, a alguma coisa concreta que dá base a ela, está associada à dependência de alguma coisa. Em Stanislávski, também encontro pensamento semelhante, quando ele diz que o ator tem liberdade para fazer voar a sua imaginação; mas, para tudo que alça voo, é necessário um aeroporto, ou uma pista muito bem pavimentada[161].

Donnellan diz que o ator bloqueado costuma duvidar da liberdade. Para o diretor inglês, "liberdade é um mistério. Ela é uma dádiva assim como a presença"[162]. Na concepção desse artista, é preciso que o ator lance um olhar atento para o presente a fim de poder nutrir a sua atuação com vida. Os estímulos da cena estão

161 A respeito da analogia de Stanislávski, ver E. Vássina; A. Labaki, op. cit., p. 71-72.
162 *O Ator e o Alvo*, p. 50.

no presente e somos livres para vê-los, somos livres para interagir com tudo o que está à nossa volta. Todavia, para esse artista, costumamos temer ser abandonados por algo tão grande e misterioso como a liberdade. Então, o ator se ilude e se bloqueia dizendo a si mesmo coisas como:

> *Eu* **não faço a minha liberdade, então** *eu* não posso controlá-la. Mas uma coisa que *eu* mesmo faço, essa coisa *eu* posso controlar para que não me abandone. Então, *eu* vou inventar uma liberdade sintética, chamá-la de "independência", e mantê-la na coleira. Assim, ela vai fazer tudo que *eu* disser.[163]

A palavra "eu", seis vezes! Donnellan chama a atenção para esse mantra da cultura do homem ocidental: ele ressoa na cabeça dos atores e os impede de ver o mundo exterior tal como é[164]. A ilusão da independência, apontada pelo diretor britânico, faz o ator ficar introspectivo, tentando controlar tudo e tomar a iniciativa de tudo em vez de prestar atenção às pessoas e às coisas que podem provocar seus impulsos vivos. Para Donnellan, o "eu controlador e independente" tende a repudiar as mudanças; mas a mudança, como vimos, é a única constante da vida. A atriz Natalie Radmall-Quirke, da peça *The Winter's Tale* (Conto de Inverno), dirigida por Donnellan e apresentada em 2016 e 2017, faz a seguinte consideração sobre a mudança na criação desse espetáculo:

> Muita coisa muda, coisas grandes e coisas mais sutis. Eu acho que temos que estar dispostos a deixar de lado algumas ideias e não ser tão preciosos. Não podemos ter vaidade alguma (entendendo vaidade como uma noção preconcebida que temos de nós mesmos e de nossas ideias). Noções preconcebidas são ELIMINADAS do processo.[165]

163 Ibidem. (Grifo nosso.)
164 Ver *O Ator e o Alvo*.
165 N. Radmall-Quirke, Continuous Rehearsal, em D. Donnellan, *The Winter's Tale Education Pack with Integrated Live-Capture*, p. 27.

Agora, conectando as duas primeiras escolhas incômodas:

O ator nega a ~~concentração~~,
Para não ficar ensimesmado,
E presta *atenção* ao mundo exterior;

Renuncia à ~~independência~~,
E abraça a *liberdade*
Para ver o mundo exterior e reagir às suas mudanças.

Na terceira escolha incômoda, ver ou mostrar, Donnellan defende que o ator não precisa mostrar nada em cena, deve apenas **ver**, afirma ele: "atuar não é uma questão de *como* vemos as coisas; atuar é uma questão *do que* vemos"[166]. A atitude de ver significa, portanto, captar a particularidade das coisas sem julgá-las, apenas observando-as muito atentamente. E, para esse artista, ver não é uma propriedade apenas dos olhos; o ator pode ver com cada um e com todos os seus sentidos, não somente o da visão, mas também, por exemplo, o da audição e o do tato.

Pavis, ao falar sobre o espetáculo *Twelfth Night* (Noite de Reis), texto de Shakespeare, encenado pelo Cheek by Jowl de 2003 a 2018, revela sua impressão de que Donnellan teria dirigido os atores não no sentido de levá-los a viver as personagens, mas sim de conduzi-los a um jogo de travestimento. Nesse jogo, na opinião do crítico, atores homens interpretavam mulheres – às vezes, interpretando mulheres que interpretam homens – "sem histeria, com certa distância, mas sem paródia"[167]. Nesse sentido, entendo que o mostrar que Donnellan nega não é aquele preconizado por Brecht, para quem o ator deve expor os mecanismos teatrais ao espectador, *mostrando que mostram* – sem o mimetismo ilusionista –, revelando o artesanal de sua arte e suscitando uma postura crítica do espectador[168]. O mostrar rejeitado por

166 *O Ator e o Alvo*, p. 64. (Grifo nosso.)
167 P. Pavis, *A Encenação Contemporânea*, p. 64.
168 Ver B. Brecht, *Poemas 1913-1956*.

Donnellan, na minha compreensão, remete ao narcisismo teatralista que infla o eu e esvazia a vida cênica, anulando o ver.

Para Donnellan, a tentativa de mostrar algo, em vez de ver, acaba resultando em uma atuação sem vida[169]. Nessa perspectiva, o ator não deve tentar mostrar sentimentos e emoções, como amor ou ódio. Em sua concepção, tentar "mostrar" costuma levar a generalizações que esvaziam a vida da atuação. Perguntado sobre o seu conselho mais valioso para um ator que vai fazer um teste de elenco, o diretor inglês responde categoricamente: "certifique-se de que você seja capaz de ver coisas"[170].

Segundo Donnellan, o ator precisa ver as coisas através dos olhos da personagem[171]. Ele não se torna nem mostra a personagem, nem tenta viver os seus sentimentos e emoções; ele simplesmente **vê** o mundo exterior da personagem e reage. Novamente, vem à tona o conceito de Stanislávski de circunstâncias propostas, pois o ator não conseguirá ver nada através dos olhos da personagem se não se conectar com um contexto ativo e específico, isto é, com as circunstâncias propostas da obra. Sobre essa questão, a pesquisadora Kim Solga faz uma interessante comparação entre Stanislávski e Donnellan:

> Nos escritos de Stanislávski, assim como nos de Donnellan, o trabalho com as emoções reais é concebido não tanto como "viver" o papel, mas como viver *na e através da* situação imaginada na qual uma personagem se encontra. O ator precisa ver *conforme* a personagem vê e, ao mesmo tempo – o que é mais importante –, precisa ver *conforme o ator e através da personagem*, uma óptica dupla que envolve manter, ao mesmo tempo, duas realidades em vista – competitivas, mas também colaborativas.[172]

169 Ver *O Ator e o Alvo*.

170 Ver D. Donnellan, It's Dangerous When Actors Think It's All About Their Feelings, *The Stage*, *online*.

171 Ver ibidem e *O Ator e o Alvo*.

172 K. Solga; R. Barker; C. Mazer, Tis Pity She's a Realist, *Shakespeare Bulletin*, n. 4, p. 585-586.

Ao conectar essa escolha incômoda às duas anteriores, proponho a seguinte síntese:

O ator nega a ~~concentração~~,
Para não ficar ensimesmado,
E presta *atenção* ao mundo exterior;

Renuncia à ~~independência~~,
E abraça a *liberdade*
Para ver o mundo exterior e reagir às suas mudanças;

Desiste de querer ~~mostrar~~
E, com a sensibilidade dos seus sentidos,
Põe-se a *ver* o mundo através dos olhos da personagem.

Vejamos agora a quarta escolha incômoda: certeza ou confiança. Para Donnellan, tanto na vida como no teatro não conseguimos ter certeza de nada do que vai acontecer; então, só podemos optar pela **confiança**[173]. A confiança, no pensamento desse artista, não parece ser uma crença cega e inabalável, mas uma atitude que ajuda o ator a renovar a sua atenção. A confiança sustenta o ator no instante presente, mas a ânsia por certezas acaba lançando-o ao passado ou ao futuro. A vontade de ter certezas, para esse autor, é uma interferência do medo.

O medo bloqueia a sensibilidade e a presença viva do ator em cena. Reafirmo que o intuito de Donnellan, em suas reflexões sobre a atuação, é ajudar o ator que se sente bloqueado e, por isso, não consegue atuar com vida. Esse autor preza por um teatro vivo, por um ator presente, por um fenômeno artístico que pulse vida, sendo que "a vida é misteriosa e transcende a lógica"[174].

Donnellan grafa a palavra "medo" com M maiúsculo quando aborda esse elemento como uma entidade. Em seus escritos, o artista personifica o Medo como uma criatura que perturba, divide e

173 Ver *O Ator e o Alvo*.
174 Ibidem, p. 15.

atormenta o ator. Não se trata do medo como instinto de proteção de vida: o próprio autor diz que, na hipótese de um lunático armado invadir um local, o medo instintivo das pessoas deve levá-las a reagir (fugindo, escondendo-se, fingindo-se de morto...), e isso é um reflexo humano de sobrevivência. A luta de Donnellan é, então, contra o medo como um sentimento bloqueador que nos mantém inertes, do medo da imprevisibilidade da vida que nos leva à ilusão de controlar tudo. Nesse sentido, Donnellan propõe uma reflexão sobre o medo que, se não é uma verdade comprovada cientificamente, pode ser muito bem-vinda e proveitosa para o ator conseguir trabalhar sob a perspectiva de uma atuação cênica viva[175].

Donnellan propõe a ideia de que o medo compromete a presença viva do ator em cena na medida em que divide o tempo em duas partes: o passado e o futuro. Isso significa que o tempo presente, o aqui e agora, sempre é abafado, rejeitado, anulado ou abandonado. Em consequência, para o diretor inglês, a presença viva do ator no aqui e agora foi abalada, ameaçada, esvaziada e desestruturada. Em seu entender, a imprevisibilidade do aqui e agora é algo que, muitas vezes, assusta o ator. Este, então, acaba assumindo uma postura desconfiada diante de algo tão supostamente instável como o momento presente e procura concentrar em si toda a responsabilidade pelo desenrolar da cena; não quer confiar, quer ter certeza. Indo contra a mutabilidade inerente a qualquer processo cênico vivo, o ator tenta controlar rigidamente cada etapa de sua atuação. Confiar somente em si mesmo, com uma atitude controladora, pode parecer uma forma de se manter firme e inabalável diante das adversidades. Mas para Donnellan, o controle pode ser: "uma praga para o ator, apesar de parecer tão prestativo e amigável. O Medo ameaça, o Controle conspira, e nós ficamos cada vez mais perturbados"[176].

Por esse raciocínio, entendo que esse Controle conspirador reforça o Medo em sua sina de dividir o ator nas duas dimensões

175 Ver *O Ator e o Alvo*.
176 Ibidem, p. 154.

temporais que bloqueiam a sua presença no aqui e agora: o passado, com os seus julgamentos de culpa, e o futuro, com sua máquina geradora de ansiedades. Dimensões estas que, por comprometerem a presença do ator, criam uma enorme dificuldade para o desenvolvimento de uma atuação viva.

Entendo também que, se o ator fica ansioso em cena, ele pode acabar alimentando muitas facetas do medo como, por exemplo, a de esquecer o texto. Nesse aspecto, ele pode se sentir inseguro e, então, querer controlar todo o texto que ainda está por vir. Essa ansiedade, em forma de controle, o desloca do tempo presente para o futuro, pois o fato de "dar um branco" ainda não aconteceu. Poderá até acontecer, principalmente se o Medo arremessar o ator para o futuro; mas não aconteceu nada, somente uma suposição controladora e ansiosa. Por outro lado, se a insegurança ou a dúvida leva o ator a ficar analisando cada coisa que acaba de fazer e cada variação rítmica realizada, porque tem a sensação de que fez mal ou de que não conseguiu reagir adequadamente (julgamentos), isso acaba gerando nele um sentimento de culpa. Essa culpa o desloca do tempo presente para o passado porque sua atenção fica retida no que já passou. Mas o que passou, passou; a cena continua, aqui e agora.

A seguir, cito o autor, para reforçar o seu pensamento sobre a presença do ator, livre do Medo e do Controle e, em seguida, concluir a apreciação da escolha incômoda "certeza ou confiança":

> O Medo não existe no "aqui e agora". Por isso, ele tem que inventar um tempo falso para existir e reinar. Para isso, pega o próprio tempo real, o presente, e o divide em duas partes temporais falsas. Uma metade, chama de passado e a outra, de futuro. Essas são as únicas duas regiões onde ele consegue viver. O Medo governa o futuro como Ansiedade e o passado como Culpa. [...] O Medo não consegue respirar, enquanto o ator permanecer presente.[177]

177 Ibidem, p. 44.

Ao falar sobre medo, ansiedade e culpa, Donnellan alerta que o ator acaba sendo levado – pelo medo controlador – a escolher a certeza em vez da confiança; ou, em alguns casos, ele tenta ter as duas coisas ao mesmo tempo – certeza e confiança –, mas isso, para Donnellan, é impossível, pois uma escolha sempre anula a outra[178]. Ele diz que "a vida não é feita de certezas; não é preto no branco"[179]. Assim, não podemos ter certeza, por exemplo, de que nosso parceiro dirá a sua parte do diálogo exatamente do jeito que foi ensaiado. Entretanto, podemos ter **confiança** nele e acreditar que a sua fala, seja como for, nos provocará e nos dará a energia necessária para que possamos reagir com uma fala também provocativa e instigante. Para o autor, querer ter a certeza de que isto ou aquilo acontecerá nos prende ao futuro, pois são especulações que tendem a nos deixar ansiosos. Ter confiança pode ser entendido, portanto, como acreditar na vitalidade do momento presente da cena e submeter-se à sua constante mutabilidade. Penso que ter confiança, em cena, na perspectiva de Donnellan, é confiar nas pessoas e coisas ao nosso redor e na nossa liberdade de reagir aos seus estímulos.

Agora, após a abordagem das quatro primeiras escolhas incômodas, acrescento mais uma parte à síntese:

O ator nega a ~~concentração~~,
Para não ficar ensimesmado,
E presta *atenção* ao mundo exterior;

Renuncia à ~~independência~~,
E abraça a *liberdade*
Para ver o mundo exterior e reagir às suas mudanças;

Desiste de querer ~~mostrar~~
E, com a sensibilidade dos seus sentidos,
Põe-se a *ver* o mundo através dos olhos da personagem;

178 Ver *O Ator e o Alvo*.
179 *Measure for Measure*, p. 20.

Abdica da ~~certeza~~,
Sem mais cair na ilusão do Medo e do Controle,
E atua com *confiança*.

Tratarei agora da quinta escolha incômoda: criatividade ou curiosidade. Para Donnellan, o ator não deveria se forçar a ser criativo; em vez disso, deveria despertar e alimentar a sua **curiosidade**. Para esse artista, criar é algo inerente aos seres humanos e a criatividade pulsa em todos nós – é inata –, mas estanca quando nossos receios, temores e ansiedades bloqueiam o nosso fluxo orgânico de reações vivas. De acordo com Donnellan, não convém tentar forçar a criatividade; é mais proveitoso investir na curiosidade, pois esta ajuda o ator a ver a especificidade de tudo que existe exteriormente a ele[180]. Nessa perspectiva, a curiosidade pode ajudar o ator a estabelecer uma relação fértil com as circunstâncias propostas da obra.

Sobre o problema de "querer ser criativo" a pesquisadora Maria Shevtsova diz que "o ator, para Donnellan, não é nem alguém que interpreta um sentido preexistente, nem que cria por pura força de invenção ou de criatividade"[181]. Em vez disso, de acordo com essa autora, Donnellan pretende que o ator seja um explorador intrépido. A meu ver, o ato de explorar é próprio da criança. Crianças aprendem reagindo e observando os outros a reagir aos mais diversos estímulos do mundo ao redor. Porém, não menos importante que a reação, existe a relação de uma criança com o mundo, que costuma ser de intensa curiosidade. Considero que observar crianças se relacionando com o mundo, e reagindo a tudo que seus sentidos captam, pode ser um exercício importante para o ator, pois, como afirmei, não existe reação sem relação.

Donnellan e Ormerod consideram a curiosidade e o senso de brincadeira como aspectos fundamentais para que o ator se abra para uma relação de jogo em cena. Nesse sentido, citam a origem

180 Ver *O Ator e o Alvo*.

181 M. Shevtsova, "Declan Donnellan (1953-)", em S. Mitter; M. Shevtsova, *Fifty Key Theatre Directors*, p. 232.

do inglês *to play* (atuar), com o sentido de jogar, brincar. Em inglês, "ator" é chamado de *actor*, mas também de *player*, ou seja, aquele que joga, brinca. Os autores fazem uma analogia do jogo no teatro (*play*) com o jogo no esporte (*game*):

> Gostamos de pensar que uma peça [*play*] é como um jogo [*game*]: no futebol, por exemplo, todo mundo conhece as regras, mas o resultado é diferente a cada partida. Assim como em um jogo de futebol, o final de uma peça não é necessariamente o resultado – sabemos que Hamlet morre no final, ou que Édipo tira a própria visão, mas esses não são os resultados da peça. O resultado da peça é a experiência de percorrer um caminho até o final. Do mesmo modo que em uma partida de futebol, o percurso do jogo da atuação é que criou os resultados. O resultado de uma ida ao teatro é ver *como* Édipo acabou chegando ao ponto de cegar a si mesmo. E os acontecimentos que levam a esse fato podem ser diferentes a cada noite – por isso é empolgante ir ao teatro.[182]

Penso, então, que a curiosidade deve ser uma atitude importante para o trabalho com o que chamo aqui de variações rítmicas vivas. Donnellan e Ormerod dizem, na citação acima, que o resultado de um espetáculo não é o seu fim, "o que" acontece, mas sim a experiência do processo, o "como" acontece. Essa ideia me remete à noção de Boleslávski de ritmo na atuação, para quem o ritmo é o **como** da ação, indo muito além do conceito de andamento (velocidade média do evento como um todo) e transcendendo os limites métricos. Dessa forma, ao conectar os pensamentos de Donnellan, Ormerod e Boleslávski, posso dizer, por exemplo, que o ator não deve tentar forçar a sua criatividade para mostrar o fato de Édipo cegar a si mesmo; em vez disso, deve ter curiosidade para ver o mundo exterior específico, através dos olhos de Édipo, durante todo o percurso que o leva, finalmente, a se cegar. Nesse caso, é a curiosidade

182 D. Donnellan; N. Ormerod, Practitioners, *OCR*, p. 6 e 7. (Grifo nosso.)

do ator que dita o ritmo do percurso de Édipo e são as variações rítmicas desse percurso – o como – que vão despertar a curiosidade do espectador e sustentar a sua atenção no espetáculo.

No caso dessa escolha incômoda, entendo que Donnellan não pretende anular a criatividade em favor da curiosidade. A questão está em anular o "querer ser criativo", em desistir de "tentar forçar a criatividade", pois o autor vê a criatividade como algo inerente à vida. Compreendo a opção pela curiosidade como uma estratégia prática para estimular a atenção – não a concentração – do ator para as transformações do mundo exterior, dando mais ênfase à experiência do "como" do que ao resultado final, priorizando mais os ritmos dos acontecimentos do que os fatos em si. Portanto, para ser coerente em minha síntese das escolhas incômodas de Donnnellan, optei por grafar não somente a palavra "criatividade" com um risco no meio, mas toda a expressão "forçar a criatividade". Assim, até aqui, temos o seguinte:

O ator nega a ~~concentração~~,
Para não ficar ensimesmado,
E presta *atenção* ao mundo exterior;

Renuncia à ~~independência~~,
E abraça a *liberdade*
Para ver o mundo exterior e reagir às suas mudanças;

Desiste de querer ~~mostrar~~
E, com a sensibilidade dos seus sentidos,
Põe-se a *ver* o mundo através dos olhos da personagem;

Abdica da ~~certeza~~,
Sem mais cair na ilusão do Medo e do Controle,
E atua com *confiança*;

Não tenta ~~forçar a criatividade~~,
Mas estimula a *curiosidade*
Para ser um explorador intrépido durante toda a experiência.

Vejamos agora a sexta escolha incômoda: originalidade ou singularidade. De acordo com Donnellan, a singularidade é mais útil ao ator do que a originalidade. Para ele, tentar ser original é como tentar mostrar alguma coisa em vez de, simplesmente, ver o mundo exterior e reagir; é como tentar ser criativo em vez de curioso. Para o diretor britânico, quando lutamos para ser originais, tendemos a fazer força para empurrar sentimentos e emoções aos espectadores, o que acaba bloqueando a possibilidade de uma corrente viva na atuação. Na perspectiva de Donnellan, não é muito proveitoso querer interpretar um Hamlet ou uma Lady Macbeth originais. Para o autor, querer ser original acaba matando a **singularidade** que, por ser algo inerente ao ser humano – visto que, na vida, nenhum indivíduo é idêntico ao outro –, é essencial para uma cena ser viva[183].

Para Donnellan, quando tentamos ser originais, sobrepujamos algo que já está conosco desde nossa gênese: a singularidade. Em outras palavras, em cena, quando somos tomados pela ânsia da originalidade, acabamos por bloquear aquilo que temos de único, ímpar, diferente, singular. Segundo o diretor inglês, "Quanto mais lutamos para sermos originais, mais destruímos a nossa singularidade inata."[184] Sendo inata, a singularidade do ator não é algo a construir ou a conquistar; a sua singularidade é simplesmente algo que não se bloqueia, que se permite fluir. Mas como fazer isso? Na visão de Donnellan, prestando atenção, conectando-se com o mundo exterior, transpondo os limites do eu, e assumindo uma atitude de ver e reagir ao que se dá no aqui e no agora[185].

Retomando as considerações do encenador britânico sobre as artimanhas fabricadas pelo Medo, há o chamado "olhar nocivo" do ator, o qual o divide em duas pessoas ao mesmo tempo, aquele que "faz" e aquele que "julga". Com frequência, nos ensaios, atores costumam autocensurar as suas experimentações com pensamentos como "isso não é original! Preciso fazer outra coisa!" e isso, na perspectiva

183 Ver *O Ator e o Alvo*.
184 Ibidem, p. 227.
185 Ver *O Ator e o Alvo*.

de Donnellan, acaba levando o ator ao bloqueio, censurando sua singularidade e distanciando-o de uma atuação viva. Para o autor, aquele que julga – que se autojulga – é: "é um crítico severo e emite um implacável relatório dos seus progressos. 'Como estou indo?... Estou indo bem?... Meu Deus... Tão mal assim?' E você não pode nem se esconder nem escapar desse olhar nocivo. Então, você acredita que você é o seu próprio alvo, que nada existe além de você e desse olhar nocivo pairando acima de seu corpo"[186].

Entendo, nesse caso, que o ator acredita que nada existe além dele mesmo e de sua suposta originalidade e, na falta dela, ele se pune com pensamentos julgadores. Sob a vigilância do "olhar nocivo", de que fala Donnellan, o ator não consegue ver o mundo exterior, com as pessoas e as coisas sobre as quais ele precisa reagir e transformar. Assim, ensimesmado, o ator passa a agir deliberadamente e por vontade própria em cena, chegando, às vezes, a fazer isso por vaidade ou exibicionismo; mas não consegue perceber isso, pois se encontra completamente manipulado pelo olhar nocivo.

É possível relacionar o medo do ator – nesse caso, o medo de não ser original – com a morte das variações rítmicas, pois Donnellan destaca que o Medo, essa entidade destrutiva da vida cênica, "vem vestindo uma máscara: a arrogância é seu disfarce favorito e o maneirismo é outro"[187]. Considerando que, na atuação cênica, toda variação rítmica viva seja singular, única, irreproduzível, sempre sensivelmente diferente de uma noite para outra, posso dialogar com o diretor inglês e supor o seguinte: o ator querer impor a sua originalidade à cena pode matar o ritmo de sua atuação, obliterando a sua singularidade e prendendo-o a preconcepções de "como agir", "como falar", "como expressar", sem conexão com as circunstâncias propostas específicas da obra, caindo, então, em maneirismos.

Sobre a questão de como dizer um texto em cena, por exemplo, o diretor inglês chama a atenção para a especificidade do contexto

186 Ibidem, p. 49.
187 Ibidem, p. 42.

que gera o texto, fator intimamente conectado à noção de singularidade por ele defendida:

> A palavra é apenas a superfície de algo mais profundo. O que realmente importa é aquilo que a faz acontecer, ou seja, quando o ator imagina e acredita em algo que a torna inevitável. [...] A natureza emocionante do teatro vem desta coisa que nasce no ator e no espectador e que faz o texto ser percebido como inevitável: a especificidade. [...] O emocionante é ver *como* o ator tornou específicas as suas palavras.[188]

Novamente, posso conectar o pensamento de Donnellan com o ritmo vivo, pois ele fala da emoção de ver **como** o ator fala em cena, com base na singularidade de sua imaginação, conectada com a especificidade do contexto. Então, penso que para cada palavra que se torna inevitável, deve haver também um ritmo inevitável e específico, um ritmo que nasça da relação do ator com o contexto, em vez de ser empurrado por uma ânsia de originalidade. Seguindo essa lógica, para obter variações rítmicas específicas e inevitáveis, o ator precisa acreditar e imaginar sempre especificamente. Para Donnellan, o acreditar e o imaginar do ator sempre são específicos: ele deve acreditar em coisas e s p e c í f i c a s e sua imaginação funciona e s p e c i f i c a m e n t e, de acordo com as e s p e c i f i c i d a d e s das circunstâncias da obra[189]. Nessa perspectiva, penso em uma imaginação singular *versus* uma imaginação original: no primeiro tipo, a imaginação do ator alça voo a partir das circunstâncias propostas; no segundo, ao querer forçar a sua imaginação a ser original, o ator se desconecta do contexto e fica sem pista para fazê-la decolar[190].

188 M. Delgado; P. Heritage (eds.), *In Contact With the Gods?*, p. 85. (Grifo nosso.)
189 Idem, *In Contact With the Gods?*; D. Donnellan, *O Ator e o Alvo*.
190 Conferir a analogia de Stanislávski, sobre o voo da imaginação, a que fiz referência na seção "As Escolhas Incômodas: Atitudes Para uma Atuação Viva", supra.

Tendo sido abordada a sexta escolha incômoda, posso agora a agregá-la à síntese que dá a filosofia de Donnellan para uma atuação viva, de acordo com o meu entendimento:

O ator nega a ~~concentração~~,
Para não ficar ensimesmado,
E presta *atenção* ao mundo exterior;

Renuncia à ~~independência~~,
E abraça a *liberdade*
Para ver o mundo exterior e reagir às suas mudanças;

Desiste de querer ~~mostrar~~
E, com a sensibilidade dos seus sentidos,
Põe-se a *ver* o mundo através dos olhos da personagem;

Abdica da ~~certeza~~,
Sem mais cair na ilusão do Medo e do Controle,
E atua com *confiança*;

Não tenta ~~forçar a criatividade~~,
Mas estimula a *curiosidade*
Para ser um explorador intrépido durante toda a experiência;

Desobriga-se da ~~originalidade~~
E se conecta com as especificidades das circunstâncias,
Deixando livre sua *singularidade* inata.

Por fim, diante da sétima escolha incômoda, excitação ou vida, Donnellan considera muito mais proveitoso que o ator opte pela **vida**, rejeitando todo tipo de tentativa de excitá-la[191]. Perguntados sobre como a vida surge em cena, os fundadores do Cheek by Jowl

191 Ver *O Ator e o Alvo*.

respondem: "a grande regra é que não podemos fabricá-la: quanto mais nos esforçamos para gerar vida, mais sem vida a cena se torna. Em vez disso, temos que gerar as circunstâncias nas quais algo pode surgir, um impulso pode nascer"[192]. Nessa perspectiva, os autores entendem que a energia que dá vida à atuação não pode ser fabricada pelo próprio ator, não pode ser excitada por um suposto frenesi interior. Para Donnellan, as coisas e pessoas que estão à volta do ator, em seu mundo exterior, são as fontes de toda a energia viva para atuar. Em outras palavras, para o diretor inglês, são essas coisas e pessoas, exteriores ao ator, que fazem germinar a vida na atuação, no sentido de estimulá-lo e instigá-lo a reagir com singularidade.

Para o diretor inglês, "quando tememos a nossa dependência à criação imprevisível, usamos a excitação para fingir vida"[193]. Para esse autor, o temor à vida deve-se ao fato de não podermos controlá-la, pois podemos perdê-la a qualquer momento – não somente no âmbito da cena viva, mas da vida humana. Então, assim temerosos, em cena, o encenador inglês diz que optamos por fabricar uma vida genérica, passível de ser controlada pela ingestão de pílulas de excitação. De acordo com Donnellan, o caminho para uma atuação viva está em ver as coisas com atenção e curiosidade, e não em forçar um estado de excitação que acaba levando o ator a se perder dentro de si mesmo[194].

A sétima escolha incômoda é, no meu entendimento, a escolha chave que Donnellan propõe ao ator, uma espécie de condição que resume todas as outras seis. Isto é, aproxima-se da atuação viva aquele que cultiva estas seis atitudes: atenção, liberdade, ver, confiança, curiosidade e singularidade. Por outro lado, distancia-se da atuação viva e tenta fabricá-la forçadamente, com excitação, o ator que não se desapegar de ter: concentração, independência, mostrar, certeza, criatividade e originalidade.

A noção de vida é, portanto, fundamental na concepção artística de Donnellan. Penso que a sua visão artística sobre "o que é vida?"

192 D. Donnellan; N. Ormerod, Practitioners, *OCR*, p. 9.
193 *O Ator e o Alvo*, p. 228.
194 Ver *O Ator e o Alvo*.

está profundamente conectada a todas as escolhas incômodas. Donnellan insiste que o teatro é parte da vida; não está à parte da vida[195]. Então, penso que, sendo parte da vida, o teatro deve remeter às bases da vida, à origem e aos processos fundamentais daquilo que pode ser considerado vivo. Nessa perspectiva, posso afirmar que as variações rítmicas vivas não são excitáveis, elas devem nascer das circunstâncias propostas. Variações, contrastes, mudanças e transformações ocorrem porque o ator reage ao mundo exterior que, por sua vez, havia agido sobre ele, cheio de variações, contrastes, mudanças e transformações. Então, a tentativa de excitar ritmos me remete a uma atitude ensimesmada e controladora do ator, sem conexão com as pessoas e coisas ao seu redor e, consequentemente, sem conexão com os ritmos das pessoas e coisas ao seu redor. Dessa forma, considerando que, como já dito neste livro, sem relação não há reação, **sem relação também não há ritmo vivo**; há, no máximo, uma estrutura rítmica, que pode até ser muito sofisticada, porém genérica, não específica, não singular, que não contribui para uma cena viva.

Agora que conhecemos todas as sete escolhas incômodas propostas por Donnellan, posso assim sintetizar o meu entendimento sobre os seus princípios para uma atuação viva:

O ator nega a ~~concentração~~,
Para não ficar ensimesmado,
E presta *atenção* ao mundo exterior;

Renuncia à ~~independência~~,
E abraça a *liberdade*
Para ver o mundo exterior e reagir às suas mudanças;

Desiste de querer ~~mostrar~~
E, com a sensibilidade dos seus sentidos,
Põe-se a *ver* o mundo através dos olhos da personagem;

195 Ver It's Dangerous When Actors Think It's All About Their Feelings, *The Stage*.

Abdica da ~~certeza~~,
Sem mais cair na ilusão do Medo e do Controle,
E atua com *confiança*;

Não tenta ~~forçar a criatividade~~,
Mas estimula a *curiosidade*
Para ser um explorador intrépido durante toda a experiência;

Desobriga-se da ~~originalidade~~
E se conecta com as especificidades das circunstâncias,
Deixando livre sua *singularidade* inata;

Recusa a ~~excitação~~ e assume uma atitude de
Ver o mundo exterior, suas especificidades e transformações,
Com *atenção, liberdade, confiança, curiosidade e singularidade*
A fim de semear e sustentar a *vida*.

Simpatia, Empatia e Ritmo

Identifico, ainda, uma possível oitava escolha incômoda, que Donnellan não registrou em livro. Desde 2016, em diversas entrevistas e vídeos disponíveis na internet[196], o diretor britânico chama a atenção para a escolha entre simpatia e empatia. De acordo com Donnellan, a simpatia implica a identificação do ator com os sentimentos da sua personagem[197]. Para ele, isso é perigoso, pois uma relação simpática tende a uma unilateralidade que exclui a ambivalência das coisas. Já a empatia implica uma relação comunicativa entre diferenças, uma relação de curiosidade que busca conexão com as sensações do outro, não com as de si mesmo. E, para o

196 Ver Declan Donnellan on Empathy, Politics, the Function of Theater. *BAMorg*; e Golden Lion Awards, *Cheek By Jowl*.
197 Ver It's Dangerous When Actors Think It's All About Their Feelings, *The Stage*.

autor, "conectar-se às sensações do outro" não significa entendê-las, mas vê-las com os seus sentidos bem aguçados para ampliar a sua percepção do contexto cênico que está repleto de pessoas e coisas que provocam o ator a reagir.

Para Donnellan, a atuação cênica ganha mais qualidades vivas quando o ator procura ver e jogar com as diferenças – relação de empatia – do que quando busca mergulhar nas personagens tentando se espelhar dentro delas – relação de simpatia[198]. Nesse sentido, Donnellan afirma que é preciso haver uma distância entre o ator e a personagem para que a verdadeira relação empática seja possível[199]. É por isso que o encenador britânico não fala de um ator que se torna a personagem, mas de um que vê o mundo através dos olhos dela. Para Donnellan, Shakespeare é um grande exemplo de empatia na arte, por ser capaz de ver o mundo através dos olhos de tantas personagens diferentes e singulares, graças à sua sensível e poderosa imaginação[200]. Esse é um dos motivos pelo qual o Cheek by Jowl costuma encenar peças de Shakespeare, pois dá aos atores a oportunidade de experimentar uma relação de empatia com a personagem.

Percebo, nesse aspecto, mais uma valiosa contribuição de Donnellan para a compreensão do que chamo de variações rítmicas vivas. Já disse que "sem relação não há reação", e que, portanto, não há a possibilidade do ritmo vivo sem que haja relação e reação. Agora, Donnellan me provoca a pensar na especificidade dessa relação: é uma relação cuja ênfase está na empatia, e não na simpatia. A empatia pressupõe diferenças e contrastes, que são fatores fundamentais do conceito de ritmo. Não é que Donnellan queira negar a relação de simpatia, nem na vida nem no teatro, mas a sua preocupação está no abandono, cada vez mais frequente, da relação de empatia. Se pensarmos nos ritmos de um espetáculo, considerando dois atores em cena, é claro que, em algum momento, pode ser importante que os dois entrem em uma relação rítmica de simpatia, espelhando falas

198 Ibidem.
199 Ibidem.
200 Ver *The Winter's Tale*.

e movimentos um do outro, ou mesmo falando e/ou se movimentando simultaneamente. Na música isso também acontece, como quando dois instrumentos diferentes executam exatamente a mesma melodia, ao mesmo tempo. Porém, a relação de simpatia rítmica, tanto entre atores quanto entre músicos, deve servir mais como um recurso para salientar as diferenças e contrastes que estão por vir. Como saberíamos o que é empatia se não houvesse simpatia? E será que a vida do ritmo poderia ser sustentada por muito tempo se este fosse restrito a apenas relações simpáticas?

Para Donnellan, essa questão da simpatia e da empatia não é uma regra absoluta, trata-se apenas de uma mudança de perspectiva. Do mesmo modo, as sete escolhas incômodas que ele propõe não são como os sete pecados capitais. No meu entendimento, não pretende estabelecer o certo e o errado da arte da atuação. O que sugere, com tais escolhas, são atitudes que podem favorecer o nascimento, desenvolvimento e sustentação de uma cena viva. Apesar de adjetivar as escolhas como incômodas, percebo o quão podem ser proveitosas para libertar o ator de seus bloqueios e incômodos. Assim, também podemos entendê-las como escolhas para tirar incômodos.

O Ritmo Vivo da Fala Cênica em Donnellan

Donnellan sugere que o ator trabalhe a fala cênica, seja em prosa ou em verso, como uma coleção de pensamentos em vez de um amontoado de palavras[201]. Às vezes, um único pensamento pode durar vários versos, ou poucas palavras. O foco desse artista, nos ensaios, está nos pensamentos, e não nos versos isolados. E pensamento, para ele, não é um ato de introspecção. Em sua perspectiva, as palavras são parte da expressão do pensamento; e o pensamento decorre de imagens exteriores que a imaginação do ator o faz ver, em circunstâncias específicas.

201 Ver *The Invisible Work*.

Ao referir-se aos seus espetáculos em russo, francês e inglês, apresentados em diversos países, Donnellan não considera o idioma como uma barreira na relação com o espectador[202]. O diretor, de maneira semelhante ao russo Vakhtângov, afirma que as palavras são apenas uma pequena parte da comunicação; essencial mesmo, na relação do espetáculo com o espectador, é a qualidade viva das reações dos atores. Pavis, em crítica ao espetáculo *Cymbeline* (Cimbelino), texto de Shakespeare, dirigido por Donnellan, em 2007, e encenado em língua inglesa, elogia a potente energia dos atores em cena e a maestria com que compõem seus ritmos, tanto no nível do movimento corporal quanto no da fala, da palavra dita organicamente, sem desconexão com o corpo[203].

Na opinião de Shevtsova, Donnellan consegue dirigir espetáculos a partir de textos difíceis e em versos, como de Shakespeare e de Corneille, sem deixar os atores caírem na recorrente e enfadonha entonação de declamação de versos[204]. Donnellan compara o ritmo da fala em versos ao ritmo do jazz: há uma regularidade implícita (por exemplo, em uma métrica quaternária), mas os improvisos dos músicos acabam, muitas vezes, quebrando as expectativas e dando a aparência de irregularidade[205]. O mesmo vale para o falar em versos do ator, considerando que, para Donnellan, o verso tende a ser regular (como o pentâmetro iâmbico), porém com quebras de expectativas, alternando, por exemplo, sílabas átonas (*tee*) e tônicas (*tum*): "*tee-tum*, *tee-tum*, *tee-tum*, etc., e, de repente, deparamo-nos não com um *tee--tum*, mas um *tee-tee*, ou *tum-tee*, ou *tum-tum*, e reagimos a isso"[206].

202 Ver *Measure for Measure*.

203 Ver P. Pavis, *A Encenação Contemporânea*.

204 Ver M. Shevtsova, "Declan Donnellan (1953-)", em S. Mitter; M. Shevtsova, *Fifty Key Theatre Directors*.

205 Ver *The Actor and the Target*. Recomendo escutar "Groovin' High", de Dizzy Gillespie. Na gravação de 1947, é possível notar que a sensação de quebra de expectativa é acentuada no início do improviso de saxofone de Charlie Parker, a partir de 0'52". Durante todo o improviso, com baixo e bateria sustentando a pulsação quaternária, o saxofonista alterna entre momentos regulares e irregulares, conduzindo nossa escuta a uma surpresa atrás da outra.

206 Ibidem, p. 248.

Acima de tudo, para esse artista, o verso tem que ser vivo na voz do ator, mesmo que, para isso, às vezes seja preciso quebrar a sua métrica original. No pentâmetro iâmbico, por exemplo, se for o caso, o ator pode acentuar apenas uma ou duas palavras ou sílabas em vez de cinco. Contudo, é importante prestar atenção na quebra de expectativa, pois Donnellan afirma que se o ritmo da fala em versos tem quebras de expectativa em demasia, então já não há mais surpresas – a irregularidade acabou ficando previsível demais e acabou vestindo uma máscara de regularidade[207].

Donnellan aponta duas tendências do verso, baseando-se em exemplos de pentâmetros iâmbicos de textos de Shakespeare: 1. tende à regularidade; e 2. a primeira sílaba tônica tende a ser a mais importante do verso[208]. Seu desafio está, então, em ajudar o ator a descobrir as transformações no pensamento das personagens que falam em versos, pois são essas transformações que darão contrastes e o impedirão de se afundar em uma fala monótona, sem variações rítmicas. Então, podemos pensar que à medida que Julieta fala, por exemplo, ela vai vendo certas imagens serem substituídas por outras, provocando transformações em seu pensamento e, consequentemente, variações rítmicas em sua voz. Nesse caso, a atriz deve ver essas imagens, exteriormente, através dos olhos de Julieta, nas circunstâncias propostas de Julieta, para que seus versos sejam ditos como reações às mudanças de pensamento impostas por essas imagens.

Outros elementos rítmicos importantes no trabalho de Donnellan com o ator são as pausas, as interrupções e os desvios[209]. Sobre a pausa, Shevtsova diz que, às vezes, a emoção de uma cena é tão

207 Ibidem. Para detalhes sobre o pentâmetro iâmbico e a fala cênica em Shakespeare, ver *The Actor and the Text*, p. 52-81.

208 Ver *Measure for Measure*.

209 Em *The Actor and the Target*, o autor utiliza os termos *pause* (pausa), *stop* (parada), *interruption* (interrupção) e *turn* (desvio). A palavra *turn* (desvio) é usada apenas quando se refere especificamente à fala do texto em versos. Esta também poderia ser traduzida como turno, curva, alternância ou virada. No entanto, considero "desvio" uma tradução mais adequada à lógica do pensamento do autor.

grande que escapa ao domínio do movimento ou da fala[210]. A autora aponta um exemplo disso na obra de Donnellan, referindo-se ao final de *Conto de Inverno*, na qual a vida cênica manifesta-se na pausa, na contenção do movimento, na sensação de quase imobilidade.

Quando se trata da fala cênica, Donnellan refere-se com mais frequência aos desvios e às interrupções do que às pausas. Para ele, um desvio não é uma parada e, além disso, não requer necessariamente o uso de pausas. Muitas vezes, por exemplo, as vírgulas não servem para respirar e dar uma breve pausa na fala, mas sim para demarcar mudanças de sentido, de ideias e de pensamentos. Reforço que, na perspectiva de Donnellan, até mesmo os pensamentos são provocados pela conexão do ator com o mundo exterior[211]. Em suas palavras, "quando pensamos, vemos nossos pensamentos"[212]. Então, o ator vê o pensamento da personagem através dos olhos desta; e vê um pensamento tomando o lugar de outro, ou seja, um interrompendo o outro. Então, às vezes, essa interrupção ocorre muito abruptamente, de modo a levar o ator a reagir com um desvio igualmente abrupto, sem pausas ou paradas, mesmo que o texto separe esses pensamentos por uma vírgula, ou um ponto-final, ou uma interrogação. O diretor inglês exemplifica essa questão com versos de Shakespeare, como este de Julieta para Romeu: "Dost thou Love me? Know thou wilt say 'Ay'" (Me amas? Sei que vais dizer que sim).

Nesse caso, o ponto de interrogação indica em inglês, *a mid-line turn* (um desvio no meio do verso), uma súbita mudança de pensamento e de atitude. Donnellan argumenta que, nesse verso, Julieta não dá tempo para Romeu responder se ele a ama ou não, impedindo-o de interferir na sua declaração de amor com qualquer tipo de obstáculo ou objeção[213]. Imaginemos que Romeu pudesse responder "não", ou "não sei", ou "não sei se é amor", ou "gosto muito de você".

210 Ver M. Shevtsova, "Declan Donnellan (1953-)", em S. Mitter; M. Shevtsova, *Fifty Key Theatre Directors*.
211 Ver *The Actor and the Target*.
212 *O Ator e o Alvo*, p. 189.
213 Ver *The Actor and the Target*.

O que aconteceria? Considerando a perspectiva de Donnellan, essas possíveis respostas desastrosas de Romeu podem ser pensamentos que irrompem diante de Julieta no instante exato em que ela faz a pergunta "me amas?" Então, por isso ela precisa fazer um desvio, não uma pausa, para expulsar esses pensamentos de sua frente e impedir que Romeu de fato os concretize. Logo em seguida, no próximo verso, Julieta faz um novo desvio, para garantir que nenhum novo pensamento negativo se intrometa, imputando a Romeu algo que ele nem teve tempo de realmente dizer: "And I will take thy word" (E aceito a sua palavra).

Donnellan alerta que esses desvios não precisam ocorrer somente com mudanças de velocidade e acelerações, um vício do ator. No meu entendimento, há um mundo vasto de variações rítmicas possíveis para dar a forma mais adequada aos desvios e também às pausas. Para que serve um desvio, uma interrupção ou uma pausa? Para o artista britânico, serve para o ator ver algo novo e reagir. Mas como? Com que ritmo? Com ou sem pausa? Com uma pausa longa ou curta? Com uma pausa curta se houver uma vírgula? E uma mais longa se houver um ponto-final? Com uma mudança súbita de intensidade na fala? Acelerando ou *rallentando* a fala? Fazendo uma entonação ascendente ou descendente? De acordo com Donnellan, esse como reagir depende totalmente do que o ator vê[214]. O que o leva a fazer um desvio e, consequentemente, uma variação rítmica viva, é o aparecimento de alguma coisa nova diante dele, seja um pensamento, uma imagem, uma ideia... Então, se uma atriz está atuando Julieta, por exemplo, essa atriz terá que ver as coisas que Julieta vê para, então, reagir com ritmos específicos: ela vê Romeu? O que este Romeu faz com ela? Ela vê a noite? O que esta noite faz com ela? Ela vê um pensamento? O que este pensamento faz com ela?

No terceiro capítulo deste livro, aprofundarei nessa questão de que "como reagir depende daquilo que o ator vê", quando finalmente abordarei o conceito de Donnellan denominado "alvo", um elemento

214 Ver *O Ator e o Alvo*.

estratégico para impedir o ensimesmamento do ator e colocá-lo em uma relação viva com o mundo exterior, pois a energia de que precisa para atuar não vem de dentro; "toda energia origina-se do alvo"[215].

Vimos que o trabalho de Donnellan em favor de uma atuação viva se dá pelo cultivo de certas atitudes do ator. Essas atitudes estão alicerçadas em suas escolhas incômodas, pelas quais compreendemos a importância da especificidade e, também, da exterioridade e da transformação, visto que até mesmo os pensamentos, para esse autor, são coisas que o ator deve ver diante de si e reagir. Então, como veremos mais adiante, é principalmente a partir do pensamento de Donnellan, com suas escolhas incômodas, que pude inferir a exterioridade, a transformação e a especificidade como os três fatores fundamentais de uma atuação cênica viva.

Visitando o Conceito de Vida na Ciência

Vamos agora visitar a ciência e ver o que ela nos apresenta sobre o conceito de vida, no sentido de contribuir com essa pesquisa sobre a atuação viva e os ritmos vivos. Para o cientista brasileiro Jorge Vieira, a "ciência é conhecimento acerca de uma realidade e a arte é conhecimento acerca de realidades possíveis"[216]. Para esse autor, a ênfase do conhecimento científico está no rigor lógico e discursivo; a arte, por sua vez, não prescinde do discurso lógico, mas realça o conhecimento tácito, isto é, aquele que é compreensível sem precisar ser explicado ou expresso em palavras. Nesse sentido, proponho uma breve visita a estudos científicos, de áreas como

215 Ibidem, p. 36.
216 J. Vieira, Metodologia, Complexidade e Arte, *Ilinx*, n. 4, p. 2.

a biologia e a física, no intuito de alimentar conexões com a arte da atuação cênica.

Se quisermos entender o que é vida, é coerente que essa visita comece pela biologia, ciência cujo nome significa estudo da vida. No entanto, segundo os biólogos Emmeche e El-Hani, a definição de vida ainda não é uma questão muito explorada na biologia, pois essa ciência costuma se pautar mais por pesquisas experimentais do que teóricas[217]. Segundo esses autores, não é necessário, na pesquisa experimental, conseguir definir o que é vida; é suficiente conseguir identificar se um ser está ou não vivo. Assim, de acordo com esse raciocínio, a biologia tem servido mais à compreensão do comportamento e das particularidades de seres vivos específicos do que ao estudo do fenômeno vida em si.

Emmeche e El-Hani pensam que o biólogo, por ser um cientista que estuda a vida, deveria oferecer uma delimitação precisa do seu objeto de estudo, os sistemas vivos, distinguindo-os nitidamente dos sistemas inanimados – objetos de pesquisa, por exemplo, do físico, do químico e do geólogo. No entanto, a biologia é uma ciência muito recente na história da humanidade. Os autores afirmam que o problema do fenômeno da vida começa a surgir somente ao final do século XVIII; antes, falava-se de seres vivos, mas com foco na análise de sua anatomia e fisiologia – campos da medicina – e, também, na classificação de plantas e animais – campo da história natural. Para Emmeche e El-Hani, a biologia ainda não conseguiu definir vida como um fenômeno único e coerente.

Então, iniciamos essa visita à ciência, sabendo que não há acordo, ainda, sobre quais são as propriedades universais da vida como fenômeno. Há, contudo, alguns fatores e parâmetros reconhecidos cientificamente como fundamentais ao fenômeno da vida, sobre os quais farei algumas considerações ao longo desta seção. Antecipo que, ao concluir este livro, ressoou um forte desejo de desenvolver, em

217 Ver C. Emmeche; C.N. El-Hani, Definindo Vida, C.N. El-Hani; A.A.P. Videira (orgs.), *O Que É Vida?*

futuros trabalhos, as conexões entre atuação cênica e conceitos científicos. A partir desse curioso passeio pela ciência, apresento reflexões específicas e sucintas para dar consistência e sustentação ao delineamento que proponho para os conceitos de atuação cênica viva e de variações rítmicas vivas.

Especulando a Origem da Vida

Para compreender a vida, na perspectiva biológica, é preciso vislumbrar a sua origem. O epistemólogo Stéphane Tirard afirma que Charles Darwin (1809-1882), o criador da teoria da evolução, não chegou a definir o que é vida. No entanto, ao considerar a origem das espécies, concluiu que a vida é um processo histórico evolutivo, irreversível e que nunca é repetido: "a concepção de vida, de Darwin, talvez pudesse ser resumida à importância que ele dava à historicidade: a vida é um processo irreversível e um evento que não pode ser repetido, porque a própria vida muda as condições de cada etapa do processo"[218]. Nesse aspecto, ressalto que a visão de Darwin encontra eco nos pensamentos dos grandes mestres do teatro, que são Stanislávski, Brook e Donnellan, todos muito atentos ao processo da vida cênica como fenômeno impossível de ser repetido.

Mas como a vida teria começado? De onde surgiria essa vida evolutiva e irreversível? Ao buscar respostas para essas questões, Tirard apresenta as hipotéticas condições primitivas de surgimento da vida propostas pelo biólogo e bioquímico russo Aleksandr Oparin (1894-1980), em cuja perspectiva a formação da matéria orgânica, que daria origem à vida, teria ocorrido a partir da evolução da matéria inorgânica (mineral), primeiro na atmosfera primitiva e, depois, nos oceanos. Essa atmosfera primitiva era composta de imensa quantidade de gases, ainda sem oxigênio, e de partículas oriundas de

218 S. Tirard, Origin of Life and Definition of Life, from Buffon to Oparin, *Orig Life Evol Biosph*, v. 40, p. 217.

constantes erupções vulcânicas. Muito lentamente, a Terra foi passando por um processo de resfriamento, o que teria provocado o ciclo das chuvas e, assim, a água foi sendo acumulada, formando os primeiros mares, ainda muito rasos. Com radiação e descargas elétricas de enorme intensidade, moléculas da atmosfera obtiveram energia para se unirem, formando as primeiras moléculas orgânicas, maiores e mais complexas que as inorgânicas que lhes deram origem. Com as chuvas, essas novas moléculas eram arrastadas para os mares primitivos, formando o que o cientista inglês Haldane (1892-1964) chamou de sopa primordial – ou caldo prebiótico –, por ser um meio nutritivo, rico em matéria orgânica e, portanto, propício ao surgimento da vida. Então, essas moléculas teriam formado grupos ainda maiores – as colônias, ou coacervados –, que apontavam para o surgimento do que seria, posteriormente, considerado como ser vivo, pois já trocavam substâncias e energia com o meio externo e sofriam reações químicas interiores.

De acordo com essas hipóteses, não se sabe como teria surgido a primeira célula viva, mas se supõe que esta tenha se desenvolvido a partir da organização cada vez mais complexa de moléculas orgânicas em sistemas que passariam a ser envoltos por **membranas** – formada por lipídeos e proteínas – e contendo moléculas de ácido nucleico em seu interior, responsáveis por armazenar e transmitir informação genética. Graças à membrana, uma célula poderia se constituir e regular processos físico-químicos interiores; e, graças aos ácidos nucleicos[219] – a memória primordial do sistema vivo –, a célula teria a possibilidade de reprodução e evolução.

Se não fosse o surgimento da membrana, como poderíamos conceber as noções de interior/exterior e vislumbrar a célula como uma unidade de vida? Físico e teórico de sistemas, o austríaco Fritjof Capra entende a membrana como uma característica universal da vida, e explica não se tratar da mesma coisa que uma parede celular:

219 Os ácidos nucleicos existem em dois tipos: ácido desoxirribonucleico (DNA) e ácido ribonucleico (RNA).

esta é uma estrutura rígida e aquelas, ao contrário, são semipermeáveis e estão sempre em atividade, pois representam o elo entre o sistema vivo e o meio ambiente. Em sua plena atividade, as membranas preservam a abertura do organismo para o meio exterior, para deixar certas substâncias entrarem e outras não. Nas palavras do autor:

> A maioria das células têm, além das membranas, outros limites que as separam do ambiente, como paredes ou cápsulas celulares rígidas. Essas características são comuns a diversos tipos de célula, mas só as membranas são um traço universal da vida celular. Desde os seus primórdios, a vida na Terra foi associada à água. As bactérias deslocam-se na água e o próprio metabolismo que ocorre dentro de suas membranas desenrola-se num meio aquoso. Num tal ambiente fluido, a célula jamais poderia perdurar enquanto entidade distinta sem uma *barreira* que impedisse a livre difusão. A existência das membranas, portanto, é uma condição essencial da vida celular.[220]

Nessa perspectiva, posso conectar a afirmação de Capra com o pensamento de Piana, sobre o ritmo, e imaginar que a membrana seja a materialização originária do ritmo vivo. Como vimos, sem barragens, o rio seria inconcebível, pois existiria somente um fluxo de escoamento. Então, sem membranas, a vida seria inconcebível, pois existiria somente um ambiente totalmente fluido. Então, posso dizer, com licença poética: **sem ritmo, não há vida**.

Ritmo é vida. E o ritmo é "membranoso". Mais uma vez, digo que "no princípio era o ritmo" porque nós, humanos, não podemos conceber a vida como algo totalmente homogêneo, fluido e contínuo. Para compreender o todo, precisamos perceber as relações entre as partes. E o elemento responsável por reconhecermos essas relações entre as partes é o ritmo: ele se faz de obstáculos, divisões, agregações, fronteiras, padrões, desvios e descontinuidades que

220 F. Capra, *As Conexões Ocultas*, p. 25. (Grifo nosso.)

possibilitam o fluir da vida. O ritmo dá forma ao "fluido essencial" da vida e, nesse sentido, podemos considerar a membrana como a sua manifestação primordial. A pele do ser humano, por exemplo, é um grande órgão, mas também poderia ser percebido como vasta e sensível membrana. Em uma atuação viva, o ator pode sentir a sua membrana e a de seus parceiros de cena para muito além da pele observável; quando está de fato presente e aberto aos seus parceiros, parece potencializar-se uma qualidade imaginária e invisível na membrana do ator, uma sensação de expansão do seu corpo para além da pele. A membrana material e imaginária do ator lhe confere unidade – uma espécie de identidade, ou singularidade, rítmico-formal e artística –, o que lhe possibilita entrar em relação com outras unidades, diferentes de si. E do ritmo dessa relação pode nascer o jogo vivo da atuação cênica.

A Memória da Vida

A vida surgiu. Mas como vem perdurando ao longo de tanto tempo? E como os organismos vivos se desenvolveram e evoluíram? Para isso, a vida precisou desenvolver um tipo de memória pela qual o responsável é o gene, feito de DNA, um fator comum aos organismos vivos de que temos conhecimento. Mas como há a possibilidade de existir vida para além da Terra, talvez possa haver organismos com genes que não sejam feitos de DNA. Por isso, de acordo com Emmeche e El-Hani, os cientistas da corrente evolutiva neodarwinista, em vez de DNA, definem vida como a seleção natural de replicadores. Essa definição leva em conta quatro aspectos, considerando a vida como uma propriedade de populações de entidades que:

> 1. São capazes de autorreprodução; 2. herdam características de seus predecessores por um processo de transferência de informação genética e, assim, de características hereditárias

> (implicando uma distinção entre genótipo e fenótipo); 3. apresentam variação em virtude de mutações aleatórias (no genótipo); e 4. têm as chances de deixar descendentes determinadas pelo sucesso de sua combinação de propriedades (herdadas como genótipo e manifestas como fenótipo) nas circunstâncias ambientais nas quais vivem (seleção natural).[221]

A manutenção da vida depende, portanto, da interação com o ambiente e da adaptação às suas transformações (por exemplo, em relação ao clima e à disponibilidade de alimentos). Um organismo terá maiores chances de sobreviver e de evoluir na medida em que melhor se relacionar com as transformações ocorridas em seu ambiente.

O argumento de Emmeche e El-Hani para o uso do termo "replicadores", em vez de DNA, é consoante ao pensamento de Capra, que diz que um organismo vivo não pode ser definido somente como aquele que contém DNA, pois um organismo morto continua a contê-lo[222]. O autor austríaco explica que é possível analisar o DNA de células fósseis de milhares de anos atrás. Por esse motivo, argumenta que a compreensão das estruturas moleculares dos sistemas vivos não é suficiente, como único fator, para o entendimento do fenômeno da vida; é preciso compreender os processos metabólicos das células e os padrões relacionais de suas partes com o todo, pensando a vida sistemicamente.

Para compreender o nível relacional dos processos da vida para além da estrutura molecular do gene, considerando a memória da vida como algo que se processa sempre em relação com o meio, Emmeche e El-Hani destacam a contribuição da biossemiótica. Com base nos estudos semióticos de Charles Sanders Pierce (1839-1914), os biossemioticistas buscam definir a vida como interpretação de

221 C. Emmeche; C.N. El-Hani, op. cit., p. 43. De acordo com o *Houaiss*, genótipo é a composição genética de um indivíduo; e fenótipo é a manifestação visível ou detectável de um genótipo.

222 Ver F. Capra, *A Teia da Vida*.

informação (signos). Esse é um campo de conhecimento recente, que busca definir vida para além da questão da organização molecular, baseando-se na interpretação de signos da natureza[223]. Segundo Emmeche e El-Hani, o pensamento da biossemiótica fica, contudo, limitado à cultura humana, pois "a semiótica é considerada, em geral, uma ciência que estuda os sistemas linguísticos por meio dos quais o homem lida com os significados em sua vida social e mental"[224]. Ainda assim, pensam nessa perspectiva de interpretar a informação, como imprescindível à manutenção da vida, considerando que a sobrevivência de todo organismo vivo depende de sua capacidade de interpretação do meio e de sua adaptação a este.

Emmeche e El-Hani demonstram, em dois exemplos biológicos, a importância do processo vivo de interpretar informação: no primeiro, fazem referência a babuínos reagindo à ameaça de uma cobra; no segundo, mencionam células próprias do organismo acionando a reação do sistema imunológico contra células estranhas. No primeiro exemplo, um babuíno identifica a presença de uma cobra (o objeto de referência) e, então, emite um som específico (o veículo da informação, do signo cobra) para alertar os outros babuínos. A esse som, todos os outros babuínos **reagem** (o interpretante, o efeito do signo sobre o organismo) subindo na árvore mais próxima. No segundo exemplo, uma célula estranha (o objeto de referência) é identificada por outras células – estas, próprias do organismo –, em função do conjunto de moléculas (o veículo da informação, do signo célula estranha) que compõem a superfície daquela célula e, então, levam o sistema imunológico a **reagir** para eliminá-la (o interpretante, o efeito do signo sobre o organismo).

223 De acordo com A. Corrêa et al., Aspectos Históricos e Filosóficos do Conceito de Vida, *Filosofia e História da Biologia*, v. 3.
224 C. Emmeche; C.N. El-Hani, op. cit., p. 48.

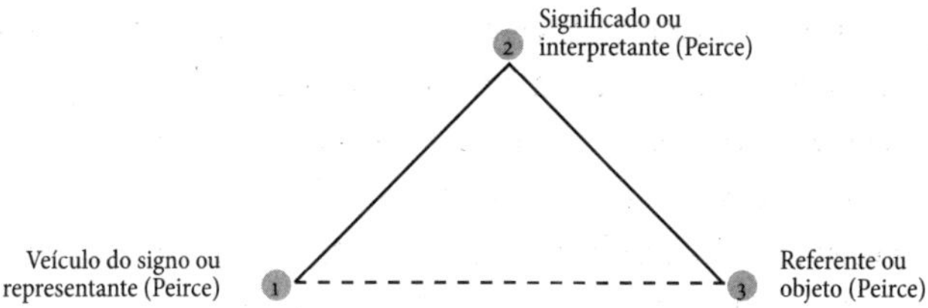

Esquema 9 – Triângulo semiótico do processo vivo de interpretar informação[225].

Então, que relações podem ser feitas entre a atuação cênica, o neodarwinismo e a biossemiótica, considerando a questão do gene (memória) e da interpretação de informação? De início, penso que uma atuação viva deva implicar uma memória da reação. Não exatamente uma memória de cada reação que se faz em cena, mas uma **memória da atitude de reagir**. Existem, por exemplo, espetáculos teatrais de improvisação, nos quais o ator não memoriza nem textos nem ritmos de reações específicas. No entanto, nesse tipo de espetáculo, o ator memoriza a atitude de reagir, ou melhor, memoriza o conjunto de atitudes que possibilitam a reação, tais como: a atenção, a prontidão, a aceitação de propostas, o não julgamento, a espontaneidade, entre outros.

Reagir é algo inerente ao processo da vida. Um espetáculo de improvisação vivo é aquele que consegue se desenrolar em uma cadeia de reações surpreendentes, cheio de variações rítmicas espontâneas. Mas e em um espetáculo ensaiado? Nesse caso, dificilmente a atuação e seus ritmos serão tão espontâneos quanto na improvisação. Recuperando a provocação de Peter Brook, como impedir que a repetição mate a vida da atuação? Ao longo do processo criativo de um espetáculo ensaiado, ritmos vivos e mortos sucederão; o diretor e os atores, provavelmente, preferirão os vivos. Mas como saber priorizar os mecanismos que favorecem ritmos vivos, e não mortos? Nesse caso, o artista tem que contar com a sua memória.

225 Fonte: C. Emmeche; C.N. El-Hani, op. cit., p. 51. Nota: Emmeche e El-Hani adaptaram esse esquema do original de W. Nöth, *Handbook of Semiotics*.

Mas, aqui, não considero a memória como algo que pudesse funcionar como uma linha de eventos decorados e lembrados por vontade própria. Penso que a memória artística tenha mais a ver com o gene, esse elemento da natureza que espontaneamente possibilita que cada coisa viva "se lembre de" e reaja a tudo que possa favorecer ou destruir a sustentação e o desenvolvimento de sua vida.

Sobre a questão da memória da vida, afirmam Schneider e Kay: "dado que sistemas vivos passam por um ciclo constante de nascimento-desenvolvimento-regeneração-morte, preservar informação sobre o que funciona e o que não funciona é crucial para a continuação da vida"[226]. Nesse aspecto, poderíamos pensar na intuição do ator como o gene de sua arte, considerando a intuição como uma espécie de memória inconsciente. É sua intuição que irá discernir entre ritmos vivos e mortos, entre uma reação viva ou forçada – pensando na escolha incômoda entre excitação ou vida, de Donnellan[227]. Mas a intuição, tal qual o gene, não faz nada sozinha; os grandes mestres da arte nos ensinam que é preciso trabalho árduo para despertar a intuição, aliás, base fundamental do sistema de Stanislávski: o subconsciente através do consciente. Stanislávski evoca uma memória emocional do artista cênico, a qual ele explicitamente subordinava às circunstâncias propostas e à ação física, que funcionava como isca para os sentimentos e as emoções[228].

Ao considerar todo sistema vivo um sistema aberto, posso imaginar que a intuição do ator, ou sua memória intuitiva, só poderá guiar seus desígnios criativos quando este não estiver bloqueando a sua relação com o mundo exterior, recebendo toda a sua energia criativa. Valère Novarina, ao discorrer sobre o trabalho poético com a palavra, conclama o ator a se conectar com a energia do espaço ao seu redor, reconhecendo que "a força está no exterior"[229].

226 E. Schneider; J.J. Kay, Ordem a Partir da Desordem, em M. Murphy; L. O'Neill, *"O Que É Vida?" 50 Anos Depois*, p. 198.
227 Ver *The Actor and the Target* e *O Ator e o Alvo*.
228 Ver C. Stanislávski, *An Actor's Work*.
229 V. Novarina, *Diante da Palavra*, p. 40.

Os sistemas vivos, ao longo de mais de três bilhões de anos, desenvolvem uma relação cada vez mais complexa e proveitosa com as circunstâncias ambientais nas quais estão inseridos, a fim de sustentarem-se vivos; o desenvolvimento de sua memória genética depende disso. Então, penso que pode ser proveitoso, para uma atuação viva, o ator aprender com essa longínqua tradição do fenômeno da vida e, analogamente, desenvolver uma relação cada vez mais complexa e proveitosa com as circunstâncias propostas das obras artísticas nas quais se insere.

Ordem e Desordem:
O Ritmo Vivo da Vida

Vimos que o gene é fundamental para a vida, conferindo memória aos organismos vivos e, portanto, possibilitando-lhes a evolução, sempre de acordo com a capacidade de adaptação em relação ao meio ambiente. Mas com que ritmos os processos da vida ocorrem? Tendem para ritmos mais "ordenados" ou mais "desordenados"?

Para o físico austríaco Erwin Schrödinger (1887-1961), no universo, a ordem surge a partir da desordem. Por exemplo: a ordem do alinhamento planetário deriva da desordem causada pelo Big Bang; a ordem dos componentes das primeiras células vivas deriva da desordem das partículas gasosas e líquidas que se agitavam em nosso planeta primitivo. Para Schneider e Kay, ao comentar sobre o pensamento de Schrödinger, a vida surge de um movimento da desordem para a ordem, graças às condições ambientais adequadas, aproveitando a energia desordenada disponível no meio[230].

Mas, e quanto à continuação da vida? Ao longo do tempo, os sistemas vivos foram se organizando em ecossistemas cada vez mais bem ordenados e complexos. Então, Schrödinger sugere que a vida tenha nascido da desordem, como tudo no universo, porém, para

230 Ver E. Schneider; J.J. Kay, op. cit.

se sustentar e continuar, ela teve que aprender a se alimentar de ordem[231]. Por esse motivo, o físico austríaco não falou apenas de ordem a partir da desordem, mas também de ordem a partir da ordem, pois a vida depende de ambos estes processos: surge de operações que geram a ordem a partir da desordem, e continua graças a sua capacidade de gerar ordem a partir da ordem.

Para esses autores, o protagonista dessa geração de ordem a partir da ordem é o gene, que preserva a memória necessária para a regeneração do sistema vivo diante de um ambiente que, mesmo com alto nível organizacional, é sempre oscilante. Assim, uma definição de vida deve levar em conta que "sistemas vivos são sistemas dinâmicos dissipativos com memórias codificadas, os genes, que permitem que os processos dissipativos continuem"[232]. Esses processos dissipativos estão associados à transferência de **energia**, noção física que tem a ver com a capacidade que um sistema físico tem para realizar trabalho. Nesse sentido, um processo importante, pelo qual um sistema vivo consegue sustentar a ordenação de seus componentes, é a dissipação da energia degradada. Para desenvolver a questão de que o ritmo tende à ordem, vou falar sobre um interessante experimento.

O Experimento dos Cem Metrônomos

Esse experimento foi realizado em 2015, pelos cientistas do laboratório japonês Ikeguchi. Eles enfileiram e alinham cem metrônomos analógicos, do mesmo tamanho e peso, em uma superfície suspensa por fios, portanto, ligeiramente móvel. Todos os dispositivos estão configurados no mesmo andamento[233]. Em seguida, acionam cada metrônomo, um a um, em momentos

231 Ver E. Schrödinger, *O Que É Vida?*

232 E. Schneider; J.J. Kay, op. cit., p. 194.

233 Não encontrei informações sobre qual foi a regulagem exata do andamento dos metrônomos nesse experimento, mas constatei, em minhas medições, que esta é de aproximadamente 200bpm, um *prestissimo*.

diferentes, gerando um grande caos indefinido de batidas. Pouco a pouco, aquela desordem total vai diminuindo, pois o fenômeno da ressonância possibilita que a vibração de cada metrônomo – sua energia cinética dissipada – seja "assimilada" pelos outros metrônomos, por meio da superfície móvel sobre a qual estão apoiados. Após cerca de um minuto, já é possível notar que os dispositivos começam a bater mais ou menos ao mesmo tempo. Após mais quatro minutos, o que era inicialmente improvável acontece: os metrônomos entram em sincronia, de fato, batendo todos juntos e praticamente ao mesmo tempo, no mesmo andamento, e, inclusive, com os pêndulos na mesma direção[234].

E o que isso tem a ver com atuação cênica? A primeira conexão é que se, na natureza, o ritmo tende à ordem, o artista precisa saber disso (e experimentar isso!) para ser capaz de jogar com as variadas possibilidades de ritmos, incluindo a aparente desordem. O mestre russo Stanislávski já dizia, nos inícios do século XX, que a arte não tolera a falta de ordem, disciplina, precisão e acabamento, e afirma: "até mesmo quando queremos criar a sensação de arritmia musical, ainda assim, será essencial criar com um acabamento limpo e bem-feito. **O caos e a desordem também têm o seu próprio andamento-ritmo**"[235]. Imaginemos uma cena de pessoas conversando em um restaurante: na vida cotidiana, quando estamos nessa situação, conseguimos, em meio ao caos de palavrório, captar algumas palavras e frases; no teatro, para possibilitarmos que o espectador capture algumas palavras específicas e outras não, o nosso caos de palavrório precisa ser ritmicamente muito bem organizado – quanto mais espontaneamente "desorganizada" quisermos que essa cena soe, mais complexa será a organização que teremos que articular entre as falas de cada ator.

Penso que, na arte, a sincronia rítmica nem sempre será pertinente; ela pode se transformar em uma tortura para nossos sentidos.

234 O experimento do laboratório *Ikeguchi* pode ser visto em "The Synchronization of 100 Metronomes".

235 C. Stanislávski, *An Actor's Work*, p. 491. (Grifo nosso.)

Os nossos ouvidos não resistem por muito tempo à audição de cem metrônomos sincronizados, tampouco cem destes completamente dessincronizados – em ambos os casos, nossa cabeça pode chegar a doer. Porém, a nossa atenção fica curiosa e guia a nossa escuta quando estamos diante de cem metrônomos que vão gradativamente do caos à ordem, ou da ordem ao caos, ou que variam idas e vindas entre o caos e a ordem, com suas múltiplas e diferentes variações. Nem ao caos nem à ordem impassível: **o ritmo da arte parece gostar de variar.**

Metrônomos, no entanto, não são sistemas vivos. O fenômeno da sincronia do experimento dos cem metrônomos é interessante para refletir sobre a questão da precisão e da ordem/desordem nas variações rítmicas da atuação cênica. Entretanto, essa comparação parece ser insuficiente já que estou falando especificamente de uma atuação viva e de variações rítmicas vivas.

Periodicidade e Aperiodicidade: O Ritmo na Perspectiva da Biomusicologia

Biomusicologia é a ciência que busca compreender as origens biológicas da musicalidade humana, traçando paralelos com aspectos similares do comportamento de outras espécies vivas. Ao estudar o trabalho de Ravignani, Bowling e Fitch, concentrado em questões rítmicas de natureza métrica, notei que a comunicação entre os seres vivos está baseada em emissão de sinais com periodicidade e aperiodicidade. Para os autores, não existe, no entanto, a perfeita periodicidade na natureza[236]. A ideia de regularidade absoluta é apenas uma simplificação teórica para possibilitar a apreensão dos fenômenos rítmicos. Esses sinais sempre se desenvolvem por padrões rítmicos, que podem se constituir de movimentos e/ou sons de indivíduos e de grupos de indivíduos (coros). Grilos, sapos

236 Ver A. Ravignani; D. Bowling; W. Fitch, Chorusing, Synchrony, and the Evolutionary Functions of Rhythm, *Frontiers in Psychology*, v. 5.

e formigas, por exemplo, podem utilizar vibrações sonoras, movimentos corporais e deslocamentos espaciais para criar padrões rítmicos organizados. Já os vagalumes utilizam sinais luminosos. Há diferentes fontes de emissão de sinais entre as mais diversas espécies, mas todas convergem para algum tipo de organização métrica dos sinais ritmados. Proponho o seguinte esquema para ilustrar a diferença entre sequências de sinais periódicos/aperiódicos:

Sequência A:

Sequência B:

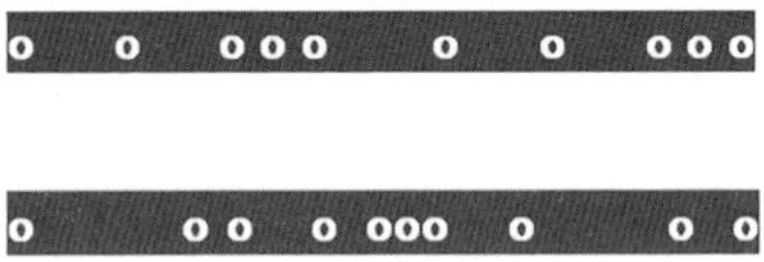

Esquema 10 – Sequência periódica (A) e aperiódica (B).

Ambas as sequências, A e B, são compostas por dez círculos brancos, sendo que cada círculo representa o momento de emissão de um sinal (por exemplo, de movimento, ou de luz, ou de som). As faixas na cor cinza representam a passagem do tempo; o fato de serem exibidas no mesmo tamanho significa que ambas as sequências de sinais duram a mesma quantidade de tempo. Ao interpretar esse esquema, podemos notar que a sequência A é periódica, pois apresenta uma regularidade bastante visível nas distâncias entre os círculos. Já a sequência B, quando comparada com A, pode ser classificada como aperiódica, devido ao seu padrão desordenado, com distâncias mais irregulares entre os círculos. No entanto, vale chamar a atenção para o fato de que a sequência B pode se tornar periódica, desde que, a partir do décimo sinal emitido, possamos perceber alguma tendência à regularidade. Ilustro essa possibilidade neste esquema da sequência BX2:

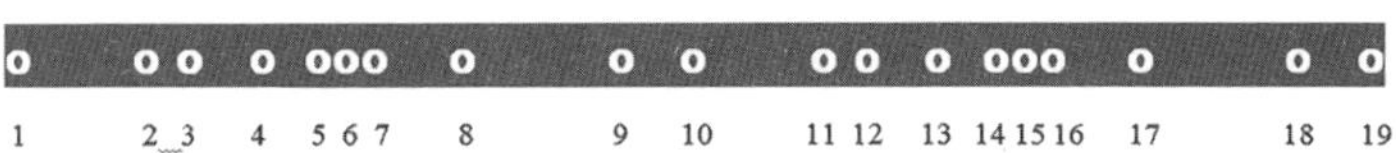

Esquema 11 – Sequência Bx2.

Nessa sequência, é possível ver que a aperiodicidade de B se transformou na periodicidade de B x 2, já que as distâncias proporcionais entre os sinais começam a se repetir a partir do décimo círculo, isto é, a distância entre 10 e 11 é a mesma que entre 1 e 2; a distância entre 11 e 12 é a mesma que entre 2 e 3, e assim por diante.

Voltando aos animais, por que razão eles organizariam o ritmo? De acordo com Ravignani, Bowling e Fitch, em algumas espécies de grilos e de cigarras, por exemplo, ao emitir sinais em coro e em sincronia, um indivíduo macho pode aumentar suas chances de acasalamento. O mesmo ocorre com algumas aves. Há espécies de formigas que realizam movimentos sincrônicos para espantar predadores. Há animais que emitem sinais de movimentos e sons a fim de demarcar e defender o seu território. Algumas espécies de sapos vocalizam em coro e em sincronia para confundir possíveis predadores, pois, dessa forma, cada indivíduo fica "escondido" na multidão e a habilidade de localização auditiva do predador acaba sendo dificultada. Por outro lado, os autores atestam que a sincronia em coro nem sempre favorece o acasalamento e nem sempre diminui os riscos de predadores, pois o coro sincrônico, que resulta em aumento da intensidade dos sinais, pode não só atrair mais parceiros para acasalar como também mais predadores.

Ravignani, Bowling e Fitch afirmam que até mesmo em situações de competição, o ritmo pode tender à ordem sincrônica. Algumas espécies de insetos, como a esperança (também chamada de bicho-folha), atingem a sincronia não via cooperação, como nos casos anteriormente citados, mas como resultado de uma competição de sobreposição de sinais: um indivíduo macho emite um sinal com certa regularidade, para tentar atrair uma fêmea; outro macho tenta sobrepor seus sinais sonoros, reagindo à regularidade estabelecida pelo primeiro e tentando antecipar-se aos sinais deste; e, assim, ao tentar sobrepor uns aos outros para atrair fêmeas – que, nesse caso, têm preferência pelo líder –, os machos acabam por atingir uma ordem muito próxima à sincronia. Ao invés disso, algumas espécies de sapos fêmeas preferem os machos que conseguem reagir precisamente ao líder: este emite, por exemplo, uma sequência de sons com o intervalo de um segundo entre cada um; outro sapo, então, começa a emitir outra sequência, no contratempo, intercalando seus sinais aproximadamente no meio do intervalo entre os sinais do líder, ou seja, meio segundo após a emissão deste; e a fêmea, nesse caso, costuma manifestar predileção pelo sapo que habilmente reage, e não pelo que iniciou a sinalização ritmada.

Ao ler o estudo de Ravignani, Bowling e Fitch, lembrei-me da minha experiência de escutar, presencialmente, um brejo. Quem tiver a oportunidade de parar perto de um brejo e escutar o coaxar dos sapos irá se deparar com uma complexa polirritmia. Apesar de a ciência buscar razões evolutivas para a complexidade rítmica dos animais, com a prerrogativa da sobrevivência e da reprodução, não haveria prejuízo para a humanidade em cogitar que, na verdade, os outros animais também teriam aptidão artística. O grande músico Hermeto Pascoal, por exemplo, considera que os sapos – e muitos outros animais – são exímios músicos. Em *Hermeto Campeão*, de Thomas Farkas, chega até a duelar musicalmente com um sapo e, acaba confessando que, apesar de seu virtuosismo com a flauta, o sapo é imbatível.

No caso dos seres humanos, Ravignani, Bowling e Fitch atestam que seu nível de precisão sincrônica e de diversidade de padrões rítmicos é o mais complexo e desenvolvido entre as espécies vivas até então conhecidas, fato refletido em nossas mais variadas expressões artísticas e culturais, como as danças e canções. Também citam pesquisas que evidenciam a sincronia interpessoal como um fator importante de transformação social, como o canto em coro – em uníssono ou não, mas sincronizado a uma pulsação sentida por todos –, que ajuda a aumentar os níveis de confiança e a cooperação entre os indivíduos. O mesmo pode ocorrer com simples caminhadas sincronizadas, em dupla ou grupos maiores, prática que aproxima os indivíduos para uma relação de afiliação e comprometimento, de pertencimento a algo maior, que vai além das fronteiras do seu corpo individual.

Ravignani, Bowling e Fitch afirmam que ao emitir sinais em coro, cada indivíduo do mundo animal – incluindo os seres humanos

– apresenta características de ordem métrica que são influenciadas pelos ritmos do coro que, por sua vez, são influenciados pelos ritmos de cada indivíduo. Seu estudo da biomusicologia leva-me a pensar na complexidade rítmica da natureza viva e, ao fazer conexões com os princípios que busco para uma atuação cênica viva, posso reforçar três ideias discutidas ao longo deste trabalho:

1. O ritmo tende à ordem, podendo variar entre periodicidade e aperiodicidade, o que significa que, em cena, para criar a sensação de irregularidade, por exemplo, é preciso criar uma "ordem aperiódica" de ritmos.
2. Os ritmos vivos de cada ator têm sempre alguma relação com o exterior, conectando-se aos ritmos dos outros atores e dos demais elementos cênicos, seja essa relação de sincronia ou não, pois pode ser, também, de reação.
3. O ritmo vivo deve servir para alguma coisa: no nível da vida animal, para lutar pela sobrevivência, pelo espaço e pela reprodução, dentro de condições ambientais específicas; no nível da vida cênica, para conectar-se com os outros e com o espaço e lutar por algum propósito, dentro de circunstâncias propostas específicas.

Retomarei, agora, a questão da ordem a partir da desordem e de ordem a partir da ordem, mencionada no início da seção "Ordem e Desordem: O Ritmo Vivo da Vida". Para isso, retomarei a física e abordarei o conceito de entropia, que ajudará a vislumbrar o tipo de energia de que o ator necessita para uma atuação viva.

A Entropia do Universo, da Vida e do Ator

Entropia é um conceito oriundo da termodinâmica, um ramo da física que, por sua vez, de acordo com o *Houaiss*, objetiva o "estudo das leis que regem as relações entre calor, trabalho e outras formas de energia, mais especificamente a transformação de um tipo de energia em outra, a disponibilidade de energia para a realização de trabalho e a direção das trocas de calor". De acordo com a Khan Academy, ao falar sobre termodinâmica, devemos considerar que o item específico ou conjunto de itens sobre os quais nos referenciamos é chamado de **sistema**, e tudo o que não está incluso no sistema é o **meio** [ou a vizinhança]. Podemos tomar como sistema desde algo muito pequeno (como uma célula), até algo muito grande (como um ecossistema).

Os cientistas Schneider e Kay falam sobre a entropia a partir da ideia de Schrödinger de "ordem a partir da desordem". Segundo os autores, a entropia está diretamente ligada à Segunda Lei da Termodinâmica. A Primeira Lei estabelece que "a energia não pode ser criada nem destruída e que a energia total em um sistema fechado ou isolado permanece a mesma"[237]. Um sistema é considerado fechado quando é incapaz de trocar matéria com sua vizinhança, porém pode trocar energia (por exemplo, o termômetro que usamos para medir a febre). Já um sistema isolado seria aquele que não troca nem matéria nem energia com a vizinhança, mas não existe exemplo real desse tipo. Apesar da energia total em um sistema fechado ou isolado permanecer a mesma, os autores indicam que a sua **qualidade** muda, pois a capacidade da energia de gerar trabalho útil para esse sistema será, pouco a pouco, irremediavelmente perdida. Esse fato leva à Segunda Lei da Termodinâmica: esta "exige que, se existirem quaisquer processos em andamento no sistema, a qualidade da energia (a exergia) nesse sistema irá se degradar"[238]. Então, para os autores, a Segunda Lei submete todos os sistemas e processos reais do universo à irreversibilidade da energia degradada. Essas considerações são simples, de acordo com Schneider e Kay, para classificar os sistemas fechados ou isolados, mas ganham complexidade quando se trata da observação de sistemas abertos, como os seres vivos, capazes de trocar tanto energia quanto matéria com o meio exterior.

237 E. Schneider; J.J. Kay, op. cit., p. 189.
238 Ibidem.

A irreversibilidade da energia degradada, apontada por Schneider e Kay, está relacionada à entropia. Segundo Capra, a entropia é uma palavra formada pela combinação de "energia" e *tropos*, termo grego que designa transformação ou evolução. Então, etimologicamente, a palavra entropia tem a ver com transformação de energia. Conceitualmente, a entropia "pode ser considerada como uma medida da desordem"[239], sendo que os gases, por exemplo, têm entropia mais alta que os líquidos, os quais, por sua vez, têm entropia mais alta que os sólidos. Nesse sentido, quanto mais ordenado for um sistema, em nível molecular, mais baixa será sua entropia. Parafraseando Schrödinger, manter níveis baixos de entropia é o grande desafio dos organismos vivos, pois tudo no universo segue a tendência de aumentar a entropia, isto é, de aumentar a desordem.

Então, entropia tem a ver com transformação de energia e serve para medir a desordem de um sistema físico específico. Porém, não devemos pensar em desordem como uma aparente bagunça estabelecida ou como desalinhamento; precisamos pensá-la em nível molecular. Por exemplo: imaginemos dois copos de vidro do mesmo tamanho, um cheio de cubos de gelo quebradiços dispostos irregularmente e outro cheio de água. Se a entropia é mais alta quanto maior a desordem do sistema, alguém poderia afirmar, se julgasse apenas pela aparência, que a entropia do copo com gelo quebradiço é maior do que a do copo com água. Contudo, essa afirmação não estaria correta. Por quê? Vejamos: no primeiro copo, teríamos moléculas de H_2O em estado sólido e, no segundo, moléculas de H_2O em estado líquido. Então, a entropia é maior no caso do copo com água em estado líquido, pois a energia (medida em *quanta*) está mais dispersa em seu sistema e, assim, as moléculas têm mais possibilidades de movimentação e dispersão. Também é possível responder desta forma: a entropia do copo com água é maior que a do copo com gelo triturado, porque a probabilidade de diferentes configurações energéticas entre as moléculas de H_2O é maior no estado líquido do que no estado sólido. O copo com

239 F. Capra, *A Teia da Vida*, p. 54.

gelo, apesar do fato de ter uma aparência desordenada – com vários cubos de gelo quebradiços dispostos irregularmente –, representa um sistema bastante ordenado no nível molecular. A energia do copo com gelo está mais concentrada do que a energia do copo com água, com menos probabilidade de movimentação das moléculas, menos dispersão e, portanto, com a entropia mais baixa.

Quanto à entropia de sistemas vivos, Schrödinger a relaciona à noção de equilíbrio, sendo que, quando um organismo atinge o estado máximo de equilíbrio, esse organismo deixa de ser vivo – decaiu para um estado inerte de "equilíbrio" e, portanto, morreu. Mas, então, como os organismos evitam decair para esse estado inerte? Para o autor, fazendo metabolismo.

A palavra metabolismo deriva do grego *metaballein*, que significa **troca**, câmbio, ou **fazer alterações**. Metabolismo pode ser compreendido, portanto, como um "sistema de alterações". Schrödinger lembra que um organismo vivo tem que se alimentar – senão acaba morrendo – e para isso existe o metabolismo. E a partir desse raciocínio, o autor propõe a seguinte reflexão:

> O que é então esse algo tão precioso contido em nosso alimento, e que nos livra da morte? A isso responde-se facilmente. Todo processo, evento, ocorrência – chame-se-lhe como se quiser – numa palavra, tudo o que acontece na Natureza significa um aumento da entropia da parte do mundo onde acontece. Assim, um organismo vivo aumenta continuamente sua entropia – ou, como se poderia dizer, produz entropia positiva – e, assim, tende a se aproximar do perigoso estado de entropia máxima, que é a morte[240]. Só posso

240 Na minha compreensão, o estado de entropia máxima é o seu esgotamento. Então, o sistema vivo atinge a morte, o equilíbrio, quando atinge o máximo de desordem possível. A entropia do sistema vivo, em algum momento, acaba. Por isso, para estar vivo, ele precisa extrair entropia negativa do ambiente e se manter afastado do equilíbrio (de acordo com o raciocínio de Schrödinger). Vale salientar que a entropia física continua até mesmo em um corpo morto, sem sinais vitais, pois sua energia e sua matéria serão dissipadas e aproveitadas por outros sistemas vivos, por exemplo, as bactérias que fertilizam o solo.

> me manter distante disso, isto é, vivo, através de um processo contínuo de extrair entropia negativa do ambiente, o que é algo muito positivo [...]. Um organismo se alimenta, na verdade, de entropia negativa. Ou, exprimindo o mesmo de modo menos paradoxal, o essencial no metabolismo é que o organismo tenha sucesso em se livrar de toda a entropia que ele não pode deixar de produzir por estar vivo.[241]

Por essa lógica, o autor infere que baixos níveis de entropia favorecem sistemas complexos com altos padrões de organização. Então, sistemas vivos, para permanecerem vivos, precisam manter um nível baixo de entropia a fim de sustentar seus altos padrões de organização. Segundo Schneider e Kay, os sistemas vivos tendem à ordem, pois evoluem e se tornam mais complexos ao longo do tempo. Para sustentar sua organização, mantendo a entropia em nível baixo, não há outra opção, para os sistemas vivos, que não seja importar energia do meio exterior, motivo pelo qual Schrödinger fala de uma proveitosa "entropia negativa". Também afirma que nós, humanos, liberamos calor no ambiente para nos livrarmos do excedente de entropia que estamos sempre produzindo em nossa vida física. Por isso, precisamos também repor energias (calorias), por meio da alimentação.

A questão do equilíbrio foi desenvolvida também pelo biólogo austríaco Karl Ludwig von Bertalanffy (1901-1972), criador da teoria geral dos sistemas. Nos estudos de Capra, consta que Bertalanffy definiu os organismos vivos como **sistemas abertos**, em função da sua necessidade de se alimentar continuamente de matéria e energia fornecidas pelo meio exterior. Devido à abertura do sistema, as coisas vivas passam por transformações o tempo todo e, por isso, segundo Capra, Bertalanffy os classificou como sistemas que se mantêm **afastados do equilíbrio**, isto é, afastados da morte. Então, um organismo vivo luta contra o equilíbrio, mas também não pode entrar, digamos, em total "desequilíbrio", pois sua unidade e sua evolução

241 E. Schrödinger, *O Que É Vida?*, p. 79.

dependem de alguma estabilidade. Portanto, sustentar-se afastado do equilíbrio, para manter-se vivo, implica um estado "estável ao longo de extensos períodos de tempo, e isso significa que, como acontece num redemoinho de água, a mesma estrutura global é mantida a despeito do fluxo em andamento e da mudança dos componentes"[242]. Para Capra, baseado nos estudos do químico russo Ilya Prigogine, que vai ao encontro das considerações de Bertalanffy e Schrödinger, a estrutura de um sistema vivo é sempre dissipativa.

Para um sistema vivo conseguir manter-se afastado do equilíbrio, ele precisa fazer homeostase, regulação feita pelo organismo em relação às transformações impostas pelo ambiente, para manter seu interior em condições físico-químicas estáveis e adequadas ao funcionamento dos processos fisiológicos. Então, por exemplo, a homeostase implica sustentar o organismo dentro de faixas limite de temperatura, acidez, salinidade, nutrientes, entre outros. Existem diversos tipos de homeostase, dentre os quais cito dois muito comuns na vida do ser humano: a térmica, quando eliminamos calor por meio do suor quando a temperatura do corpo fica elevada demais; e a química, quando, graças aos nossos sistemas respiratório e nervoso, absorvemos o oxigênio necessário e eliminamos dióxido de carbono.

Mas o que as entropias do universo e da vida têm a ver com o ator? Quais são as conexões que vejo entre a atuação cênica e os sistemas abertos, que fazem homeostase, mantendo-se afastados do equilíbrio, alimentando-se de energia do meio?

No teatro, para dar conta de sustentar a vida da atuação cênica, com variações rítmicas vivas, o ator teria que se afastar da ideia de equilíbrio – sem jamais ficar "estacionado", ou estagnado, em relação ao seu papel – para não caminhar em direção à morte cênica. Nesse sentido, não estou sugerindo, de maneira alguma, que o ator tente ser desequilibrado para se sentir vivo em cena. A individualidade do ator, sua singularidade – para usar o termo de Declan Donnellan –, precisa ser preservada e desenvolvida e, para isso, é necessário ter

242 F. Capra, *A Teia da Vida*, p. 150.

alguma estabilidade (física, emocional, ética, de dedicação, de disciplina, entre outros fatores). Portanto, o termo "equilíbrio" não deve ser compreendido aqui como uma atitude ou uma qualidade harmoniosa e moderada, próprias do senso comum, mas sim como a ausência da mutabilidade inerente à vida.

Aprendemos que a entropia do universo sempre aumenta e que a energia dissipada é irreversível – tanto em sistemas biológicos quanto físicos e químicos –, ou seja, cada sistema vai sempre perder energia, da bateria de um telefone celular ao Sol. No caso dos seres vivos, há uma luta contra o aumento da entropia, que é a luta contra o estado inerte da morte. Já que a entropia é irreversível, não é possível recuperar a energia dissipada. Então, é preciso consumir energia dissipada pelo aumento de entropia de outros sistemas, por exemplo: o oxigênio que consumimos está disponível graças à entropia gerada pela fotossíntese das plantas que, por sua vez, realizam esse processo graças à energia captada da entropia de outros sistemas, do Sol que, por sua vez... No fascinante conto *A Última Pergunta*, do escritor e cientista Isaac Asimov, a humanidade chega ao fim, junto com o fim do universo, após consumir a energia de todas as suas estrelas, pois nenhuma inteligência humana ou artificial jamais foi capaz de descobrir um jeito de reverter o processo da entropia.

Então, se pensarmos na energia da atuação cênica, sendo o ator um sistema vivo, a entropia fatalmente o fará perder energia até o ponto de deixar a sua atuação completamente inerte, morta. Nesse caso, o único jeito de não deixar a atuação morrer seria encontrar o "oxigênio" no exterior, isto é, nos outros sistemas que compõem a cena: os outros atores lhe fornecem energia; o espaço; os objetos, imagens e sons reais; os objetos, imagens e sons imaginários; o espectador; o texto; todos os múltiplos discursos da polifonia cênica[243], cada qual com sua entropia, estão dissipando energias que o ator precisa receber para nutrir a vida de sua atuação. Se essa lógica vale para toda coisa viva que se tem conhecimento na natureza, por que

243 Para resgatar o termo de E. Maletta, *Atuação Polifônica*.

haveria de ser diferente para o ser humano que se coloca diante do espectador para atuar?

Para sustentar uma atuação viva, a cada instante o ator – sistema vivo – precisaria receber energia do seu meio ou, utilizando o termo de Stanislávski, das circunstâncias propostas. Assim, ele poderia aproveitar a energia oriunda, por exemplo, de: parceiros de cena; espectadores; música; luz; objetos cênicos; espaço etc., os quais, se considerarmos o espetáculo cênico como um único grande sistema, seriam seus componentes. Nesse caso, para ser vivo, o sistema "espetáculo" trocaria energia com o seu meio, composto pelo bairro, pela cidade, o país, a cultura, a política, o cotidiano, a ciência, o trabalho, as memórias, os mitos etc. Em suma, toda fonte de energia que emana da realidade pode ser aproveitada por esse sistema, o espetáculo, a fim de que funcione como um grande processo vivo e, consequentemente, dialogue com as vidas das pessoas. Então, o espetáculo – considerado como um sistema vivo – também dissipa energia que pode ser aproveitada por tudo que está no seu exterior, ou seja: graças a essa "renovação de energias", transformações podem ocorrer na vida das pessoas em seu dia a dia, na relação com o bairro, a cidade, o país, a cultura, a política, o cotidiano, a ciência, o trabalho, as memórias, os mitos etc.

O ator, pensado na perspectiva da entropia, é um sistema vivo que não pode produzir energia, não pode criá-la; a única possibilidade é **receber** energia dos outros sistemas que, por sua vez, também não podem gerar energia por si, apenas receber dos outros. Então, se eu, ator, falo e me movimento em relação ao meu parceiro de cena, do ponto de vista termodinâmico da entropia, estou dissipando energia, que poderá ser aproveitada pelo meu parceiro. Em seguida, o processo se inverte, quando eu passo também a receber a energia dissipada pelo meu parceiro e assim por diante. Se ignoro a energia dissipada pelo meu parceiro, deve ser porque, talvez, eu me considere o único responsável pela energia da minha atuação. Porém, apesar do meu grande eu querer produzir energia internamente, não é assim que funciona: a entropia fatalmente esgotará a minha energia e minha atuação não precisará mais passar por transformação alguma e, por assim dizer, será uma atuação cênica morta, com ritmos mortos.

No senso comum, não é raro ouvir espectadores de teatro reclamando das atuações falsas, frias, desconexas, equivocadas, forçadas, generalistas, afetadas, pedantes, monótonas, estanques, duras, repetitivas, entediantes, enfadonhas etc., adjetivos que remetem à supressão da vida da atuação. O ator certamente não gosta de ouvir críticas com adjetivos como esses. Então, ele precisa trabalhar em direção a uma atuação viva e, nesse trabalho, pode ser proveitoso experimentar a energia pelo ponto de vista da entropia. Nessa perspectiva, uma atuação cênica viva parece ter muito mais a ver com a **assimilação do meio onde se atua**, para conseguir obter energia, do que com a suposta expressão de sentimentos e emoções. A palavra "expressão" me dá a sensação de que, para expressar, preciso primeiro criar algo interiormente (uma ação, um sentimento, um estado de ânimo etc.) para, então, colocar para fora. Mas se levarmos em conta a entropia, considerando o ator como um sistema vivo e, portanto, aberto, como seria possível criar algo somente e exclusivamente a partir do interior desse sistema?

Em relação ao ritmo do ator, posso associar a medida da desordem do sistema – a entropia – aos contrastes, gradações e variações de processos energéticos desencadeados por suas reações cênicas. A dissipação de energia possui maior ou menor entropia, nas reações do ator, conforme os ritmos variam, por exemplo, entre forte e fraco, ou gradativo e abrupto. Imaginemos que o ator 1, em cena, grite "pare com isso!" para o ator 2. Nesse caso, 2 recebe a energia dissipada pelo furor do grito, resultando em uma entropia fisicamente mais elevada do que se 1 simplesmente falasse "pare com isso" sem gritar. Então, 2 responde: "não se meta". Com essa fala, será que ele precisaria reagir com a mesma energia "gritada" do outro? Talvez, dependendo das circunstâncias propostas, poderia ser mais adequado reagir, por exemplo, sussurrando – fisicamente, uma entropia mais baixa em relação ao grito. No plano imaginário, no entanto, o sussurro pode ser até mais forte que o grito, pois o ator

1 poderá receber energia na mesma proporção que dissipou, sendo que a potência rítmica da reação do ator 2 não estaria no grito, mas sim na suavidade do sussurro.

De acordo com Nogueira, considerando os estudos do astrofísico britânico Arthur Eddington (1882-1944), a irreversibilidade da degradação de energia e o aumento constante da entropia do universo implicam na "seta do tempo", isto é, no fato de que todo processo real avança do passado em direção ao futuro, não sendo possível fazer o caminho inverso[244]. Penso, então, que o ritmo existe no tempo, ou melhor: a seta do tempo permite que tenhamos a sensação do ritmo. Assim, o ritmo vivo da atuação cênica pode ser percebido quando o ator está de fato presente, sem aprisionar-se ao passado dos ensaios ou até mesmo dos erros e acertos que acabou de cometer. O ritmo quer seguir adiante – ele é "direção", como diz Schafer – e seu percurso se faz de energia dissipada, não de energia criada[245]. Nesse sentido, poderia ser proveitoso, para o ator, sujeitar-se a seguir o ritmo, reagindo a ele, em vez de tentar ditá-lo e controlá-lo o tempo todo; e receber energia dos ritmos ao seu redor, em vez de tentar fabricá-la em vão.

É instigante pensar que o ritmo de uma reação do ator depende de uma relação com a energia rítmica recebida do meio (da ação de outro ator, por exemplo), pois isso significa que o ator deve estar aberto para ver o mundo ao redor e nutrir-se de suas energias. Esse processo é esclarecedor quando Schrödinger fala da física do ato de ver: os raios não saem dos nossos olhos, ou seja, a energia que nos possibilita ver não vem de dentro; na verdade, os raios de luz atingem os nossos olhos e, portanto, o movimento é de fora para dentro, de captação da energia (*quanta* de luz). Podemos pensar, então, que uma atuação viva exige que o ator funcione como o olho, esse poderoso receptor de energia.

244 Ver S. Nogueira, A Seta do Tempo em Sistemas Quânticos, *Sociedade Brasileira de Física*, n. 5.

245 Ver M. Schafer, *Ear Cleaning*.

A Autopoiese e o Padrão Relacional do Ritmo Vivo

O conceito de autopoiese, cunhado pelos biólogos chilenos Maturana e Varela, significa autocriação, ou autoprodução, e representa um processo fundamental dos sistemas vivos e autônomos. Emmeche e El-Hani, assim como Capra, sugerem que a ideia de vida como autopoiese teve origem na teoria dos sistemas, na cibernética e na neurobiologia[246]. Esses autores também notam que o conceito de autopoiese, desde as primeiras publicações de Maturana e Varela, na década de 1960, tem sido apropriado por várias áreas do conhecimento, como a sociologia, a psicologia, o direito e a economia. Será, então, que haveria algum proveito em falar de autopoiese em conexão com a arte da atuação cênica viva? Vejamos.

Emmeche e El-Hani explicam que, na perspectiva autopoiética, a vida é autônoma e se sustenta segundo uma lógica circular, que é fechada em termos organizacionais; porém, a vida tem sempre que intercambiar matéria e energia com o meio exterior e, portanto, ela também é aberta em termos materiais e energéticos. Assim, as máquinas, como os carros, não são sistemas autopoiéticos, pois seu funcionamento depende da decisão e da manipulação do ser humano que as controla. Autonomia não significa isolamento: um sistema vivo, ao contrário do não vivo, é autônomo na medida em que é capaz de importar/exportar do/para o meio ambiente tudo aquilo que for necessário/desnecessário para sustentar a unidade do seu organismo.

Para compreender melhor a vida como autopoiese, Capra aborda as contribuições da ciência da cibernética[247]. Esse nome, de acordo com o *Houaiss*, vem do grego *kybernetes* (timoneiro) e batiza "a ciência que tem por objeto o estudo comparativo dos sistemas e mecanismos de controle automático, regulação e comunicação nos seres vivos e nas máquinas". O matemático estadunidense Norbert

246 Ver C. Emmeche; C.N. El-Hani, op. cit.; F. Capra, *As Conexões Ocultas*; idem, *A Teia da Vida*.
247 Ver *A Teia da Vida*.

Wiener (1894-1964), criador da cibernética, entende os mecanismos da vida como sistemas de realimentação, com causalidade circular. Vejamos um exemplo de Wiener, parafraseado por Capra, no qual o ato de velejar é tomado como um sistema:

> Quando o barco se desvia de seu curso prefixado – digamos, para a direita –, o timoneiro avalia o desvio e então esterça no sentido contrário, movendo, para isso, o leme para a esquerda. Isso reduz o desvio do barco, talvez até mesmo a ponto de o barco continuar em sua guinada e ultrapassar a posição correta, desviando-se para a esquerda. Em algum instante durante esse movimento, o timoneiro esterça novamente para neutralizar o desvio do barco, esterça no sentido contrário, esterça novamente para contrabalancear o desvio, e assim por diante. Desse modo, ele conta com uma movimentação contínua para manter o barco em sua rota, sendo que a sua trajetória real oscila em torno da direção prefixada. A habilidade de guiar um barco consiste em manter essas oscilações as mais suaves possíveis.[248]

Esquema 12 – Laço de realimentação representando a pilotagem de um barco.
Fonte: F. Capra, *A Teia da Vida*, p. 60.

248 Ibidem, p. 60.

De maneira semelhante ao exemplo do barco, Capra também sugere que andar de bicicleta é um processo que obedece ao mesmo mecanismo de constante realimentação, pois a roda dianteira nunca se sustenta exatamente reta; a diferença entre o ciclista iniciante e o experiente é que a roda dianteira oscila muito mais abruptamente na pilotagem do primeiro do que do segundo. A circularidade causal, observada na cibernética, implica constante transformação, faz-se de reajustes; não se trata, portanto, de um círculo vicioso, no qual um conjunto de processos se repete indefinidamente e sem alterações. No teatro, é comum ver atores entrarem em ciclos viciosos de ritmo quando, por exemplo, começam e terminam cada frase do texto sempre com o mesmo tipo de sonoridade rítmica, criando padrões maçantes de ascendência da entonação, ou decréscimo na dinâmica, ou desaceleração agógica, entre outros.

Já que falei de timoneiro e ciclista, farei também uma breve digressão sobre o ator. Para romper ciclos viciosos, na perspectiva da cibernética, o ator teria que de fato se conectar com o meio, de maneira análoga aos ciclos causais do timoneiro e do ciclista, nos quais são determinantes as ações do meio (e suas imposições, digamos, rítmicas); podemos pensar, por exemplo, na força da água e dos ventos, no caso do timoneiro, e na gravidade, no caso do ciclista. No teatro, tenho argumentado que o ritmo do ator nasce como reação às circunstâncias propostas, esse termo de Stanislávski que, curiosamente, dá a ideia de algo circular, sistêmico, em que cada parte afeta o todo e vice-versa; são circunstâncias, e não fatos isolados; são processos ativos que afetam uns aos outros, assim como ocorre entre os sistemas vivos e, por isso, o ator deve permitir ser provocado pelas circunstâncias.

O cientista Razeto-Barry complementa a noção de circularidade apropriada da cibernética por Maturana e Varela, lembrando que, em um sistema vivo, não há como somente os elementos internos produzirem a si mesmos – autocriação, autoprodução, ou seja, autopoiese – sem a colaboração de elementos exteriores. A seu ver, a autopoiese é circular, mas sua circularidade implica a proximidade com elementos exteriores necessários, a fim de se manter como uma unidade capaz de durar no tempo e no espaço.

Então, Razeto-Barry propõe uma revisão crítica e conceitual da autopoiese. Ele entende que o conceito de Maturana e Varela dá margens a uma ambiguidade, assim problematizando: se um sistema vivo tem que ser necessariamente aberto, como um sistema autopoiético poderia ser vivo se todos os seus componentes fossem produzidos somente pelos próprios componentes que estão organizados internamente? Nesse sentido, o autor diverge de Capra quando este afirma que um sistema autopoiético é fechado em termos organizacionais[249], pois isso significaria que seus componentes autogerassem e regenerassem 100% dos próprios componentes, o que implicaria X = Y (sendo que X representa o conjunto de componentes de um sistema vivo, e Y representa o conjunto de componentes produzido por X). No entanto, para Razeto-Barry, como os organismos vivos são sistemas abertos (até mesmo uma bactéria unicelular) e precisam de alimento e energia providos pelo meio exterior, a autopoiese não poderia implicar em X = Y, pois isso só seria possível em um sistema fechado; em um sistema aberto, no entanto, seria possível, para esse autor, considerar Y ∈ X, isto é, Y pertence ao conjunto de X. Logo, ele afirma que os componentes Y são gerados pelos componentes X, mas não sem contar com a coparticipação de elementos externos ao sistema. Sobre essa questão, o autor dá o seguinte exemplo: um inseto, como a borboleta, não poderia existir se a autopoiese fosse realmente fechada em termos organizacionais, pois a larva jamais conseguiria passar pela metamorfose se não fossem cofatores, coenzimas, metabolitos e catalisadores importados do meio externo para coparticipar da organização do sistema.

Em síntese, Razeto-Barry coloca ênfase na abertura da autopoiese, afirmando que esta sempre dependerá da natureza ao redor do sistema, tanto em termos estruturais como organizacionais. Ele sublinha, também, que a autopoiese é uma rede de processos físicos

249 Ver F. Capra, *As Conexões Ocultas* e *A Teia da Vida*.

e químicos. Se os processos químicos não fossem considerados, um tornado, por exemplo, teria que ser considerado um sistema autopoiético; no entanto, um tornado não é um ser vivo. Em suas palavras, um sistema autopoiético compreende: "uma rede de processos [físicos e químicos] que produz todos os componentes cuja produção interna é necessária para manter a rede operando como uma unidade. [...] *Dependendo do que estiver disponível no meio ambiente* para isso"[250]. De acordo com Travitzki, na Grécia antiga, Aristóteles já havia determinado que uma característica comum de todos os seres vivos é que eles se nutrem. Capra, ao falar da membrana, também reforça essa ideia, pois a menor unidade de vida – a célula – absorve nutrientes do mundo externo[251].

Capra argumenta que a autopoiese, tal como proposta inicialmente por Maturana e Varela, é um processo cuja ênfase está no padrão de organização do sistema vivo e não em sua estrutura, pois a rede autopoiética não deixa de existir em células dentro das quais há estruturas muito diferentes umas das outras. Nesse sentido, o autor considera a autopoiese como o padrão da vida. Ele diz que a estrutura de um organismo vivo pode ser medida e analisada em partes isoladas (no nível celular, por exemplo, o núcleo, as mitocôndrias, os ribossomos etc.), mas não o seu padrão de organização. Afirma que "para entender um padrão, temos de mapear uma configuração de relações. Em outras palavras, a estrutura envolve quantidades, ao passo que o padrão envolve qualidades"[252].

Nessa perspectiva dos padrões de relações, concernentes à qualidade autopoiética da vida, podemos pensar também no ritmo do ator. Possivelmente, as variações rítmicas vivas tenham mais relação com padrões do que com estruturas, ou seja: podemos metrificar e dissecar ritmos para entendê-los estruturalmente. Entretanto, se fizermos isso enquanto estivermos em cena, correremos o risco de destruir o seu padrão, já que a nossa atenção poderia perder

250 P. Razeto-Barry, Autopoiesis 40 Years Later, *Orig Life Evol Biosph*, v. 42, p. 7.
251 Ver *As Conexões Ocultas* e *A Teia da Vida*.
252 *A Teia da Vida*, p. 77.

de vista as relações de qualidade que nossos ritmos estabelecem com as qualidades rítmicas dos outros. Para Capra, uma característica importante da vida é que ela se dá em um padrão de rede, não linear[253]. Isso significa, de acordo com o pensamento sistêmico, que cada parte não pode ser entendida separada do todo; um sistema vivo não pode ser entendido em sua totalidade quando isolado do contexto de um sistema maior no qual está inserido, o ecossistema. No teatro, o sistema de Stanislávski segue essa mesma lógica: é impossível, por exemplo, compreender o andamento-ritmo satisfatoriamente sem relacioná-lo às circunstâncias propostas, às tarefas, à perspectiva, às visualizações, ao subtexto, à supertarefa, à ação transversal entre outros elementos desse sistema.

Penso, a partir das provocações científicas de Capra, que uma atuação cênica viva também se dê em um padrão de rede, não linear. Mesmo que o texto seja aparentemente muito linear, o ator estará sempre em relação com uma rede tecida por estímulos de diversas naturezas e que, muitas vezes, podem ocorrer simultaneamente, tais como: as ações de seus companheiros, as reações do público, a música, a luz, o figurino, os erros, as novas descobertas, as novas variações rítmicas, os imprevistos, os *insights*, suas próprias sensações etc. Para não se perder nessa floresta de estímulos e não se bloquear, o ator tem um mapa, aquele que compõe desde os primeiros ensaios para compreender as circunstâncias propostas da obra e os mais variados padrões rítmicos possíveis em meio a essa teia de elementos cênicos. Por que, então, o ator tentaria manter a exata estrutura dos seus ritmos se, de um dia para o outro, essa floresta parecesse, por exemplo, um pouco mais escura? Não pareceria razoável que, em prol de ritmos vivos, o ator reagisse ao ritmo da floresta de hoje e não daquela de ontem? Vimos que, na perspectiva sistêmica, a prioridade está na relação entre as partes com o todo. Então, é possível inferir que as variações rítmicas da atuação cênica, para serem vivas, não podem acontecer sem relação com as

253 Ibidem.

mudanças de padrões rítmicos do sistema maior – o espetáculo, essa floresta de estímulos, ou melhor, essa rede rítmica.

Outra analogia salta diante da minha imaginação: se o ator é um sistema autopoiético, ele tem autonomia e, portanto, não é uma máquina totalmente manipulável. O ator cria fazendo autopoiese artística e, então, não necessita ser manipulado pelo diretor. No entanto, como o processo de autopoiese é circular, de realimentação, em constante transformação, sempre aberto às influências do meio exterior, o ator também terá alguma relação com o diretor. Se pensarmos pelo prisma da autopoiese, podemos dizer que Donnellan é preciso ao classificar a criatividade como algo inerente ao ser humano e que, portanto, não deve ser forçada pelo ator[254]. Mas não é só isso: é possível dizer, também, que a criatividade é inerente à vida. Então, enquanto o ator estiver conectado com o seu meio exterior, com curiosidade, recebendo e assimilando seus estímulos, será capaz de atuar "autopoieticamente", sem bloquear a sua criatividade inerente. O diretor também é um criador, mas não é ele quem está presente em cena, inserido no processo vivo do aqui e agora cênico; por isso, se o diretor estiver na busca por uma atuação viva, é prudente respeitar a autopoiese do ator, preservando sua liberdade e alimentando sua criatividade que é inerente à vida.

A criação é autônoma, mas é aberta. Logo, pensando no ator e no diretor como duas células vivas, o ator deve também ser capaz de se conectar com a autopoiese do diretor, ambos com o cuidado de não deixar suas membranas se transformarem em paredes rígidas e impermeáveis – pois, como vimos, são as membranas, e não as paredes celulares, que possibilitam a troca com o meio.

Muitas vezes, o ator se esquece de prestar atenção ao mundo exterior, querendo criar tudo a partir de dentro de si, somente expressando algo de dentro para fora. Mas isso, na vida, é impossível sem a efetiva troca com o meio – pelo menos, nas perspectivas da genética, da entropia e da autopoiese. Quando está em cena, o ator continua

254 Ver *O Ator e o Alvo*.

sendo um ser humano e, portanto, continua sendo um ser vivo autopoiético. Nesse sentido, como poderia um ser vivo fazer algo sem vida? Como um ser humano conseguiria não realizar uma atuação cênica viva, se ele é, por definição, um ser vivo? Possivelmente, a ansiedade e/ou a vaidade causadas por estar diante de uma plateia levam o ator a tentar assumir o controle total da sua criação, tentando impor a si mesmo uma ruptura na troca com o meio exterior. O resultado é o ator lutando contra a vida. Uma luta vã, pois a autopoiese e a entropia não vão deixar de continuar. Nesse caso, em vez de o ator se conectar com os estímulos exteriores das circunstâncias propostas da obra – as outras personagens, interpretadas por seus colegas de cena, a música, a luz, entre outros –, ele acaba recebendo todo tipo de interferências externas que contribuem para sua desconexão com essas circunstâncias, tais como: o diretor na plateia, vendo se estou bem/mal em cena; o erro de texto do colega; o atraso do iluminador na mudança de luz; as cadeiras vazias na plateia etc. Então, se as interferências exteriores são inevitáveis, o ator precisa desenvolver um jeito de lidar criativamente com essas interferências. Nesse sentido, vale resgatar a ideia de Jerzy Grotowski, que costumava dizer para os atores escutarem o espaço em vez da própria voz – possivelmente, penso, para incentivar uma atitude de conexão com o meio, favorecendo a autopoiese vocal do ator e tirando-o de ciclos viciosos que o desconectam do exterior[255]. Para mim, a artista italiana Francesca Della Monica e Ernani Maletta complementam o mestre polonês, enfatizando que a voz é uma reação ao espaço, mais precisamente, aos espaços relacionais entre as partes envolvidas na comunicação, sendo que cada indivíduo tem a sua irreprodutível identidade vocal[256].

Até aqui, nas analogias do ator como um sistema vivo, propus conexões implícitas com duas especificidades da vida:

255 Ver J. Grotowski, *Em Busca de um Teatro Pobre*; idem, *O Teatro Laboratório de Jerzy Grotowski 1959-1969*.

256 Ver F. Della Monica; E. Maletta, Os Espaços Que Promovem uma Dramaturgia da Ação Vocal, *Vis*, n. 1.

a **transformação** e a **exterioridade**, em função de sua relação com o meio ambiente. O ator está inserido em um contexto transformacional, cheio de elementos exteriores dos quais ele importa energia, assim como os sistemas vivos estão inseridos em sistemas maiores – os ecossistemas – que lhes fornecem as condições necessárias para desenvolvimento.

O Ator Como Sistema Vivo Inserido no Ecossistema do Espetáculo

Para concluir essa visita ao conceito de vida na ciência, ofereço uma analogia da atuação cênica viva com a noção de ecossistema, que o campo da ecologia classifica como o conjunto de sistemas vivos, considerando suas relações com o ambiente.

Retomando a ideia de ordem a partir da ordem, de Schrödinger, tal como revisada por Schneider e Kay, sabemos que os sistemas vivos se mantêm vivos graças à sua habilidade de importar energia do ambiente, alimentando-se da entropia de outros sistemas. Nesse sentido, considerando o ator como um sistema vivo, pergunto-me: já que a dissipação de energias é algo irreversível, seria possível que eu, ator, tivesse como dissipar energia útil para meus companheiros de cena e vice-versa? Assim, sendo capazes de dar e receber energia proveitosa – e não qualquer tipo de energia inútil –, estaríamos colaborando para a manutenção da vida do espetáculo e todos poderiam ganhar com isso.

Na natureza viva, essa possibilidade é uma realidade. De acordo com Schneider e Kay, as plantas crescem e se desenvolvem na medida em que capturam energia da luz solar e dissipam gradientes utilizáveis. Ou seja, uma planta recebe energia do Sol, útil para sintetizar a glicose de que necessita interiormente e, além disso, dissipa energia proveitosa para suas plantas vizinhas, com a "consciência" de que um sistema maior bem alimentado – o ecossistema – ajuda em sua preservação e aperfeiçoa seu desenvolvimento. Nas palavras dos autores, "plantas de muitas espécies se organizam em conjuntos para aumentar sua área de folhagem e assim otimizar a captura e a degradação de energia"[257]. Para esses cientistas, quanto maior a organização para aproveitamento da energia dissipada por um sistema vivo, que seja útil para outro, maior complexidade e diversidade atingirá um ecossistema. Na linha imaginária do Equador, por exemplo, há mais diversidade de espécies do que em outras regiões do nosso planeta, pois, segundo os autores, 5/6 da radiação solar da Terra incidem sobre essa região, possibilitando mais energia a ser aproveitada e dissipada, sendo que diferentes espécies consumirão diferentes quantidades e componentes das variadas dissipações de energia. Daí a importância da preservação de *todas* as espécies, mesmo aquelas aparentemente insignificantes aos nossos olhos, pois a sua energia pode ser proveitosa para outro sistema vivo, que pode ser útil para outro, que, em algum momento, pode ser essencial para nós.

Com licença poética, penso que o ator seja como uma planta viva inscrida no ecossistema do espetáculo. O espectador também, porém de outra espécie. E o que seria o Sol nessa metáfora da polifonia de uma cena viva? Poderia ser um tema, uma ideia, um mito, um som, uma imagem, mas vamos supor que seja o texto dramático. Quanto à folhagem, pensemos nas conexões entre os atores e nas relações estabelecidas entre eles e deles com os espectadores. Então, para o espetáculo – o ecossistema – atingir maior "complexidade e diversidade", cada ator teria que capturar energia do texto, nutrindo o seu interior e a sua capacidade imaginativa. E, assim como a planta que se nutre da luz do Sol e dissipa energia proveitosa para outros sistemas vivos, o ator também dissiparia energia proveitosa para os outros atores e para os espectadores, colaborando para o fortalecimento da conexão entre eles (como ocorre com as folhagens), conexão que favorece todo o processo vivo do espetáculo como um complexo ecossistema.

257 E. Schneider; J.J. Kay, op. cit., p. 194.

E o que representaria a complexidade e a diversidade do ecossistema espetáculo? O ritmo. Ou melhor: as variações rítmicas vivas, com sua natureza transformacional e contrastiva. O homem pode matar o ritmo de um rio quando degrada suas matas ciliares, componente fundamental de suas barragens. Sem barragens, o rio é inconcebível e, portanto, não há ritmo. Então, antes de tudo, o ator precisa contribuir para a sustentação das conexões, das relações que favorecem o nascimento de um espetáculo vivo, repleto de variações rítmicas vivas, complexas e diversas.

Se ritmo tem a ver com membranas, obstáculos, barragens e escoramentos, podemos relacioná-lo a um processo essencial dos organismos vivos: a adaptação e a reação às restrições impostas pelo meio. Na arte do teatro, durante as primeiras décadas do século XX, Stanislávski falava de circunstâncias propostas e de supertarefa da obra e do papel como fatores delimitadores essenciais para dar base de decolagem à imaginação do ator, alimentando o que ele chamava de arte da experiência do vivo[258]. No campo científico, Schneider e Kay atestam algo semelhante, mas na perspectiva da natureza biológica da vida: os organismos vivos "precisam funcionar no âmbito do contexto e do sistema e do ambiente de que fazem parte. Se um sistema vivo não respeitar as circunstâncias do supersistema que o contém, ele será selecionado negativamente"[259]. Os autores dizem, ainda, que o supersistema impõe várias restrições ao comportamento de um sistema e que a evolução deste dependerá de sua habilidade de adaptação e reação de acordo com essas restrições. No âmbito da atuação cênica – considerando os termos de Stanislávski – podemos pensar que as variações rítmicas realizadas sem conexão com as circunstâncias propostas e a supertarefa serão "selecionadas negativamente". Em consequência, essas variações parecerão equivocadas ou enfadonhas aos olhos do espectador, fato que, no meu entendimento, prejudicaria os ritmos do ator e do ecossistema do espetáculo.

258 Ver *An Actor's Work*.
259 E. Schneider; J.J. Kay, op. cit., p. 198.

Afinal, o Que É a Atuação Cênica Viva e o Que São as Variações Rítmicas Vivas?

Ao longo deste capítulo, apresentei reflexões sobre diversos aspectos do que chamo de atuação cênica viva e de variações rítmicas vivas. Para isso, fundamentei a argumentação em conceitos, princípios e pensamentos de referências tanto da arte quanto da ciência. Para concluir, apresento a seguir a minha proposta de síntese conceitual.

Exterioridade, Transformação e Especificidade

Afinal, com base no estudo apresentado até aqui, sintetizo o que entendo por atuação cênica viva. O fenômeno da atuação cênica viva compreende três princípios fundamentais, a saber: exterioridade, transformação e especificidade. E os três precisam coexistir em correlação, conectados, sem que nenhum seja anulado pelo ator. Desses princípios podem derivar diversos fatores importantes para a sustentação da atuação viva, tais como: reação, memória, energia, propósito, imaginação, abertura, estabilidade, precisão e presença. Essa lista de fatores correlatos pode ser ampliada, variando de acordo com as diferentes propostas estéticas, com a condição de não anular nenhum dos três princípios fundamentais.

O princípio da exterioridade deve ser considerado na perspectiva do ator como um sistema vivo. Nesse sentido, assim como ocorre na natureza desde a origem da vida, o ator deve buscar no exterior a energia criativa que nutre o seu impalpável interior. Quando falo de exterioridade, não ignoro a interioridade; apenas enfatizo essa instância fundamental e muitas vezes esquecida por atores que fazem força para criar tudo a partir de dentro de si. Sistemas vivos são sistemas abertos e a vida depende do constante intercâmbio entre interior e exterior. A memória, a energia, as reações e os propósitos do ator, em cena, obedecem à lógica da vida na medida em que este alimenta a sua relação com o mundo cênico ao seu redor, sem cortar sua conexão com o mundo exterior em prol de uma pretensa expressão genuína de seu interior.

Afinal, o que seria "interior"? E o que seria "exterior"?

Meu interior é feito de quê? Pelo senso comum, poderíamos responder: "Ora, de pensamentos, sentimentos, emoções, memórias, desejos, impulsos, sonhos"... Mas será que o interior é limitado ao corpo físico? O que seria interior ao corpo físico? Músculos, ossos, sangue, a maior parte dos órgãos, tudo envolto pela pele. Mas o meu interior (com pensamentos, sentimentos, etc.) parece estar em outro espaço, um espaço difícil de mensurar. O meu interior se expande para o exterior do meu corpo físico. Meu interior é, portanto, de certa forma, exterior a mim, ou pelo menos exterior aos meus sentidos humanos, àquilo que meus sentidos são capazes de captar.

Por isso, não seria absurdo pensar que os meus olhos podem ver um pensamento e que minhas mãos podem tocar uma memória. Pensamento e memória que são vivos e se encontram no espaço exterior ao meu corpo de carne e osso, pois pertencem ao espaço interior do meu corpo expandido. Corpo expandido ou, talvez, corpo mental, imaginário, abstrato – o importante é entender que esse corpo específico pode ir muito além das fronteiras da pele.

O ator trabalhar com a exterioridade não significa necessariamente trabalhar com caracterização externa de personagem, postura corporal, gestos, maquiagem. Pode ser isso também, mas há uma dimensão exterior capaz de fornecer uma energia criativa especial ao artista, uma energia que acende o fogo de vida de uma reação, uma fala, um gesto em cena. Trata-se de uma dimensão exterior mais subjetiva e até mesmo imaterial. Então, não é absurdo considerar que essa dimensão exterior pode ser também a dimensão interior do ator, na medida em que seus movimentos interiores parecem ocorrer intimamente relacionados com algo que vê, sente, percebe, ouve, toca exteriormente, no espaço exterior ao seu corpo físico concreto. Talvez o movimento exterior seja o deflagrador dos movimentos interiores, inclusive nos contextos mais abstratos. O que acontece, por exemplo, como sugere Donnellan, quando um pensamento interrompe o anterior? Será que estaríamos vendo exteriormente esse pensamento? Estaríamos sentindo esse pensamento com os "tentáculos" dos olhos?

O princípio da exterioridade pode ajudar o ator a receber energia criativa e, com isso, alimentar também o seu mundo interior. Pode ajudar o ator a sentir-se inteiro em cena, a ver o mundo específico ao seu redor, relacionando-se ativamente com ele e reagindo a ele com ritmos vivos. Não se trata de uma verdade científica nem de uma predileção pela exterioridade em detrimento da interioridade; trata-se, sim, de evidenciar e enfatizar a relação inexorável que as coisas vivas estabelecem com o mundo exterior.

Associo a exterioridade às seguintes escolhas incômodas de Donnellan: 1. concentração ou atenção, visto que a concentração tem a ver com ensimesmar-se, enquanto a atenção implica uma atitude de abertura para o exterior; 2. ver ou mostrar, pois tentar mostrar estados e sentimentos interiores acaba anulando a possibilidade de reagir ao que se vê ao redor; 3. independência ou liberdade, considerando que o ator vivo é livre para reagir com qualidades diversas, mas não pode prescindir do contexto cênico que o provoca com pessoas, coisas e até pensamentos exteriores; 4. excitação ou vida, pois não se deve forçar a vida de dentro para fora, ela acontece em função da relação entre exterior e interior[260].

Quanto à transformação, é o princípio chave para o entendimento das variações rítmicas vivas. O ritmo é feito de contrastes, de variações entre regularidade e irregularidade, sempre passando por transformações, ora mais súbitas, ora mais gradativas. Faz-se de obstáculos, barragens que exigem desvios no percurso. Assim, as águas de um rio, por exemplo, jamais atingem um fluir pleno, invariável, pois estão constantemente se deparando com as barragens e outros obstáculos (como as correntes de vento), que vão ditando o seu ritmo. Se o ator estiver conectado ao princípio da exterioridade,

260 Ver *O Ator e o Alvo*.

perceberá a necessidade de reagir para transformar o mundo exterior. E para transformar alguma coisa, o ator perceberá que suas reações terão que apresentar qualidades rítmicas que variem de acordo com a ação dos obstáculos que vê.

Imaginemos uma sala de aula com trinta adolescentes falando intensa e agitadamente. Esse é o mundo exterior com que o professor se depara quando entra na sala. Para transformar essa realidade, poderia gritar ordenando silêncio. Isso poderia funcionar; mas também poderia começar a falar muito suave e calmamente, em ritmo contrastante ao ritmo frenético do palavrório dos alunos. Ambas as atitudes poderiam transformar aquela realidade, porém, curiosamente, a segunda pode ser até mais eficaz do que a primeira. Extrair ordem a partir da desordem, como fazem os sistemas vivos em relação ao meio ambiente, não precisa ser para o ator uma questão de força e repetição de algo mecanicamente decorado, mas sim uma questão de como lidar com a transformação que é inerente à vida.

A transformação tem a ver com a sustentação da vida cênica, subordinando o ator à constante mutabilidade e irreversibilidade da vida, e afastando-o do equilíbrio inerte que só pode levá-lo a uma atuação morta. Talvez seja possível associar a esse princípio os fatores reação, propósito, memória, energia e, também, a presença, na medida em que o ator está em processo de vida cênica aqui e agora – nem passado nem futuro –, reagindo às transformações do mundo exterior, enquanto também tenta transformá-lo. Então, provavelmente, o processo vivo de constante transformação e adaptação deve ser aceito pelo ator se quiser compor a sua arte, na perspectiva de Stanislávski, fundamentado na experiência do vivo.

Em relação às escolhas incômodas de Donnellan, destaco a da "certeza ou confiança", pois o princípio da transformação anula qualquer possibilidade de certezas, restando ao ator, portanto, a atitude de confiança. Nesse sentido, o ator não deve tentar controlar tudo em cena, mas sim abraçar a mutabilidade da vida e confiar em sua capacidade (e de seus parceiros de cena) de reagir aos obstáculos e transformações do mundo exterior.

Em relação ao princípio da especificidade, também é imprescindível para uma atuação cênica viva e, na minha concepção, possui conexão íntima com o conceito de Stanislávski de circunstâncias propostas. Entendo a especificidade como uma oposição à atuação cênica "em geral", ou generalista[261]. O ritmo vivo também depende da especificidade, pois o "como" o ator reage compõe-se de variações rítmicas específicas e até inevitáveis, decorrentes da abertura para o exterior, da assimilação de suas transformações e de uma imaginação específica, nunca desconectada das circunstâncias, jamais fora de contexto. Não importa a aparente simplicidade ou complexidade daquilo que o ator realiza em cena, mas é preciso ser específico em sua atuação: na perspectiva de uma fala cênica viva, por exemplo, um "bom dia" precisa ser tão específico quanto um "ser ou não ser".

A precisão rítmica também tem a ver com o princípio da especificidade. Penso que, para os ritmos serem precisos e vivos, eles não têm que ser milimetricamente calculados nem reproduzidos de modo maquinal. Fernando Pessoa diz: "navegar é preciso, viver não é preciso". Podemos interpretar o ato de navegar como uma atividade que exige precisão. A vida, por sua vez, é "imprecisa", pois nos surpreende o tempo todo com suas transformações. Ao velejar, é necessário precisão para alcançar a meta planejada. No entanto, no meio do caminho, essa precisão não é algo inabalável, não se faz de valores absolutos e inalteráveis. Na verdade, ao velejador é necessário precisão para reagir às transformações que o meio causa ao percurso do ato de velejar (por exemplo, uma súbita virada de vento ou a diminuição de sua intensidade). Diante disso, o velejador tem que se adaptar às novas condições impostas pelo meio exterior, sem ficar submisso ao plano traçado previamente. O mesmo vale para o ator: ele não deve ficar submisso ao plano traçado nos ensaios. Assim, a precisão rítmica não deveria ser tomada como uma exatidão perfeita e premeditada de movimentos e sons a se realizarem no palco, mas, sim, como uma habilidade de reagir com qualidades

261 Seguindo a crítica de C. Stanislávski, *An Actor's Work*.

conectadas às especificidades estabelecidas a todo o momento pelo mundo exterior, de acordo com suas transformações.

O ritmo da atuação é organizado nos ensaios, com vistas a impactar e surpreender o espectador. Porém, a precisão do ator, na perspectiva das variações rítmicas vivas, não está associada à sua habilidade de reproduzir exatamente aquela organização dos ensaios. Em vez disso, sua precisão se faz no instante presente, diante das possíveis "viradas de vento" que acontecem aqui e agora, possibilitando novas variações, talvez nunca antes experimentadas, para seguir em direção à sua meta. Um exemplo: quando seu parceiro de cena se esquece de dizer o texto e você fica paralisado, porque, nos ensaios, sempre fazia a sua parte em reação ao texto do parceiro. Dessa forma, o fluxo de vida cênica é rompido, o que não aconteceria se o ator reagisse adaptando-se de imediato às circunstâncias, tais como se apresentam neste instante em particular. Ocorre algo similar na navegação, quando o vento, de repente e bruscamente, muda de direção e perde intensidade. Nesse caso, em vez de insistir na rota preconcebida, o velejador pode e deve alterar a posição das velas para aproveitar melhor a energia provida pelo vento naquele momento específico.

Relaciono o princípio da especificidade às seguintes escolhas incômodas de Donnellan: 1. originalidade ou singularidade, a partir da qual falei sobre uma imaginação singular, que alça voo a partir das circunstâncias propostas, *versus* uma imaginação original, desconectada do contexto e sem pista para decolar; 2. criatividade ou curiosidade, considerando que a curiosidade possibilita que o ator veja as especificidades do mundo exterior, conectando-se às suas transformações e tentando transformá-lo, de acordo com o contexto da personagem, sem precisar forçar a criatividade – já que a criatividade pode ser entendida como algo inerente à vida[262].

Na concepção que defendo, as variações rítmicas vivas decorrem da coexistência e correlação de três princípios fundamentais da atuação cênica viva, que assim nomeei: exterioridade, transformação

262 Ver *O Ator e o Alvo*.

e especificidade. Mas como o ator pode preservar esses princípios? Em outras palavras, qual seria o padrão de organização ideal do sistema vivo ator para sustentar a vida de sua atuação e de seus ritmos?

Ver, Receber e Reagir

Em função dos princípios de exterioridade, transformação e especificidade, proponho o seguinte padrão de organização do fazer do ator em cena: **ver, receber e reagir**. Essa é a sua máxima, seu lema de trabalho, em favor de uma atuação viva com ritmos vivos.

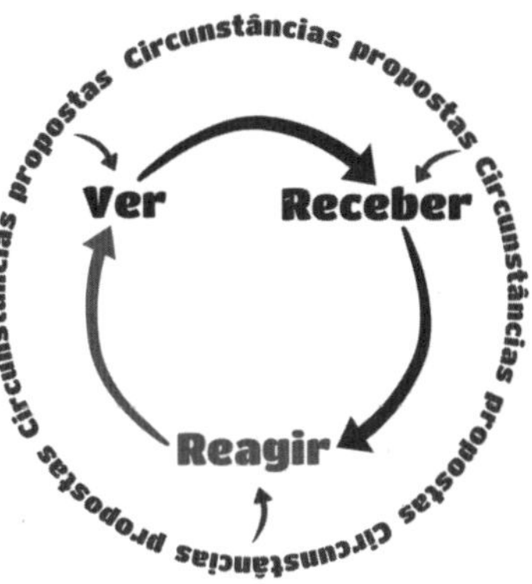

Esquema 13 – O lema da atuação cênica viva (ver, receber e reagir).

Note-se que, de forma semelhante à autopoiese, as palavras de ordem "ver, receber e reagir" formam um sistema de causalidade circular, isto é, o reagir é causado pelo receber que é causado pelo ver. E não se trata de um ciclo vicioso, pois o sistema é sempre aberto às influências do universo no qual se insere – as circunstâncias propostas. Nesse sentido, uma volta do ciclo nunca é igual à subsequente, o que implica em: ver 1, receber 1, reagir 1, ver 2, receber 2, reagir 2, ver 3, receber 3, reagir 3 e assim sucessivamente.

Na prática, quando uma atuação se faz viva, com o ator conectado aos princípios da exterioridade, da transformação e da especificidade, ele não precisa levar sua consciência a "tomar nota" do ciclo de ver, receber e reagir. Nesse caso, não há necessidade de saber por onde começar (se por ver, receber ou reagir), pois a sensação do fluxo vivo da atuação já se faz presente. Por outro lado, quando estiver bloqueado, rompendo sua imprescindível conexão com o exterior, ignorando a transformação e a especificidade, considero proveitoso que, de modo consciente, o ator se insira nesse sistema de causalidade circular. E, quando isso for necessário, deve-se começar pela atitude de **ver**, pois somente a partir desta é que o ator poderá receber e reagir a algo em vez de apenas isoladamente agir, agir e agir. Para Barba e Savarese, ver significa estar pronto para reagir[263]. Então, penso: realizar alguma ação não põe o sistema em movimento. Uma reação, sim. Porém, para reagir, é preciso, primeiro, ver e receber.

Quando pensamos no significado original da palavra teatro, como "lugar de onde se vê", do grego antigo *theatron*, pode vir à mente a imagem de uma plateia vendo atores no palco. Porém, podemos pensar que o teatro não é o lugar de onde apenas o espectador vê; nesse lugar, quem também vê é o ator. Mas vê o quê? E vê como? O ator vê as circunstâncias propostas substanciadas em uma polifonia de espaço, luz, som, imagem, movimento, palavra, objeto, pensamento, parceiro de cena, espectador, entre outros, tudo isso podendo ser real ou imaginário. E ele não vê apenas com a visão, mas com todos os seus sentidos, com toda sua sensibilidade corporal capaz de captar o mundo exterior. A sinestesia também é uma poderosa aliada do ator nesse processo, ou seja, ele pode ver com os ouvidos, ouvir com as mãos, ou até tocar com os olhos, considerando que "a visão é um desenvolvimento do tato: um fragmento de pele se tornou tão sensível que é olho"[264].

Quanto ao espectador, mesmo que, em muitos momentos, ele não possa ver o que o ator vê, pode imaginar o que este viu que o fez reagir com o ritmo que reage. Por exemplo: o ator sai das coxias e entra no palco já reagindo a algo que vira antes mesmo de entrar

263 Ver E. Barba; N. Savarese, *A Arte Secreta do Ator*.
264 V. Novarina, *Diante da Palavra*, p. 35.

no palco. Não apenas ele viu algo, como recebeu uma ação que provocou sua reação, configurando a atitude de receber, pois o ator recebe a ação daquilo que ele vê. Nesse caso, o espectador não teria como ver o que o ator vê, no exato momento em que este vê, e, também, de ver o ator recebendo a ação daquilo que ele vê, no instante em que recebe essa ação. No entanto, por meio da reação do ator, esta sim visível ao espectador, ele pode imaginar o que o ator teria visto e recebido instantes antes da concretização cênica de sua reação. E esse jogo imaginativo pode ser instigante para o espectador e favorecer o fluxo de vida do espetáculo.

Então, ver e receber são atitudes que compreendem: 1. captar sensorialmente alguma coisa ou alguém exterior; 2. receber a ação que essa coisa ou alguém realiza; e 3. reagir em resposta à ação recebida[265]. Por exemplo: Medeia amaldiçoa Jasão, mas a atriz que a interpreta não realiza a ação de amaldiçoar; em vez disso, ela: 1. **vê** Jasão; 2. **recebe** a ação dele – de, por exemplo, rejeitá-la; e, então, 3. **reage**, amaldiçoando-o.

Vimos, em Stanislávski e Mikhail Tchékhov, a importância de irradiar e receber em uma comunicação viva. Kusnet também reforça essa questão, considerando o poder de receber como aspecto fundamental na comunicação relacional do ator, lutando contra a mecanização e os maneirismos na atuação, afirma ele: "é através da ação dos outros que nós concebemos o início de nossa própria ação". E complementa que o poder de receber do ator lhe possibilita captar, em cada nova apresentação do mesmo espetáculo, "novos detalhes da ação cênica, aos quais, por serem novos para ele, reage com autêntica surpresa"[266]. Compreendo esses "novos detalhes da ação cênica" como um fator conectado ao princípio da especificidade.

265 Sobre a questão da visão e da recepção de estímulos exteriores, vale a pena conhecer a psicoterapia chamada *brainspotting*. O mote dessa técnica é: "para onde você olha, afeta como você se sente", criada por D. Grand, *Brainspotting*, loc. 105. Criada a partir das práticas de seu autor com o EMDR, entende que os traumas alojados no inconsciente profundo da pessoa são reprocessados pela fixação do seu olhar em pontos precisos e específicos do espaço exterior. Agradeço à psicoterapeuta Ana Saladrigas pela excelente recomendação de leitura.

266 E. Kusnet, *Ator e Método*, p. 100.

E a atitude de reagir é importante para fazer valer o princípio da transformação. A reação de Medeia de amaldiçoar, por exemplo, implica que ela não está satisfeita com o mundo exterior tal qual se apresenta diante dela, com um Jasão que especificamente realiza a ação de rejeitá-la. A partir disso, tem a necessidade de transformar as circunstâncias e, como experiente feiticeira, aposta na reação de amaldiçoar. E como deveria executar essa reação? Essa é uma questão de ritmo, ou melhor, de variações rítmicas: o "como" as palavras são proferidas, com suas variações de dinâmica, agógica, entonação e timbre, fará toda a diferença para configurar um "amaldiçoar" e não um "zombar" ou "insultar". Não apenas as palavras, mas todo o corpo pode variar quanto ao ritmo – com suas posturas, movimentos, deslocamento, tônus, intenções, impulsos – para dar forma a uma reação que seja transformadora e pertinente para aquela personagem naquelas circunstâncias propostas. Articular ritmicamente as reações é como cozinhar, pois precisamos dosar a quantidade adequada de cada ingrediente e escolher como combiná-los. Para Medeia, a reação de amaldiçoar é análoga à de criar uma poção venenosa: a quantidade de cada ingrediente, o momento de adicioná-lo e suas possíveis combinações vão variar de acordo com a função da poção, do mesmo jeito que o ritmo das reações muda segundo a necessidade de transformar aquilo que especificamente vê e recebe do mundo exterior.

Reagir é, então, uma atitude que depende do estabelecimento de uma relação – possibilitada pelas atitudes de ver algo e receber uma ação. Nesse sentido, a reação está intimamente relacionada ao princípio da transformação e, portanto, às variações rítmicas vivas. Uma atuação cênica viva deve ser inconcebível sem variações rítmicas vivas. Nesse sentido, o título deste trabalho poderia ser "O Ritmo na Atuação Cênica Viva". A palavra "variações" poderia ser omitida, pois o ritmo já é, por excelência, um fenômeno que se faz de variações. Quanto à vida, poderíamos dizer "ritmo vivo" e/ou "atuação cênica viva", tanto faz, pois a vida é uma só: a atuação é o percurso da vida, e o ritmo é **como** esse percurso se desenvolve, sob os princípios da exterioridade, da transformação e da especificidade. Então, ao decidir pelo título *Variações Rítmicas Vivas na Atuação Cênica*, enfatizo dois aspectos que não gostaria que passassem despercebidos pelo leitor: 1. as variações são inerentes ao ritmo; e 2. uma atuação cênica é viva na medida em que as variações rítmicas são vivas. Se ignorarmos a vida do ritmo, poderemos compor, no máximo, virtuosismos e variações friamente calculados.

O fluxo vivo da atuação cênica pode ser reprimido e suprimido se o ator opera um manejo inadequado das variações rítmicas (as barragens do rio), seja quando as ignora desleixadamente, seja quando as compõe com um virtuosismo controlado em excesso. Na vida, as variações rítmicas de nossos atos são espontâneas, são respostas inconscientes. Mas e na atuação? O que fazer para que a cena receba vida, com reações transformadoras, com variações rítmicas vivas, e não mortas? Nosso lema – ver, receber e reagir – pode ajudar o ator nessa questão. No entanto, uma coisa é compreender a importância dessas atitudes; outra, bem mais complexa, é assumi-las na prática cênica e sustentá-las em cena. Então, como o ator poderia cultivar essas atitudes em seu trabalho?

3

Os Ritmos Vivos Emanam do Alvo

Se não sais de ti, não chegas a saber quem és.

JOSÉ SARAMAGO,
O Conto da Ilha Desconhecida.

O título acima remete diretamente ao pensamento de Donnellan de que **o ritmo da reação do ator depende da ação do alvo**, premissa sobre a qual falarei nas próximas páginas[1]. Quanto ao verbo "emanam", é importante dizer que o considero, simultaneamente, a partir das acepções do *Houaiss*: emanar é um verbo que pode significar "vir de, ter origem em" (por exemplo: o poder emana do povo) e, também, "espalhar-se em partículas; soltar-se, exalar-se" (por exemplo: um cheiro de comida emanava da cozinha). Assim, veremos que os ritmos vivos emanam desses dois sentidos, pois *têm origem no* e *exalam do* alvo.

Então, de início, apresentarei o que o artista britânico entende por alvo, conceito que perpassa seu pensamento sobre o vivo na atuação. Em seguida, ressaltarei os verbos no trabalho do ator e apresentarei procedimentos e estratégias de outros artistas, buscando conectá-los com o alvo e com minha própria reflexão. Em síntese, apresentarei ideias, práticas, estratégias e princípios metodológicos para colaborar com a formação do ator no que diz respeito ao trabalho com as variações rítmicas vivas.

1 Ver *O Ator e o Alvo*.

Vamos começar, então, com as seguintes questões: o que é alvo? E por que Donnellan diz que o ritmo depende do alvo? Essa máxima pode ser útil para o ator? Em que sentido?

O Alvo: A Fonte da Energia do Ator

Na perspectiva de Donnellan, o ator deve sempre reagir a alguma coisa ou alguém, ao que dá o nome de "alvo", um dispositivo prático para ajudar o ator a desbloquear-se, escapando de uma lógica controladora e ensimesmada que isola sua atenção do mundo ao redor. Atuando sem o alvo, o diretor inglês diz que o ator tenta, em vão, fabricar toda a energia da cena a partir de dentro de si e, por isso, acaba ficando bloqueado. Afirma que o ator não pode fazer nada por pura força de vontade; na verdade, a energia necessária para fazer tudo que faz vem somente do alvo, é-lhe exterior e não de dentro de si. Os alvos são elementos específicos que o provocam a reagir com qualidades específicas. Então, primeiramente, o ator precisa vê-los com atenção ativa; captando-os com todos os seus sentidos para poder receber sua energia vital.

O ato de ver, não somente com os olhos abertos, mas com todos os sentidos envolvidos, é crucial para atuar reativa em vez de demonstrativamente. Nessa perspectiva, o alvo é um elemento específico e ativo que provoca e instiga o ator a ir ao palco com atenção, confiança, curiosidade, liberdade, singularidade e empatia, sempre reagindo com qualidades rítmicas corporais específicas. Para além do senso comum, de acordo com Donnellan, o alvo não é um objetivo, um propósito ou uma meta; o alvo é aquilo que realiza uma ação sobre o ator, provocando-o a reagir[2]. Nesse sentido, deve ver

2 Ibidem.

o alvo exteriormente, diante de si, como um obstáculo a ser superado, exigindo-lhe uma resposta – uma reação.

As escolhas incômodas são atitudes que Donnellan estabelece para favorecer o fluxo de vida na cena. Quanto ao alvo, podemos entendê-lo como a fonte da energia do ator. Quando Donnellan diferencia, por exemplo, a concentração e a atenção, convoca o ator a escolher a atenção, pois esta é o dispositivo, o mecanismo, o interruptor que, quando ligado, permite que a energia circule – do alvo para o ator – e acenda a "lâmpada" da atuação viva. O jogo vivo do ator com os alvos é regido por um conjunto de seis regras, a saber:

1. Sempre existe um alvo.
2. O alvo existe exteriormente e a uma distância dimensionável.
3. O alvo existe antes que necessitemos dele.
4. O alvo é sempre específico.
5. O alvo está sempre em transformação.
6. O alvo é sempre ativo.[3]

De imediato, faço duas inferências sobre essas regras:

1. A primeira regra não é exatamente uma regra *do* alvo, mas sim uma regra *do teatro vivo* tal como pensado por Donnellan. Assim, são as outras cinco regras que representarão as propriedades do alvo em si, sendo que nenhuma delas pode ser ignorada pelo ator, em momento algum, pois sempre haverá um alvo a ser descoberto. Nas palavras do autor, "o alvo pode ser real ou imaginário; concreto ou abstrato; mas a inquebrável primeira regra é que todas as vezes, sem exceção alguma, tem que existir um alvo"[4]. O alvo real tem presença concreta em cena – seja este um objeto, uma coisa ou uma pessoa. Já o alvo imaginário, que também pode ser abstrato, não está presente de modo concreto no espaço, mas também deve ser percebido exteriormente e a uma distância dimensionável (regra 2).

3 Ibidem, p. 241.
4 Ibidem, p. 29.

2. Os princípios que reconheço como fundamentais para uma atuação cênica viva – a exterioridade, a transformação e a especificidade – estão conectados, respectivamente, com a segunda, a quinta e a quarta regras do alvo. A terceira e a sexta regras se conectam aos três princípios, pois o alvo é um agente autônomo e exterior que provoca transformações específicas nas circunstâncias propostas.

Vamos, então, entender essas regras a partir de alguns exemplos.

Exemplo 1:
Reagindo à Própria Sombra

Primeiro, tratarei do exemplo da reação de uma menina à própria sombra. Trata-se de um vídeo curtinho em que uma garotinha está sendo filmada, em um espaço aberto e ensolarado, quando percebe a sua própria sombra e a esta reage. Na imagem a seguir, apresento uma ilustração das principais etapas da sequência completa desse vídeo:

Imagem 5 – Garotinha reagindo à sombra (sequência completa)[5].

5 Essa ilustração, de Jordan Abiahy, foi feita a partir dos *frames* selecionados do vídeo da menina reagindo à sombra.

E, a seguir, apresento um esquema sequencial com a descrição de cada uma das oito etapas dessa cena (Esquema 14), conforme a ilustração anterior.

Esquema 14 – Garotinha reagindo à sombra (em etapas).

I. A menina está caminhando em um espaço aberto. Seus olhos estão apontados para frente, aparentemente direcionados para a pessoa que a está filmando. Ainda não viu a sombra.

II. A menina olha para a sua esquerda e vê a sua sombra, no chão, bem ao seu lado.

III. Ela começa a correr e a gritar, ainda com olhos em direção à sombra.

IV. Ela continua correndo e gritando, agora sem mais olhar para a sombra.

V. A menina faz uma curva, desacelerando a corrida e para quando vê novamente a própria sombra, dessa vez bem à sua frente.

VI. A menina grita com mais força e desloca-se para trás, envergando seu corpo e abrindo os braços, ainda com os olhos em direção à sua sombra.

VII. Em sua tentativa de correr para trás, acaba se desequilibrando e perdendo o contato visual com a sombra.

VIII. A menina cai no chão, ainda gritando, mas sem contato visual com a sombra.

Vamos, então, pensar nas circunstâncias propostas dessa situação. Um fato importante é que uma criança desse tamanho ainda não deve saber que a sombra é o simples resultado de um fenômeno físico da natureza. Na realidade, não há nada de mais acontecendo: o seu corpo está apenas bloqueando parte da luz solar que incide naquele espaço; mas ela não sabe disso. Então, do ponto de vista dessa menina, a sombra não é uma coisa passiva, mas um alvo ativo que está agindo na direção dela. Nesse sentido, podemos imaginar, por exemplo, que o alvo faz a ação de perseguir a menina. E a reação dela a esse alvo, qual seria? Podemos responder com verbos como correr, fugir, escapar ou desvencilhar-se. A sombra pode ser aqui entendida como um alvo real. Não é imaginário, apesar da ação que realiza ser fruto da imaginação da menina; é um alvo concreto, pois está ali, visível, ainda que para a menina a sombra seja possivelmente reconhecida apenas como uma "mancha escura no chão" ou algo do tipo, pois ela não sabe o que é uma sombra de fato.

Há várias postagens desse vídeo na internet, algumas delas com o título "Menina com Medo da Própria Sombra". Realmente, ao assistir a essa cena da vida real de uma criança pequena, o sentimento de medo parece bastante evidente. Porém, não é sobre o sentimento em si que quero falar. Inferimos que ela está sentindo o medo como resultado de um processo composto de reações físicas vivas. E as reações dela são precisamente provocadas por uma relação bastante específica com o alvo. No quadro a seguir, levando em conta as seis regras, justifico o fato de considerar a "mancha escura no chão" como o alvo que provocou a menina.

QUADRO 1

AS REGRAS DO ALVO E A PERSPECTIVA DA MENINA

REGRAS DO ALVO	A PERSPECTIVA DA MENINA
Sempre existe um alvo.	A mancha escura no chão é um alvo real. Não pode ser a sombra, pois ela não conhece o fenômeno físico.
O alvo existe exteriormente e a uma distância dimensionável.	Podemos observar que a mancha escura no chão é exterior à menina e está a uma distância dimensionável em relação a ela, em todas as etapas do acontecimento.
O alvo existe antes que necessitemos dele.	A menina percebe a existência da mancha escura no chão somente na etapa II dos acontecimentos, mas esta já estava ali, ao seu lado, como podemos notar na etapa I.
O alvo é sempre específico.	Não se trata de uma mancha qualquer no chão; ela é escura, é grande (um pouco maior que a menina), consegue se mover e está muito perto dela.
O alvo está sempre em transformação.	A menina percebe a mancha escura no chão na etapa II e corre. A mancha deveria ter ficado para trás, mas não: na etapa V, a menina se depara novamente com essa mancha no seu encalço. Então, o alvo se transformou, passando de uma mancha ameaçadora para uma perseguidora insistente.
O alvo é sempre ativo.	Considerando as oito etapas da situação, podemos imaginar que a mancha escura no chão executa ações como ameaçar, perseguir, avançar e atacar.

Para resumir o raciocínio exposto no Quadro 1, recupero o nosso lema – ver, receber e reagir – e identifico a seguinte sequência, do ponto de vista da menina:

1. O que ela *vê*?
   O alvo "mancha escura no chão".
2. O que ela *recebe*?
   A ação do alvo "mancha escura no chão": persegui-la.
3. Qual a sua *reação*?
   Fugir da "mancha escura no chão".

O ciclo causal continuaria até o fim da cena, sendo que os verbos de ação do alvo e da reação da menina mudariam de acordo com cada transformação. Por exemplo: nas etapas VI e VII, pode-se imaginar que a sombra **avança** na menina, que reage **recuando.**

Como reage? Quais seriam as características rítmicas de suas reações? Nesse caso, parece chamar a atenção da menina que a "mancha escura no chão" imita exatamente a amplitude, a velocidade e a direção de seus movimentos. Então, suas reações possuem ataques abruptos e viradas bruscas, talvez para tentar "quebrar" o ritmo da mancha escura que a persegue. Assim, quem sabe ela consiga despistar aquela coisa! Além disso, no vídeo é possível perceber que ela corre de forma cambaleante, bastante instável, pois é uma menina pequena que, provavelmente, aprendeu a andar há pouco tempo – circunstâncias propostas. Em termos rítmicos, as etapas V e VI da situação são especialmente interessantes, pois há uma evidente contenção do movimento corporal – provocado pela sombra que, dessa vez, está na frente da menina –, seguido de um movimento para trás – variação brusca de direção – que, por um breve instante, assume uma postura complexa, com o corpo arqueado e sustentado nas pontas dos pés. Eugenio Barba provavelmente descreveria esse breve instante como a configuração de um "equilíbrio precário", isto é, um corpo em equilíbrio não cotidiano, em que suas tensões se dilatam em certo grau de instabilidade que vivifica o corpo do ator.

Considero proveitoso observar atentamente cada etapa desse acontecimento da menina fugindo da sombra, pois ensina uma valiosa lição de atuação: não antecipar reações. É claro que a sua precisão decorre do fato de essa situação ser real, não planejada, e, portanto, as suas reações são de fato espontâneas. Se transformarmos essa situação em cena teatral, a atriz ou o ator que ficar com o papel da menina precisará ter o cuidado de não antecipar reações e, também, de não ficar tentando bombear um estado de nervosismo e medo. Ao aceitar a premissa de Donnellan, sua fonte de energia será o alvo. Dessa forma, será preciso ter atenção para, primeiro, ver e se surpreender com a "mancha escura no chão", para receber a sua ação provocadora e, só então, reagir.

As circunstâncias propostas também não podem ser ignoradas, pois há que se despertar um poder de imaginação análogo ao da criança. Aliás, esse tipo de poder de imaginação, próprio da criança, é essencial para a corrente de vida cênica. Interessante observar que há diversos outros vídeos de crianças pequenas reagindo à própria sombra, nos quais é possível notar que nem todas reagem afastando-se ou tentando escapar; algumas tentam se aproximar, outras tentam tocá-la com as mãos (talvez para observá-la melhor) e há, ainda, quem brinque com a sombra e a desafie. Para a maioria dos adultos, reagir à sombra pode representar apenas uma atitude divertida de uma criança; mas para o ator, não é só isso; trata-se também de uma lição sobre como atuar em relação com o alvo.

Exemplo 2: O Alvo de Otelo

A maioria dos exemplos de Donnellan sobre o alvo vem de peças de Shakespeare. Um dos alvos mais provocativos de Otelo, por exemplo, é Desdêmona, sua esposa, considerando que Iago consegue envenenar a mente dele contra ela. Assim, apresenta-se, aos olhos de Otelo, como um obstáculo a ser superado. Esse raciocínio pode energizar o ator que representa o mouro, pois não precisaria forçar ou querer mostrar sentimentos de ciúme e raiva, bastaria ver o alvo – Desdêmona – para receber as suas ações, ainda que sejam ações inventadas, e, então, reagir tentando transformá-la. Nesse caso, qual seria a ação desse alvo? O diretor britânico sugere que "em vez de querer assassinar Desdêmona, Otelo deve ver uma esposa que o está destruindo, e, então, tem que tentar mudar isso"[6]. Dessa forma, aos olhos de Otelo, Desdêmona não é passiva e inerte, mas sim ativa e destruidora. Para o ator que vê o mundo através dos olhos do mouro, ela é um alvo que precisa ser transformado pelas reações dele, já que precisa impedir a esposa de arruinar a sua vida e sua reputação. No quadro a seguir, justifico o fato de Desdêmona ser um alvo, considerando a perspectiva de Otelo.

QUADRO 2

AS REGRAS DO ALVO E A PERSPECTIVA DE OTELO

REGRAS DO ALVO	A PERSPECTIVA DE OTELO
1. Sempre existe um alvo.	Desdêmona é um alvo real. Em alguns momentos, pode ser um alvo imaginário, quando ela não está concretamente presente no espaço e é vista imaginariamente por Otelo.
2. O alvo existe exteriormente e a uma distância dimensionável.	Sendo real ou imaginária, Desdêmona está diante de Otelo, espacialmente perto ou longe dele, mas sempre exterior a ele.
3. O alvo existe antes que necessitemos dele.	Desdêmona já existia como uma esposa infiel, segundo a trama de Iago. Otelo só não sabia, ainda, que essa suposta Desdêmona infiel existia.
4. O alvo é sempre específico.	Desdêmona não é uma mulher qualquer; é a amada esposa de Otelo, ela é uma pessoa muito carinhosa que jurou fidelidade ao mouro até a morte.
5. O alvo está sempre em transformação.	Desdêmona se transforma da esposa amorosa para a suspeita, da suspeita para a traidora, da traidora para a mentirosa, da mentirosa para a imoral etc.
6. O alvo é sempre ativo.	Desdêmona faz ações, ainda que imaginariamente, tais como: traí-lo, enganá-lo, destruir Otelo, arruiná-lo, trapacear, dissimular, esconder algo, entre outras.

6 D. Donnellan, *O Ator e o Alvo*, p. 35.

O ator que faz Otelo, portanto, não deve inventar alvos, mas descobri-los, com atenção e curiosidade, pois estes já existem nas circunstâncias propostas daquela personagem, independentemente de serem notados ou não (3ª regra). Então, ele precisa ver, exteriormente (2ª regra), o alvo Desdêmona, sua amada esposa (4ª regra), que está sempre mudando de atitude (5ª regra) e ativamente realizando ações que o provocam (6ª regra).

Para trabalhar com o alvo e não ignorar nenhuma de suas regras, o ator pode seguir o nosso lema: ver, receber e reagir. Nesse sentido, ao dizer, por exemplo, "Oh, sim! Sem dúvida! Como as moscas no açougue, que recebem vida da podridão" (Ato IV, Cena 2), os verbos de reação do ator-Otelo são, provavelmente, ironizar e duvidar de Desdêmona. Não se trata, então, de querer mostrar ciúmes ou de representar um estado de decepção e raiva. Sim, esses sentimentos podem fazer sentido e corresponder ao papel no contexto da obra em questão. Porém, de acordo com Donnellan, a energia para o ator reagir só pode vir do alvo, não de tentativas de expressar estados interiores da personagem. Dessa forma, para ironizar e duvidar de Desdêmona (reações), antes de falar esse texto, o ator deve vê-la dizendo "Estou certa de que meu nobre esposo me considera honesta" e, por meio dessas palavras, receber sua ação de, provavelmente, dissimular sua fidelidade. Em suma, identifico aqui a seguinte sequência, do ponto de vista do ator-Otelo:

1. O que ele *vê*?
   O alvo Desdêmona.
2. O que ele *recebe*?
   A ação do alvo Desdêmona: dissimular sua fidelidade.
3. Qual a sua *reação*?
   Ironizar e duvidar de Desdêmona.

A pergunta seguinte poderia ser: "e **como** ele reage?" Nesse caso, considerando que os ritmos vivos emanam do alvo, as variações rítmicas da fala do ator-Otelo dependerão das variações rítmicas desencadeadas pela atriz-Desdêmona. Se, por exemplo, as palavras de Desdêmona soassem entremeadas por duas pausas ligeiras como "Estou certa (pausa) de que (pausa) meu nobre esposo me considera honesta", o ator-Otelo poderia espelhar esse recurso rítmico, a fim de fortalecer sua reação inicial de ironizar: "Oh, sim! (pausa) Sem dúvida! (pausa) Como as moscas no açougue, que recebem vida da podridão."

Exemplo 3:
Reagindo Luz

Outro exemplo interessante para compreender o que é o alvo pode ser visto em um número do Cirque du Soleil em que um palhaço reage à luz[7]. Trata-se do espetáculo *Varekai*, de 2003, no qual o ator brasileiro Claudio Carneiro dubla a canção francesa "Ne me quitte pas" (Não me Deixe), de Jacques Brel, que começa cantando sob um foco de luz e, de repente, o foco passa a se mover, deixando-o no escuro. O palhaço, então, vai atrás do foco de luz e canta o refrão da música, que consiste em três repetições da frase *ne me quitte pas*.

A comicidade dessa cena é sustentada no fato de a luz se estabelecer como uma entidade viva, que ativamente realiza a ação de abandonar o palhaço, dando-lhe motivo para entoar a canção – não para uma pessoa amada imaginária, mas para aquele foco de luz específico. Apesar das fervorosas declarações de amor e das súplicas que faz por meio da canção, o foco de luz continua se movendo e deixando o palhaço no escuro. A luz se desloca e ocupa diversos lugares do espaço, às vezes movendo-se rapidamente e em curvas imprevisíveis, desafiando-o cada vez mais a tentar alcançá-la novamente. Às vezes, ela apaga e acende em um lugar distante daquele onde está o palhaço e, quando este consegue alcançá-la, ela apaga de novo.

7 Exemplo sugerido pelo meu amigo Samuel Macedo, companheiro do Estúdio Fisções da UFMG.

Imagem 6 – Sequência completa da cena "Ne me quitte pas".

E, a seguir, descrevo a parte inicial dessa cena, por meio de alguns de seus *frames* em sequência:

Esquema 15 – Sequência de sete *frames* da cena do palhaço em "Ne me quitte pas" (continua).

I. O palhaço começa a cantar "Ne me quitte pas". O foco de luz está nele, que ainda não está com os olhos direcionados para o foco de luz.

II. O foco de luz começa a se mover e o palhaço percebe isso, direcionando seu olhar para o seu braço esquerdo, cuja metade já está no escuro.

III. Ele tenta seguir o foco de luz movente e acaba batendo de cara no poste.

IV. A luz continua se movendo até deixar o palhaço completamente no escuro, apenas com os dedos da mão direita visíveis.

V. Ele consegue entrar novamente no foco, mas este continua em movimento.

VI. O foco de luz se move mais ainda, ao mesmo tempo que o palhaço canta o refrão "Ne me quitte pas".

VII. Ao cantar a terceira repetição do refrão, o palhaço consegue retomar o seu lugar no foco e seus olhos se direcionam para a fonte dessa luz.

Para justificar o fato de considerar o "foco de luz" como um alvo, na perspectiva do palhaço de *Varekai*, proponho a seguir um quadro ilustrativo, que preenchi com base na cena completa.

QUADRO 3

AS REGRAS DO ALVO E A PERSPECTIVA DO PALHAÇO

REGRAS DO ALVO	A PERSPECTIVA DO PALHAÇO
1. Sempre existe um alvo.	O "foco de luz" é um alvo real, concreto.
2. O alvo existe exteriormente e a uma distância dimensionável.	Podemos observar que o foco de luz é exterior ao palhaço e que sua distância em relação a ele é variável, mas sempre possível de dimensionar.
3. O alvo existe antes que necessitemos dele.	A presença da luz é percebida pelo palhaço e, consequentemente, pela plateia, somente quando o foco começa a se mover (*frame* da etapa II). Porém, antes disso, ela já estava lá, acesa, iluminando a cena (etapa I).
4. O alvo é sempre específico.	Não se trata de um foco de luz qualquer; ele parece ouvir o que o palhaço canta e pode ativamente respondê-lo, movendo-se, apagando e reacendendo.
5. O alvo está sempre em transformação.	Considerando a cena inteira, o foco de luz começa movendo-se lentamente, deixando o palhaço no escuro. Ao passo que ele insiste em tentar voltar para a região iluminada, o foco de luz começa a tomar iniciativas mais drásticas, como apagar e acender em outro ponto do espaço, longe de onde estava, ou mover-se mais rápido, indo para lugares difíceis de serem alcançados.
6. O alvo é sempre ativo.	É possível imaginar que o foco de luz realiza ações como deixá-lo no escuro, abandoná-lo, desafiá-lo e fugir.

Quanto ao lema da atuação cênica viva – ver, receber e reagir –, identifico a seguinte sequência, imaginando-me no ponto de vista do palhaço Claudio Carneiro:

1. O que ele *vê*?
   O alvo "foco de luz".
2. O que ele *recebe*?
   A ação do alvo "foco de luz": abandoná-lo.
3. Qual a sua *reação*?
   Suplicar ao "foco de luz" que não o abandone.

O verbo "suplicar", nesse caso, está atrelado ao texto cantado. Mas é possível notar que o palhaço também reage ao foco de luz tentando alcançá-lo no espaço, fisicamente. Então, de modo simultâneo ao verbo suplicar, o palhaço também parece executar a reação de "perseguir" o foco de luz. Às vezes, em função da firmeza do seu olhar e da tonicidade do seu corpo, parece até que ele tenta caçá-lo e capturá-lo.

Sobre os ritmos vivos da atuação desse palhaço, é interessante notar dois aspectos: 1. as variações rítmicas da canção dublada por ele se desenvolvem no mesmo andamento, do início ao fim; e 2. os ritmos de seus deslocamentos no espaço e de suas expressões faciais variam conforme a intensificação da sua relação conflituosa com o foco de luz. A gravação da música utilizada, sobre a qual o palhaço faz a dublagem, está na voz da cantora estadunidense Nina Simone, com um detalhe: toda a faixa musical foi editada e modificada para um tom abaixo da gravação original, o que deixa a voz de Nina Simone mais grave, difícil de ser reconhecida, parecendo que é realmente o palhaço quem está cantando. Claudio Carneiro tem, então, o desafio de sincronizar o movimento de seus lábios aos ritmos vocais de Nina Simone, além de, ao mesmo tempo, reagir aos bruscos desvios rítmicos que o foco de luz impõe a ele.

Exemplo 4:
Alvos Imaginários em Ubu Rei

Agora, abordarei um exemplo de alvos imaginários. Tratarei da atuação do ator francês Christophe Grégoire, em *Ubu roi* (Ubu Rei), de Alfred Jarry, encenado pelo Cheek by Jowl, de 2013 a 2015. Consultei a gravação *livestream* da apresentação de 26 de julho de 2015, realizada no Gerald Lynch Theatre, como parte do Lincoln Center Festival, em Nova York, que ficou disponível na conta do YouTube do Cheek by Jowl até agosto de 2015.

Grégoire interpreta o Pai Ubu. No Ato IV, Cena 7, Ubu está falando enquanto dorme, sozinho, em uma caverna, protegendo-se da neve e da temperatura congelante. Essa cena ocorre logo após a sua fuga da batalha contra o exército russo. No palco, a caverna é representada por um sofá revirado. Segue a transcrição de um trecho dessa fala: "Ah! senhor Dragão russo, atenção, não atire para cá que está cheio de gente. Ah! Bordura é tão mau, parece um urso. E Bugrelau se lança sobre mim! O urso, o urso! Ah! Olha ele lá embaixo! Como ele é duro, bom Deus! Eu não quero fazer nada, não. Vai-te embora, Bugrelau! Entendeu, patife? E agora o Czar! Oh! Vão me bater."[8]

As circunstâncias indicam que, nesse momento, Ubu está tendo um pesadelo. Nenhuma das pessoas e animais a que ele se dirige e menciona textualmente está efetivamente ali, com ele, na caverna; portanto, o ator Grégoire precisa ver todos esses seres – de olhos fechados e na perspectiva de Ubu. Esses seres podem ser entendidos como os alvos imaginários que impulsionam suas reações. Para demonstrar como esse ator realiza essa cena, apresento a seguir uma sequência de dez *frames* da gravação audiovisual citada.

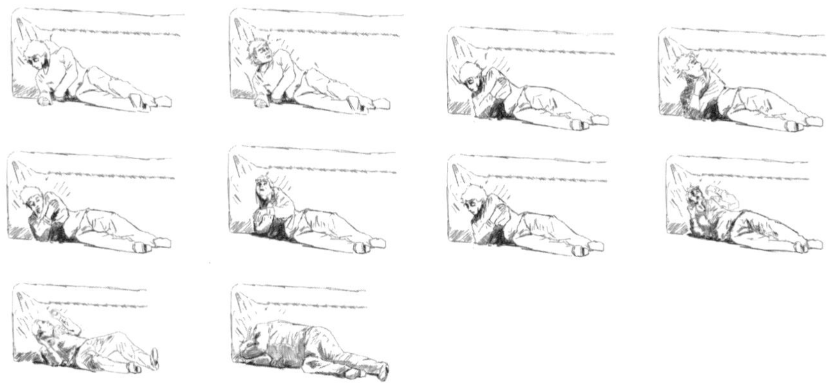

Imagem 7 – Sequência completa da cena do Pai Ubu.

E, a seguir, cada *frame* com sua respectiva descrição.

8 A. Jarry, *Ubu-Rei*, p. 122.

Esquema 16 – Sequência de 10 *frames* da cena do Pai Ubu (continua).

I. Pai Ubu dormindo. Fica nessa posição por nove segundos.

II. Reage ao Dragão russo imaginário. Ele não abre os olhos, mas a brusca mudança de direção do seu rosto indica que alguma coisa apareceu diante dele naquela direção. Observamos que ele reage a um alvo, mas só ficamos sabendo que é o Dragão russo quando Grégoire-Ubu diz: "Ah! Senhor Dragão russo, atenção, não atire para cá que está cheio de gente."

III. Assume uma postura semelhante à inicial. Dessa vez, dura menos de dois segundos.

IV. Vira o rosto para uma nova direção, vendo um alvo perceptivelmente mais à direita do Dragão. Quando ele fala, é possível imaginar que esse alvo seja o Capitão Bordura: "Ah! Bordura é tão mau, parece um urso."

V. Ele começa a voltar à posição inicial, porém, um breve instante antes que a sua fronte atinja a mesma posição das etapas I e III, é interrompido por um novo alvo, como pode ser visto no *frame* seguinte.

VI. Seu rosto mira uma terceira e nova direção e ele vê o alvo Bugrelau. Grégoire-Ubu diz: "E Bugrelau se lança sobre mim! [...] Vai-te embora, Bugrelau! Entendeu, patife?"

VII. Assume uma postura muito semelhante àquela inicial, aparentemente dormindo. Essa parte dura somente meio segundo.

VIII. Direciona o rosto em direção ao Czar e, logo em seguida, muito rapidamente passa por diversas direções, aparentemente vendo todos os alvos ao mesmo tempo. Em reação, diz: "E agora o Czar! Oh! Vão me bater."

IX. Grégoire-Ubu vê todos os alvos – Dragão, Bordura, Bugrelau e Czar – atacando-o simultaneamente e reage, aparentemente recuando e desvencilhando-se.

X. Ele tenta se proteger da ofensiva do Dragão, de Bordura, de Bugrelau e do Czar.

Imaginando a perspectiva de Pai Ubu, atuado por Christophe Grégoire nessa cena da caverna, preencho o quadro das regras do alvo da seguinte forma:

QUADRO 4

AS REGRAS DO ALVO E A PERSPECTIVA DO PAI UBU

REGRAS DO ALVO	A PERSPECTIVA DO PAI UBU
1. Sempre existe um alvo.	Nesse caso, existem vários alvos imaginários, às vezes agindo simultaneamente: o Dragão russo, o Capitão Bordura, o Bugrelau e o Czar.
2. O alvo existe exteriormente e a uma distância dimensionável.	Apesar de o Pai Ubu estar dormindo, com os olhos fechados, ele vê cada um desses alvos em uma direção exterior e a uma distância dimensionável em relação a seu rosto.
3. O alvo existe antes que necessitemos dele.	Todos esses alvos são imaginários, mas não são inventados por Grégoire-Ubu; eles existem e povoam as circunstâncias propostas da obra desde antes do pesadelo.

4. O alvo é sempre específico.	Cada um desses alvos tem uma história específica com o Pai Ubu. O Capitão Bordura traiu o seu comando e o delatou para os russos; Bugrelau busca vingança, pois Ubu matou seu pai, o Rei Venceslau; o Dragão russo acabou com a ofensiva polonesa de Ubu, salvando o Czar, que busca retaliação.
5. O alvo está sempre em transformação.	Inicialmente, parece que cada alvo surge sozinho no pesadelo do Pai Ubu; porém, nas etapas VIII, IX e X, percebemos que estão todos unidos para atacá-lo. As reações de Grégoire-Ubu, tentando se proteger, dão a sensação de que a distância entre ele e os alvos diminuiu, pois parece que os alvos avançam violentamente para cima dele.
6. O alvo é sempre ativo.	Todos esses alvos parecem realizar ações como encarar, ameaçar, avançar e atacar.

Grégoire é um ator preciso, o que se pode notar pelos *frames* apresentados, pois as direções de seu olhar, ainda que com as pálpebras fechadas, são muito claras e ele dificilmente antecipa reações, isto é, ele vê o alvo e recebe a sua ação antes de reagir. A direção de Declan Donnellan deve tê-lo ajudado a atingir essa precisão viva. Vejamos, pois, a possível descrição de um de seus ciclos de ver, receber e reagir:

1. O que ele *vê*?
   Os alvos Czar, Dragão russo, Capitão Bordura e Bugrelau, ao mesmo tempo.
2. O que ele *recebe*?
   A ação dos alvos de avançar em sua direção e atacá-lo.
3. Qual a sua *reação*?
   Recuar e proteger-se dos ataques dos alvos.

Nesse exemplo, considerei as etapas VIII, IX e X da cena descrita acima em *frames*. Quanto ao ritmo – o "como" executa essas reações –, noto que suas variações são bruscas, impulsionadas pelo ataque súbito de múltiplos alvos que vê saltando em sua direção de diversos pontos do espaço ao seu redor. Ao assistir à gravação da cena, parece bastante evidente que o ator não tenta bombear algum suposto estado de desespero ou medo; em vez disso, ele se relaciona de fato com o seu exterior, ganhando energia dos alvos para reagir, tanto com seu texto quanto com seus movimentos e suas mudanças de postura corporal.

O Alvo Não É um Objetivo

De acordo com Donnellan, ao contrário do senso comum, o alvo não é um objetivo[9]. De fato, a palavra alvo parece remeter a fim, meta, objetivo. Contudo, o diretor inglês a utiliza na direção oposta ao senso comum, isto é, o alvo não é a linha de chegada do ator, mas sim o seu ponto de partida. É aquilo que o provoca, desencadeando suas reações. É um elemento que pode ser real ou imaginário, mas que sempre existirá em um contexto específico e sempre será ativo, ou melhor, realizará alguma ação que provocará o ator a reagir. O alvo, para Donnellan, é aquilo com que o ator está em relação, presente e vivo.

Nessa relação viva, a especificidade do alvo pode estimular no ator uma reação proporcionalmente específica. Para Donnellan, o ator reage não porque a sua personagem quer, mas porque o alvo precisa. Por exemplo: "para Julieta, a cena não é sobre ela e sobre o que quer; a cena é sobre os diferentes Romeus que ela vê e com quem tem que lidar"[10]. Há aqui uma sutileza no mecanismo da atuação, uma convenção: a atriz que interpreta Julieta não deve olhar para dentro de si, investigando os seus próprios desejos, mas para Romeu, seu alvo, percebendo as necessidades dele. Assim, a atriz poderá ver nuances no alvo Romeu, pois ora este precisará ser alertado, ora necessitará ser seduzido, ora carecerá de um beijo, variando conforme a especificidade das circunstâncias propostas em que essas personagens estão inseridas.

9 Ver *O Ator e o Alvo*.
10 Ibidem, p. 35-36.

Nesse sentido, fica evidente que o alvo, para Donnellan, é um elemento motivador, provocador, desencadeador, e não um fim. O alvo motiva tudo o que fazemos – põe tudo em movimento – e provê a energia para reagirmos. O alvo é como o motivo musical que, ao se revelar para o compositor, desencadeia a criação do tema, das frases, da melodia, da harmonia e do ritmo. Uma breve sequência de quatro sons (como na *Quinta Sinfonia* de Beethoven) pode ter sido capaz de energizar e inquietar o compositor, motivando-o a desenvolvê-la ao longo de uma obra inteira, cheia de surpresas e contrastes melódicos, harmônicos e rítmicos. Ao estudar a obra de Donnellan, é possível dizer: não é o ator que atira no alvo; é o alvo que atira no ator a flecha invisível da criação. E por falar em flecha... Há um conhecido conto Zen sobre um jovem arqueiro que, de tanto treinar a sua mira, se gabava e achava que tinha superado o seu mestre, a quem resolveu desafiar. Em uma vasta planície verde, o jovem conseguiu acertar o centro de um alvo muito distante, por duas vezes seguidas. O mestre percebeu que, de fato, seu discípulo já possuía uma boa técnica. Porém, resolveu testá-lo em condições adversas, levando-o para a entrada de uma ponte frágil que ficava entre duas grandes montanhas, acima de um rio, muito alta. Então, o mestre desafiou o jovem a ir até o meio da ponte e acertar uma flecha em uma árvore que estava do outro lado. Vendo como a ponte e as árvores balançavam, indomáveis, por causa do vento que soprava com força, além de deparar-se com a neblina que dificultava sua visão, o jovem, amedrontado, declinou. Ao virar as costas para ir embora, ele percebeu que seu mestre estava indo para o meio da ponte... Com serenidade e precisão, mesmo diante de tanta adversidade, o mestre só precisou de uma flecha para acertar aquela árvore. O discípulo ficou impressionado. Ele entendeu que a verdadeira maestria não pode ser atingida apenas com aquisição técnica e treinamento; é preciso, também, desprender-se do eu e dos julgamentos interiores. Como moral da história, o mestre lhe diz que "o verdadeiro arqueiro dispara com o coração".

Mas o que esse conto tem a ver com alvo? No senso comum, a árvore é o alvo, no sentido de ser o objetivo, a meta; contudo, levando em conta a acepção de Donnellan, os alvos são, aqui, os obstáculos que o arqueiro precisa transpor para atingir a sua meta. Em outras palavras, a árvore representa o destino, o fim pretendido da flecha; mas também são alvos provocadores do arqueiro: o vento forte, a ponte que balança e a neblina que atrapalha a sua visão – esses são os obstáculos aos quais ele precisa reagir, neutralizando-os ou aproveitando-os, para ajustar a sua mira. Ele não pode deixar esses alvos invadirem sua mente, paralisando-se pelo medo (como ocorreu com o discípulo), mas também não pode ignorá-los. Os alvos estão ali e precisam ser vistos, com atenção. O arqueiro precisa entrar em relação com eles – armado com a flecha, mas desarmado de seu eu e de suas vozes interiores –, pois são os obstáculos exteriores que provém energia para que ele "dispare com o coração", um coração que recebe a tormenta e reage domando-a.

O Alvo Como Maestro do Ator

Ao estudar o conceito de alvo, fiz-me a seguinte pergunta: seria este o maestro do ator? Suponho que sim, principalmente porque o alvo é um elemento que impele o ator a olhar para fora de si – assim como, analogamente, um músico de orquestra não pode ficar ensimesmado e ignorar a presença do maestro. Talvez os alvos tenham não somente o poder de orquestrar e conduzir a composição rítmica do ator, mas também as variações rítmicas do espetáculo cênico como um todo.

Em *O Ator e o Alvo*, de Donnellan, encontrei um riquíssimo material para o desenvolvimento de questões de atuação como, por exemplo, a capacidade de atenção e de reação do ator, a importância da relação entre as personagens vivas e o trabalho com o texto dramático. No entanto, há poucas descrições práticas relacionadas aos aspectos rítmicos da atuação. Tais descrições, apesar de escassas, constituem valiosos indícios da aproximação de Donnellan com esses aspectos. O encenador britânico afirma que "**o ritmo depende**

do alvo. [...] Aquilo que vemos é que dita o nosso ritmo"[11]. Essa premissa se apresenta como um desafio para o ator, que não deverá compor suas variações rítmicas por pura vontade interior ou gosto pessoal; em vez disso, deverá jogar com os alvos, esses elementos exteriores, e permitir que sua relação com estes possa desencadear os ritmos vivos das suas reações.

Ao dizer que o ritmo do ator depende do alvo, Donnellan jogou a semente que deflagrou o interesse deste trabalho. Entendo o alvo como um dispositivo que pode ser utilizado para ajudar o ator a assumir as atitudes de ver, receber e reagir, de acordo com os princípios fundamentais da atuação cênica viva: exterioridade, transformação e especificidade. Nesse sentido, as variações rítmicas vivas também devem surgir de uma relação com o alvo, o que me faz vislumbrar a imagem do alvo como o maestro que orienta os ritmos do ator, pois é do alvo que emanam as possibilidades rítmicas da cena.

Para exemplificar esse raciocínio, transcrevo uma fala de Donnellan, em que ele ilustra a relação de uma atriz (Irina) com uma cadeira. Aparentemente, esta é apenas um objeto inanimado, mas não: para ele, Irina precisa deixar a sua imaginação livre para ver a cadeira como um alvo verdadeiramente ativo. Eis a citação:

> Essa cadeira específica requisitará dela [Irina] uma maneira específica de se sentar. *Isso demandará exigências concretas em seu corpo.* A cadeira dirá a Irina como se movimentar nela – lânguida, nervosa, expansiva, firme, elegantemente ou meio inclinada no braço da cadeira. Julieta pode se sentar com ternura ou reverência ou suspeita. Tudo isso ajudará Irina a se ver mais como uma exploradora intrépida que precisa solucionar os mistérios de uma cadeira e menos como uma pessoa que inventa. O artista descobre em vez de criar e controlar. Dizer que descobrimos em vez de inventar não é modéstia; é sermos realistas.[12]

11 Ibidem, p. 186-187. (Grifo nosso.)
12 Ibidem, p. 134. (Grifo nosso.)

Então, descobrir o alvo é uma questão de olhar com atenção para ele e captar suas especificidades e sutilezas, até mesmo se o alvo for uma "simples" cadeira. Donnellan evidencia que não é Irina, no papel de Julieta, quem decide como se sentar e se posicionar na cadeira; é a própria cadeira que diz se os ritmos da atriz devem ocorrer lânguida, nervosa, expansiva, firme ou elegantemente. Esses advérbios podem implicar variações rítmicas traduzidas em possíveis mudanças de postura na cadeira, transferências de peso, ou nuances de tonicidade muscular e movimentação corporal. Se imaginarmos que essa cadeira pertença à mãe de Julieta, por exemplo, Irina estaria diante de imposições rítmicas (da cadeira) provavelmente muito diferentes do que se esta pertencesse ao seu pai, ou à ama, ou ao seu irmão. Não se trata de uma cadeira qualquer, é um alvo específico, inserido nas circunstâncias propostas em que vive a personagem. Nesse sentido, Donnellan dá valor à precisão rítmica do ator, instigando-o a encontrar sutilezas em suas reações a partir de uma relação curiosa com os alvos. Assim, como um explorador intrépido, o ator descobre não somente os alvos que o provocam, e não somente as ações que eles realizam – o que é fundamental –, mas também as "exigências concretas" que estes demandam de seu corpo.

A pergunta "como eu devo me movimentar?" é, para Donnellan, uma pergunta que bloqueia o ator, pois tende a cortar a sua relação com o espaço, ensimesmando-o[13]. Essa ideia me faz pensar que é o espaço – com os alvos que o habitam – que diz ao ator como deve se movimentar: a direção, planos, velocidades, intensidade, em suma, com quais qualidades rítmicas.

Os desvios, recurso rítmico que Donnellan utiliza no trabalho com a fala em versos, provocam súbitas variações rítmicas na fala, pois implicam mudanças bruscas de direção (por exemplo, de um andamento lento para um rápido; de uma entonação ascendente para uma descendente). Aqui, é também o alvo o maestro que regerá esses desvios. Para o autor, "não podemos nos forçar internamente a

13 Ver Ibidem.

fazer desvios. Conseguimos mudar de direção apenas quando o alvo muda primeiro. É o alvo que muda antes que possamos mudar. Estamos sempre tentando acompanhar as mudanças do alvo"[14]. E além das mudanças que ocorrem em um alvo, os desvios também podem ser provocados por mudanças de alvos, ou seja, pela substituição de um alvo por outro.

O alvo é o maestro do ator porque rege o seu ritmo, desde um simples sentar-se na cadeira até um súbito desvio na fala em versos. Retomando a imagem da cadeira, o diretor inglês reforça que, para o ator, não é tão proveitoso achar que é ele próprio quem decide quando mudar de posição; quem decide é a cadeira, ou até mesmo outro elemento externo, como um ponto de costura da calça que fica pinicando a pele. Nesse sentido, ele incentiva o ator a pensar que "a costura das minhas calças me deixa tão incomodado que me faz mudar de posição em minha cadeira!", e afirma: "os atores veem com todo o seu corpo"[15].

O Ritmo Reage a Outro Ritmo

Se o ator pode ver – com todo o seu corpo – alvos específicos que o provocam, penso que ele também possa receber as ações desses alvos e as variações rítmicas das ações desses alvos. Na arte, na vida e no universo, o ritmo é um fenômeno que só pode ser percebido por meio da ação, mesmo que esta seja imaginária, pois ritmo pressupõe deslocamento de um ponto a outro, barragens que delimitam o movimento e algum nível de variação ou contraste. Logo, a ação também não pode ser concebida sem ritmo. Então, se falamos de uma ação-ritmo, temos que falar também de uma reação-ritmo; subjaz, portanto, que um ritmo reage a outro ritmo.

14 *The Actor and the Target*, p. 264.
15 *O Ator e o Alvo*, p. 143.

A atuação cênica viva é composta por uma rede de conexões, entre ritmos reagindo uns aos outros, o que resulta em um encadeamento de variações vivas. Transpondo esse raciocínio para a natureza da vida, observo que o ritmo de um sistema vivo provoca transformações no de outros sistemas vivos, em uma imensa rede de sutis conexões. E se pensarmos geologicamente, perceberemos que o ritmo de vários fenômenos tais como as placas tectônicas, o degelo dos polos, a maré, o Sol, todos influem uns nos outros, podendo causar os mais diversos fenômenos, tais como furacões, erupções vulcânicas, terremotos etc. que, com seus próprios ritmos, acabarão afetando o ritmo de países, cidades, bairros, famílias, indivíduos, células...

Se há ritmo tanto na ação quanto na reação, o ator não deve dar atenção somente aos seus próprios ritmos, mas também aos ritmos dos alvos. E prestar atenção aos alvos demanda vê-los e receber suas ações. E receber suas ações implica receber um verbo capaz de provocar a reação do ator – que também será um verbo.

Verbos: As Notas Musicais do Ator

Nos exemplos apresentados aqui, percebe-se que o alvo sempre é nomeado como um substantivo (a mancha escura, o foco de Luz, Desdêmona, entre outros); porém, as suas ações, assim como as reações do ator, são sempre representadas por verbos (fugir, escapar, suplicar, ironizar, entre outros). Em síntese, ao estudar sobre o alvo, entendo que é sempre **alguma coisa ou alguém (substantivo)** que faz alguma **ação (verbo)**, em circunstâncias propostas específicas, que provoca o ator a **reagir (verbo)**. Portanto, na perspectiva de Donnellan, a função do ator não é agir, mas sim reagir; a ação é somente do alvo. Buscando complementar essa lógica proposta pelo diretor britânico, conecto suas ideias com as de Boleslávski e afirmo que o "como" a reação do ator acontece configura a sua composição rítmica, que deve variar conforme os ritmos que emanam das ações dos alvos. Então, como as variações rítmicas vivas dependem da relação entre ação e reação, precisaremos estudar os verbos.

Boleslávski sugere ao ator que este saiba diferenciar os verbos que realiza em cena tal qual o músico consegue diferenciar um fá de um fá sustenido, ou um ré de um ré bemol. Ou seja, **os verbos são para o ator o que as notas musicais são para o músico**. Então, posso inferir: as notas musicais representam os sons com que os músicos compõem e interpretam; os verbos representam as ações dos alvos e as reações que os atores realizam em cena. Os verbos são, portanto, as unidades de composição do ator, em duas instâncias: a do alvo, que executa a ação que o ator vê e recebe; e a do próprio ator, que reage ao alvo.

O espectro sonoro do universo é imensurável. Por isso, dar nomes de notas às diferentes frequências sonoras percebidas pelo homem é um processo determinado por convenções culturais. Na cultura ocidental, por exemplo, convencionou-se a escala temperada cromática, composta por doze notas, que demarcam onze intervalos de semitons – sendo o semitom a menor medida intervalar adotada. Quanto maior o intervalo, maior a diferença de frequência entre os sons, ou seja: a diferença é maior entre dó e lá – intervalo de nove semitons – do que entre dó e dó sustenido – intervalo de apenas um semitom. O musicista oriental costuma trabalhar com mais nuances, tocando e cantando com microtons (ou comas), sons que estão entre os intervalos de semitons.

Considero importante que o ator desenvolva uma sensibilidade para o trabalho com os verbos, análoga à presteza com que os músicos identificam as diferenças intervalares dos sons.

Verbos Com Complemento: Uma Convenção Para o Ator

Quando Donnellan fala de reação a alvos, ele sempre utiliza verbos que exigem complemento. Vejamos alguns dos exemplos encontrados em seu livro:

> Previno Romeu.
> Engano a sra. Capuleto.
> Zombo da ama.
> Procuro a lua.
> Zombo da morte.[16]

A meu ver, o complemento do verbo de cada sentença acima representa o alvo que provocou a reação indicada pelo respectivo verbo que a inicia. Então, os alvos de cada exemplo citado são respectivamente: o Romeu, a sra. Capuleto, a ama, a lua e a morte. O último é um alvo abstrato, para o qual todas as regras valem do mesmo jeito que para os alvos concretos. Recuperando o lema de "ver, receber e reagir", elaboro a seguinte hipótese para a relação do ator com esse alvo: ele pode ver o alvo "a morte"; receber a ação deste de "intimá-lo"; e, então, reagir "zombando" dela.

Constato também, na citação acima, que todos os verbos de reação aos alvos são verbos transitivos diretos (VTD) ou indiretos (VTI), ou seja, exigem complemento. Em "previno Romeu", temos um VTD, pois quem previne, previne alguém ou alguma coisa. O mesmo vale para "engano a sra. Capuleto" e "procuro a lua". Já em "zombo da ama" e "zombo da morte", temos um VTI, pois quem zomba, zomba *de* alguém ou *de* alguma coisa. Tratando-se de verbos transitivos, o complemento é obrigatório porque, sem este, perde-se o sentido da frase.

Considerando o verbo transitivo direto e indireto (VTDI ou bitransitivos), aquele que exige dois complementos, um sem e um

16 Ibidem, p. 29.

com preposição, imagino este exemplo: "denuncio Cássio a Otelo". Trata-se de um verbo bitransitivo porque quem denuncia, denuncia alguém ou alguma coisa (o objeto direto) a alguém (o objeto indireto). Nesse caso, vendo o mundo através dos olhos da personagem Iago, o ator estaria reagindo a dois alvos: Cássio (o objeto direto) e Otelo (o objeto indireto).

Podemos também considerar os verbos pronominais de conjugação reflexiva, aqueles que implicam um sujeito que tanto realiza como recebe a ação verbal, sendo remetente e destinatário ao mesmo tempo. Por exemplo: alerto-me; contenho-me; encorajo-me; ordeno-me. Nesses casos, o alvo não sou "eu"; o alvo é o "me", pois é para o me que se dirige a reação do eu. Isso significa que o ator precisa ver a si mesmo como um alvo que provoca a si mesmo. Assim, por exemplo, se eu (em determinadas circunstâncias) vejo-me, exteriormente, e recebo a ação do me de elogiar-me, posso reagir alertando-me. Vejamos o que o diretor britânico pensa sobre essa questão do me:

> Posso me ver como muitas coisas diferentes. Talvez eu me veja como uma pessoa fraca. Posso me ver como uma pessoa corajosa. Posso me ver como uma pessoa inteligente ou como uma pessoa estúpida. De certa maneira, o "eu" não muda, mas o "me" muda. O eu que fala é sempre o mesmo, mas o me que vejo é sempre diferente. Eu permaneço o mesmo, mas me vejo mudando. O me é alvo e obedecerá a todas as regras.[17]

Nessa perspectiva, eu nunca posso ser o alvo; eu sou sempre quem deve ver o alvo e receber a sua ação, mesmo que essa ação parta de mim mesmo, ou melhor, do me. Penso, também, que uma reação a si mesmo pode ser provocada por uma ação do me em direção a outro alvo, em vez de em direção ao eu. Por exemplo: vamos supor que Medeia veja a si mesma imaginariamente agredindo Creonte

17 Ibidem, p. 118.

e, então, reaja contendo-se (do seu ponto de vista fica "conter-me"). Nesse caso, Medeia lida com dois alvos, um imaginário e um concreto – respectivamente, me e Creonte –, sendo que o alvo imaginário me age agredindo o rei Creonte, fato que, se realmente ocorresse, impossibilitaria os planos de Medeia, já que precisa convencê-lo de conceder a ela mais um dia antes do exílio. Por isso, penso que seria condizente com as circunstâncias propostas se a atriz-Medeia prestasse atenção aos dois alvos e a estes reagisse. Considerando o lema "ver, receber e reagir", a lógica da atriz-Medeia nessas circunstâncias, quando está em cena diante de Creonte, poderia assim ser descrita:

> O que eu vejo?
> Vejo o *rei Creonte* (alvo 1) e vejo-*me* (alvo 2).
>
> O que eu recebo?
> As ações desses alvos: *expulsar-me* da cidade (ação do alvo 1); e *agredir* Creonte (ação do alvo 2). Ou seja: vejo o rei Creonte me expulsando da cidade; e vejo-me agredindo Creonte.
>
> Qual a minha reação?
> *Contenho-me* (reação ao alvo 2) e *suplico* mais um dia a Creonte (reação ao alvo 1).

Em suma, o alvo me é que fornece energia para a reação do eu. Na lógica de Donnellan, o me é uma fonte de energia, não porque o ator a cria interiormente, mas porque sua imaginação o faz ver a si mesmo exteriormente, a uma distância precisa, um alvo bastante específico e ativo – que faz alguma ação que provoca o ator.

Atuar em relação com os alvos pode ajudar o ator a conectar-se com os princípios de exterioridade, transformação e especificidade, que classifiquei como fundamentais para uma atuação cênica viva. No capítulo anterior, vimos que a entropia estabelece que a perda de energia de qualquer sistema do universo é irreversível e tende à desordem. No caso dos sistemas vivos, aprendemos que, para se sustentarem afastados do equilíbrio – a entropia máxima –, estes se alimentam de entropia negativa de outros sistemas. Então, penso que, em uma atuação cênica viva, é da entropia dos alvos que o ator se alimenta. Nessa perspectiva, ele precisa **ver os alvos como sistemas vivos que dissipam energia vital** para sua jornada cênica. Ignorando os alvos, desconectado da exterioridade, sem captar as especificidades das circunstâncias propostas, o ator não terá de onde obter energia e sua atuação tenderá para um estado de "entropia máxima". Quanto ao "como" o ator reage, isso depende do jogo de alvo-ação-reação, isto é, as transformações, que se revelam nas variações rítmicas vivas do ator, resultam de ver alvos, receber suas ações e reagir. E sobre a reação do ator, constatei que esta pode ser representada por um VTD, um VTI, um verbo bitransitivo ou até um verbo pronominal.

Estou propondo, então, uma convenção estratégica, a fim de estimular o trabalho do ator em prol de uma atuação viva, plena de instigantes variações rítmicas vivas. Nesse sentido, os tipos de verbos de reação do ator são como as notas musicais da cultura ocidental. E como ocorre em toda convenção, algumas exclusões são feitas. Em uma escala de dó maior, por exemplo, não existe a nota ré bemol; ela pode até ser tocada e resultar em um efeito estético impactante, mas isso dependerá do contexto. Se o centro tonal da obra for o acorde de dó perfeito maior, o som da ré bemol, se utilizado, servirá como um elemento surpresa e gerador de tensão sonora. Porém, em princípio, em uma escala de dó maior, convenciona-se que a nota ré bemol não é tocada[18].

Assim, no âmbito da atuação cênica viva, sob os pressupostos assumidos neste trabalho, não é qualquer tipo de verbo que será proveitoso para o ator. Os verbos intransitivos, por exemplo, não fazem parte da convenção que proponho, pois estes não exigem

18 Sobre harmonia musical, ver A. Chediak, *Harmonia & Improvisação, v. 1*; I. Guest, *Harmonia*, v. 1 e v. 2; e A. Schoenberg, *Funções Estruturais da Harmonia.*

complemento e, portanto, não pressupõem relação do ator com o alvo. O próprio nome "intransitivo" denota que esse é um tipo de verbo que não transita de um sujeito para um objeto, nem direta nem indiretamente; o seu sentido se faz em si mesmo, não precisando transitar para direção alguma. Por exemplo: ser, ficar, viver, morrer, sofrer, chorar, brincar. É claro que esses verbos nem sempre são intransitivos. "Brincar" é um verbo intransitivo em "estou brincando", mas é um VTI em "estou brincando com a caneta do meu chefe". No primeiro exemplo, não há alvo, portanto não há fonte exterior de energia para o ator; no segundo, sim, a caneta do chefe é um alvo que provoca o ator. Ele poderia imaginá-la realizando a ação de "esnobá-lo", como se dissesse "eu valho mais do que o seu contracheque". Assim, além de reagir "brincando" com ela, poderia também cobiçá-la, ou roubá-la, sujá-la, arranhá-la; tudo dependerá das circunstâncias propostas e da sua imaginação.

Sobre a palavra "morrer", verbo intransitivo (com o sentido de perder a vida ou a existência), Donnellan propõe este interessante raciocínio: "o ator não pode fazer nada sem o alvo. Por isso, um ator não consegue, por exemplo, atuar 'eu morro'; porque não há alvo. Por outro lado, o ator consegue atuar: 'Dou boas-vindas à morte'; 'Luto contra a morte'"[19]. Assim como vimos no início desta seção, a "morte" é aqui o alvo; e "dar boas-vindas" ou "lutar contra" seriam possíveis reações a esse alvo[20].

Posso complementar esse raciocínio de Donnellan e propor outra possibilidade, na qual a reação do ator seja representada pela palavra "morrer", todavia, como um verbo transitivo indireto. Vejamos: "morro para o amor". Nesse caso, o "amor" seria o alvo abstrato que provocaria o ator a "morrer" – não no sentido de desfalecer, mas de renegar o amor, de desprezá-lo. Então, os sentidos de morrer, renegar e desprezar são aqui muito próximos; talvez análogos a

19 *O Ator e o Alvo*, p. 29.
20 Em minha dissertação, fiz uma análise dessa citação de Donnellan, ver V. Albricker, *A Fala Cênica Sob o Entrelaçamento dos Princípios e Procedimentos de Constantin Stanislávski e Declan Donnellan*, p. 152-153.

intervalos musicais diferentes, mas que provocam sensações auditivas semelhantes. A decisão por qual desses verbos efetivamente realizar em cena dependerá do alvo e, é claro, das circunstâncias propostas. Pensando no ritmo, o verbo "morrer" talvez sugira um peso e uma languidez mais amplos quando comparado aos verbos renegar e desprezar. Como a energia emana do alvo e como este a dissipa com ritmos específicos, a escolha pelo verbo de reação do ator é imposta pelo alvo, que também provoca os ritmos das reações. Por exemplo: uma coisa é ver o "amor" (alvo abstrato) e receber a ação desse alvo de apunhalar-me, com alguma variação rítmica súbita; outra é receber a sua ação de torturar-me, gradativamente. Para cada caso, dependendo das circunstâncias propostas, poderá ser mais condizente reagir "morrendo para o amor", ou "renegando o amor", ou "desprezando o amor", com diferentes qualidades rítmicas; tudo depende do que o ator vê e recebe e, também, de como o alvo age, ou seja, do ritmo de sua ação.

Nessa escala de verbos, portanto, não cabem os verbos intransitivos. Fazem parte dessa convenção apenas os transitivos diretos, os indiretos, os bitransitivos e os pronominais; verbos que exigem complemento. Na perspectiva do ator, interessam os verbos que funcionem como resposta aos verbos das ações dos alvos provocadores.

Os Verbos Mudam Dependendo das Transformações dos Alvos e das Circunstâncias

Eis mais um aspecto importante do jogo do ator com verbos: ele não realiza apenas um verbo durante o tempo todo que está em cena; estes devem mudar dependendo das transformações dos alvos e das circunstâncias propostas. E mesmo que o verbo de sua reação se repita várias vezes, é provável que os seus propósitos mudem. Por exemplo: Romeu pode acariciar Julieta, ora para seduzi-la, ora para se despedir dela; Medeia pode elogiar Jasão, ora para ridicularizá-lo, ora para enganá-lo. Nesses casos, os verbos de reação são, respectivamente, acariciar e elogiar. Os verbos dos propósitos são seduzir e despedir-se para a reação de acariciar, e ridicularizar e seduzir para a reação de elogiar. As mudanças de propósito ocorrem por causa de transformações nas circunstâncias propostas; e essas transformações devem provocar variações rítmicas na reação do ator, pois "acariciar para seduzir", por exemplo, sugere qualidades corporais diferentes de "acariciar para se despedir".

Prolongando a analogia proposta anteriormente, se os verbos das reações – ou tarefas – são como as notas da escala musical, então, os verbos dos propósitos são como os acordes. Os acordes musicais são como o contexto, as circunstâncias propostas nas quais se inserem os motivos melódicos. Por exemplo: no "Samba de Uma Nota Só", de Tom Jobim e Newton Mendonça, a mesma nota é tocada nos oito compassos iniciais, algumas vezes durando mais tempo, outras menos, mas sempre com a mesma altura. O interessante é que os acordes que acompanham essa melodia de uma nota só mudam a cada compasso. A mudança de um acorde é uma transformação no contexto, uma transformação que modifica a sensação sonora daquela nota. Então, quando Tom Jobim canta, por exemplo, "Eis aqui este sambinha feito de uma nota só", ele entoa a mesma nota com a voz, mas os acordes que toca ao piano vão mudando. Assim, a função daquela nota vai se transformando à medida que a harmonia se desenvolve com a mudança de acordes, resultando em sensações diferentes ao longo da melodia desse trecho (como de maior ou menor tensão harmônica, de maior consonância ou dissonância)[21].

21 Pode-se perceber isso ao escutar os primeiros dez segundos dessa música, conforme apresentada em 18 de outubro de 1978, em Milão, na Itália.

As Ações Físicas Vivas de Stanislávski

Já que comecei a defender a importância dos verbos e dos propósitos, preciso retomar os ensinamentos de Constantin Stanislávski. No célebre "Resposta a Stanislávski", Grotowski revela profundo respeito pelo mestre russo, principalmente no que tange à busca de toda sua vida pela verdade cênica[22]. O mestre polonês considera louvável que, nessa busca, Stanislávski nunca tenha hesitado em reformular seus métodos de trabalho; ao contrário, constantemente buscou readequar seus métodos às novas descobertas e desafios que surgiam de suas experiências com o sistema. Outro ponto notável em Stanislávski, na opinião de Grotowski, "é o seu esforço para pensar baseado no que é prático e concreto. Como tocar o que não é tangível? Ele desejou encontrar os caminhos concretos para o que é secreto, misterioso. Não os meios – contra eles lutava, chamava-os de 'clichês' – mas os caminhos"[23].

Grotowski demonstra grande apreço pelo trabalho com as ações físicas – desenvolvido, principalmente, nos últimos três anos de vida de Stanislávski – e chama a atenção para o que considera a principal revelação desse período: "**os sentimentos não dependem da nossa vontade**. [...] Na vida, podemos notar que os sentimentos são independentes da nossa vontade"[24].

Mas o que seriam ações físicas? Na perspectiva do sistema de Stanislávski, podemos entender uma ação física como uma tarefa concreta que o ator realiza corporalmente (por exemplo: procurar o broche) – com ou sem som vocal –, e perceptivelmente no espaço, ainda que o ator esteja em suposta imobilidade (por exemplo: esperar uma pessoa). Ademais, essa tarefa tem que ser fundamentada

22 O tradutor Ricardo Gomes informa, em nota de rodapé, que esse texto foi organizado por Leszek Kolankiewicz, baseado no estenograma do encontro de Grotowski com diretores e atores na Brooklyn Academy, em Nova York, em 1969.

23 J. Grotowski, Resposta a Stanislávski, *Folhetim*, n. 9, p. 9.

24 Ibidem. (Grifo nosso.)

nas circunstâncias propostas (por que procurar o broche?) e precisa ter um propósito (para que procurar o broche?). Além de ser uma tarefa com propósitos fundamentados nas circunstâncias propostas, uma ação física também tem a função de provocar transformações, no que diz respeito às sensações e atitudes humanas, em suas dimensões interior e exterior. Essas transformações podem ocorrer tanto no outro, um parceiro de cena, um espectador, como em si mesmo, quem realiza a ação física. Nessa perspectiva, posso afirmar que uma ação física não é um simples fazer/executar algo fisicamente de maneira livre e irrestrita[25].

Carvalho identifica duas instâncias nas propriedades de uma ação física, de acordo com os princípios de Stanislávski. A seu ver, há os elementos estruturantes e os elementos de ajuste. Os elementos estruturantes são três: 1. as circunstâncias propostas, nas quais o fazer do ator, em cena, tem que se inserir; 2. a tarefa, ou reação, verbo pelo qual se manifesta o fazer do ator; e 3. o objetivo específico, para o qual se dirige a tarefa. Quanto aos elementos de ajuste, Carvalho elenca os seguintes: andamento, tônus corporal, intensidade vocal, direcionalidades espaciais, duração temporal (em movimento ou em pausa) e deslocamentos espaciais[26]. Nesse sentido, os elementos de ajuste se aproximam do que chamo, neste trabalho, de variações rítmicas. A articulação desses elementos de ajuste, que poderíamos chamar de elementos rítmicos (o "como" de Bolesláyski), está diretamente conectada à noção de transformação, pois seria impossível conceber elementos estruturantes (o "o que") sem qualidades capazes de tocar os sentidos do espectador e do próprio ator.

Grotowski reforça a ideia de Stanislávski de que a ação física verdadeira não se estabelece pela tentativa de representar estados emocionais, mas sim pelo corpo que reage aos outros. Relacionando essa ideia a uma tarefa como, por exemplo, "procurar o broche", a ação

25 Para escrever essa síntese sobre o conceito de ação física, apoiei-me nos textos de Stanislávski, Toporkov, Knebel, Grotowski, Richards, Benedetti e Burnier que constam nas referências deste livro.

26 Ver L. Carvalho, *Atuar Com a Ação Física Por Meio do Alvo.*

de procurar tem que ser, na verdade, uma reação: primeiro, o ator percebe a ausência do broche (este pode ter se escondido, sumido, fugido, sido roubado etc., *dependendo* da imaginação do ator e das circunstâncias propostas) e, então, reage procurando-o. Nesse sentido, penso que a lógica "o broche sumiu, estou angustiado, triste, desesperado" dificilmente conduziria o ator a uma ação física verdadeira, pois não passaria de uma tentativa de representar estados emocionais. Na lógica de Stanislávski e, também, de Grotowski, o sentir decorre do fazer – e esse fazer, no jogo do ator, é uma reação. Grotowski salienta que Stanislávski, em sua fase final, ocupava seus atores mais com o fazer do que com o querer[27]. O mestre polonês se conecta com a premissa da objetividade que desperta subjetividades, mote da base mais profunda do sistema que Stanislávski nos deu a conhecer: o subconsciente através do consciente.

De acordo com Richards, Grotowski observava que os atores tinham muita dificuldade em realizar ações físicas, acabando por confundi-las, por exemplo, com atividades. Sobre essa questão, transcrevo a seguir uma importante elucidação do mestre polonês:

> O que é preciso compreender imediatamente é o que as ações físicas *não são*. Por exemplo: não são atividades. Atividades no seguinte sentido: limpar o chão, lavar a louça, fumar o cachimbo. Essas não são ações físicas, são atividades. E quando as pessoas acham que estão trabalhando segundo o "método das ações físicas", fazem essa confusão o tempo todo. Os diretores que trabalham sobre as ações físicas muitas vezes pedem aos seus atores para limpar bastante o chão e lavar bastante louça no palco. Mas uma atividade pode *se transformar* em uma ação física. Por exemplo, vocês me fazem uma pergunta que me deixa bastante sem graça (como normalmente acontece), então, vocês me fazem essa pergunta e eu tento ganhar tempo. Nessa situação, começo a preparar *firmemente* meu

27 Ver J. Grotowski, Resposta a Stanislávski, op. cit.

> cachimbo. Agora minha atividade se torna uma ação física, porque se torna a minha arma: "Sim, estou realmente muito ocupado, preciso preparar meu cachimbo, limpá-lo, acendê-lo, depois disso tudo eu vou responder a vocês..."[28]

Nesse exemplo, a atividade de preparar o cachimbo foi transformada em uma ação física, na medida em que foi conectada ao propósito de **ganhar tempo antes de responder a uma pergunta que lhe foi feita**. Podemos supor que o ritmo dessa ação física tenha adquirido novas qualidades e variações perceptíveis, pois Grotowski se utiliza do advérbio **firmemente** para descrever o **como** a realiza. Talvez, se "preparar o cachimbo" fosse apenas uma simples atividade, desconectada de algum contexto instigante, essa qualidade rítmica não se configuraria. Nesse caso, imaginando esse aspecto rítmico sugerido pelo advérbio, destaco: tarefas que se realizam em função de propósitos específicos – ou objetivos – podem favorecer o desenrolar de variações rítmicas vivas. O ritmo da atuação não é um fenômeno que se configura ao acaso e, além disso, não depende somente do querer do ator; o ritmo vivo parece surgir de sua conexão sensível com a corrente viva da cena, de uma relação atenta e aberta para as transformações que percebe nos seus parceiros de cena, no espaço e nas circunstâncias propostas.

Além da distinção entre ação física e atividade, Richards aponta mais duas diferenças reconhecidas por seu mestre, a saber: os gestos (como aqueles típicos de um padre, ou de um juiz) e os movimentos (como caminhar). Na perspectiva de Grotowski, gestos e movimentos também não são ações físicas, porém, se os associarmos a um objetivo, podem se tornar. Há ainda outra especificidade: não são ações físicas, para Richards, os sintomas (por exemplo, ficar

28 Grotowski apud T. Richards, *Trabalhar com Grotowski Sobre as Ações Físicas*, p. 85. Grifos nossos. De acordo com o autor, Grotowski elaborou esse exemplo do cachimbo após observar com que maestria o ator russo Vassíli Toporkov realizava essa ação física no espetáculo *Os Frutos da Civilização*, drama de Lev Tolstói. E vale lembrar: Toporkov foi discípulo de Stanislávski.

enrubescido, ou ofegante). A seu ver, tentar representar sintomas pode acabar levando o ator a bombear, forçar estados emocionais, em vez de reagir com algum propósito específico.

As Tarefas de Stanislávski Conectadas às Leis de Newton

Vimos que a tarefa e o propósito são elementos importantes para a ação física tal como pensada por Stanislávski. Ao discorrer sobre esses elementos, Pitches faz uma interessante conexão entre os pensamentos do mestre russo e do cientista Isaac Newton (1643-1727). Para Pitches, as Três Leis de Newton, que são aplicadas ao movimento mecânico, ressoam na prática desenvolvida por Stanislávski de dividir a peça em trechos para descobrir as tarefas específicas do papel em cada trecho.

Na primeira lei, conhecida como princípio da inércia, Newton enuncia que todo corpo continua em seu estado de repouso ou de movimento uniforme em uma linha reta, a menos que seja forçado a mudar aquele estado por forças aplicadas sobre ele. Nesse sentido, Pitches argumenta que as tarefas ajudam o ator a sair da inércia, pois estas são formuladas por verbos que surgem para solucionar problemas, para transpor obstáculos que as circunstâncias propostas impõem à personagem.

Nessa perspectiva, o mestre russo entende que perguntas como "o que eu faria se estivesse nessas circunstâncias, diante desses obstáculos?" podem aquecer a imaginação do ator, levando-o a descobrir tarefas que, por sua vez, alimentam a sua criatividade e seu engajamento na cena. É interessante notar que ao omitirmos a letra t do termo inglês *task* (tarefa), é possível ler a palavra *ask*; e *to ask* (perguntar). Então, as tarefas podem ser entendidas como verbos de reação aos obstáculos – aos alvos, para usar o termo de Donnellan – encontrados nas circunstâncias propostas.

O fato de a tarefa ser uma reação que implica sair da inércia leva Pitches a relacioná-la com as outras duas leis de Newton. Na segunda lei, conhecida como lei da superposição de forças, Newton diz que a mudança de movimento é proporcional à força motora imprimida e é produzida na direção para a qual aquela força é aplicada. Nesse caso, Pitches ressalta que Stanislávski atribuía ao ator a necessidade de elaborar uma linha de ação transversal[29]. Entendo a ação transversal como uma sequência coerente e causal de tarefas objetivadas que apontam para uma supertarefa. Por exemplo: atuando em *Le Malade imaginaire* (O Doente Imaginário), de Molière, no papel de Argan, em 1913, Stanislávski formula a seguinte supertarefa: "eu quero que as pessoas pensem que estou doente"[30]. Então, todas as suas tarefas devem compor uma linha de ação transversal no sentido do fazer com que as outras personagens da peça pensem que ele, Stanislávski-Argan, está doente. Assim, cada tarefa executada deveria ser uma reação com qualidades conectadas a essa supertarefa, desde verbos mais simples (como levantar-se, sentar-se, tossir, comer), até verbos mais complexos para a concretização física (como dissimular, convencer, resistir, impor).

A terceira lei de Newton, conhecida como lei da ação e reação, implica que para toda ação existe uma reação oposta e na mesma proporção de força. Pitches argumenta que há uma dinâmica explícita entre ação e reação, ou ação e contra-ação, no trabalho de Stanislávski com as ações físicas, pois a linha de ação transversal não é um caminho aberto em direção à supertarefa, mas um percurso cheio de obstáculos que precisam ser superados. Entretanto, segundo Pitches, "Stanislávski se desvia de Newton quanto ao nivelamento entre ação (*deistve*) e reação (*kontrdeistve*)"[31]. Isto é, para o mestre russo, a ação e reações teatrais não obedecem à mesma lógica da mecânica de Newton no que diz respeito à igualdade de proporção de forças. Pitches explica que Stanislávski não se preocupava com a

29 Ver Anexo 1, "Esquema do Sistema de Stanislávski", infra.
30 C. Stanislávski, *An Actor's Work*, p. 310.
31 J. Pitches, *Science and the Stanislavsky Tradition of Acting*, p. 32-33.

igualdade ou a simetria entre ação e reação; na verdade, a linha de ação transversal vai acumulando tarefas cada vez mais intensas em direção ao clímax da obra.

Essa conexão que Pitches propõe entre Stanislávski e Newton me leva a refletir também sobre o alvo e as variações rítmicas. Se considerarmos as tarefas como as reações que o ator realiza, quem realiza as ações são os alvos. Como já disse, as qualidades dessas reações devem ser desencadeadas pelas qualidades das ações dos alvos, que não precisam ser iguais. Se a terceira lei de Newton fosse levada ao pé da letra, toda reação teria a mesma força da ação que a desencadeou e o espetáculo poderia ficar monótono. Assim, por exemplo, um grito desencadearia apenas outro grito, um sussurro seria respondido somente com outro sussurro, de igual intensidade. Então, se quisermos a possibilidade de um sussurro como resposta a um grito (ou vice-versa), a reação teatral, diferentemente da reação da mecânica de Newton, precisa ser variável e não necessariamente simétrica à força da ação que a desencadeou.

Tarefa, Alvo, Emoção e Ritmo Vivo

Ao discorrer sobre as ações físicas vivas de Stanislávski, afirma Marco De Marinis: "toda ação deve ser executada pelo ator de forma que o espectador nunca seja capaz de *pré*-ver em *qual direção* e *como* ela irá continuar, ou seja, a partir de quais modalidades rítmicas e dinâmicas ela vai se desenvolver"[32]. Então, posso inferir que para renovar e sustentar a atenção do espectador, são necessárias variações rítmicas; e para que essas variações não sejam previsíveis, é preciso que o ator permita que ocorram não premeditadamente, mas como resultado de tarefas realizadas em uma conexão sensível com os alvos.

32 M. De Marinis, Trabalhar Sobre as Ações Físicas, E. Barba; N. Savarese, *A Arte Secreta do Ator*, p. 214.

Na busca por iscar o subconsciente da natureza humana através do trabalho consciente do ator, o andamento-ritmo é considerado por Stanislávski um dos elementos mais importantes de seu sistema. Para o mestre russo, o andamento-ritmo exerce um efeito imediato sobre os "teimosos, arbitrários, desobedientes e inquietos sentimentos, que não aceitam ordens e que, ao menor sinal de serem forçados, são inibidos e se escondem onde não poderão ser descobertos"[33]. Nesse sentido, para Stanislávski, os sentimentos e as emoções não podem ser controlados à força pelo ator, mas podem ser catalisados pelo andamento-ritmo concreto de suas ações físicas. Assim, um andamento-ritmo que seja condizente com as circunstâncias propostas da cena pode desencadear sentimentos e emoções relacionados a elas.

O pensamento de Stanislávski sobre sentimentos e emoções tem ressonâncias no pensamento de Donnellan, que diz: "Não podemos expressar emoções. Nunca. Gostando ou não, as emoções, por sua vez, expressam-se por si mesmas em nós. Não podemos 'executar' uma emoção. Não podemos 'realizar' uma emoção. Não conseguimos 'mostrar' uma emoção. Nossas emoções se expressam somente por meio das nossas reações."[34]

Para Donnellan, como vimos anteriormente, esse "o que fazemos" depende do ato de ver alguma coisa que provoque uma reação. Essa provocação vem de um alvo específico, ao qual o ator deve ficar atento para poder receber a sua ação e, então, reagir. E se as emoções se expressam em nós, independentemente da nossa vontade, não devemos jamais tentar forçá-las, pois isso ensimesma os nossos sentidos e nos impede de ver o mundo exterior, com suas transformações e especificidades.

Olhar para fora é, então, fundamental. Toporkov, ao narrar suas experiências de ser dirigido por Stanislávski, ressalta que este costumava pedir que os atores se conectassem com o parceiro de cena e que observassem atentamente *o que* eles faziam e, também, *como*

33 C. Stanislávski, op. cit., p. 502.
34 D. Donnellan, *O Ator e o Alvo*, p. 164.

faziam. Assim, Toporkov entendeu que, no momento que está em cena, não deve ficar preocupado com o refinamento de suas próprias ações, mas sim prestar atenção ao outro para perceber o comportamento deste e, então, realizar a sua tarefa – em reação à ação do outro. Nesse processo, se a comunicação for de fato viva, podem surgir na fala, por exemplo, "nuances e entonações inesperadas"[35]. Nesse sentido, as variações rítmicas surgirão graças à generosa atenção depositada no parceiro de cena. Mais uma vez, isso remete à premissa de Donnellan de que o ritmo depende do alvo. E, por isso, deduzo que o ator precisa ter atenção aos ritmos da ação do alvo, o seu "como". Assim, ao reagir, pode contrapor o ritmo de determinada ação, ou dar prosseguimento a esse ritmo, ou até imitar esse ritmo, dependendo da situação – são muitos "como" possíveis. Esse "como" reagir dependerá do alvo e de sua ação específica em um contexto específico; por isso é imprescindível prestar atenção aos parceiros de cena, que podem ser os alvos aos quais devemos reagir com qualidades rítmicas variadas. Nesse sentido, afirma Toporkov:

> Transferir a atenção do ator da busca da emoção interna para a realização de uma tarefa cênica é uma das grandes descobertas de K.S. Stanislávski, que resolve um dos grandes problemas de nossa técnica. Significaria isso que Stanislávski recusava a faceta emocional de nossa arte? Certamente não: ele a confirmava a cada passo, e considerava a criação de um ator verdadeira Arte apenas quando o artista conseguia imbuí-la com paixão autêntica e temperamento vivo. Mas Stanislávski libertou o ator da torturante preocupação para com as emoções, excluiu a possibilidade de que o ator se enamorasse de seus próprios sentimentos e mostrou o mais fiel, o único caminho à revelação das emoções humanas autênticas no ator, direcionadas para a realização de uma tarefa cênica que aja diretamente sobre o parceiro.[36]

35 V. Toporkov, *Stanislávski Ensaia*, p. 224.

36 Ibidem, p. 54.

Nesse sentido, penso que as mudanças rítmicas do ator – de suas tarefas, suas reações – estão relacionadas de modo direto ao que atentamente recebe de seu parceiro de cena. As emoções poderão surgir, é claro, mas não por uma tentativa de controle interior do ator, e sim por uma abertura de espaço para que elas surjam. Se considerarmos a perspectiva de Stanislávski, isso que chamo de "abertura de espaço" dependerá de um trabalho concreto com as tarefas e com as adaptações que o ator puder fazer na relação com o parceiro.

E o trabalho com as tarefas não precisa envolver somente uma relação com o parceiro de cena, mas também com imagens visualizadas a partir das circunstâncias propostas. Considerando o pensamento de Donnellan, essas imagens podem ser alvos imaginários e até abstratos. Em Richards, há uma descrição de ação física realizada por Grotowski na qual posso identificar um alvo abstrato: a lembrança. Grotowski está tentando realizar a ação física de "lembrar-se de alguma coisa"; então, penso que ele esteja reagindo a uma lembrança, que é, nesse momento, sua parceira de cena. Ele entra em contato com a lembrança a fim de que sua ação física possa ser organicamente realizada. Vejamos o relato de Richards sobre essa experiência:

> [Grotowski] falou que podia sentir fisicamente que essa memória estava em algum lugar atrás dele; nesse momento, para ele, estava em um lugar preciso, a pouco mais de um metro atrás de sua cabeça. Isso parecia muito importante: a memória estava *localizada no espaço com precisão*; e quase imperceptivelmente, mas de forma clara, seu corpo se curvou na direção desse lugar.[37]

Ao interpretar esse exemplo, percebo que Grotowski se relacionou com a memória como quem se relaciona com um alvo, pois estão ali presentes as atitudes de ver, receber e reagir, que considero

37 T. Richards, op. cit., p. 33.

fundamentais para atuar de acordo com os princípios da atuação cênica viva – principalmente, nesse caso, o da exterioridade. A lembrança (ou a memória) é o alvo abstrato exterior que o provoca a reagir com qualidades rítmicas específicas. Segundo Richards, Grotowski apresentou as seguintes características físicas ao executar a ação física de "lembrar-se de alguma coisa": sua mão suspendeu-se no ar, sua espinha dorsal ficou mais ereta, sua cabeça inclinou-se um pouco para baixo, com o olhar sustentado e firme, e, além disso, ele sutilmente curvou o corpo para trás a fim de tentar encontrar a memória. É interessante ver essa experiência como mais uma evidência de que o ritmo emana do alvo, pois a configuração de cada um dos detalhes de movimentos e posturas corporais de Grotowski é o "como" (o ritmo) de sua ação física de "lembrar-se de alguma coisa". E, nesse caso, o "como" depende totalmente daquela memória, que, de acordo com a citação de Richards acima, está localizada exteriormente e a uma distância específica de um metro atrás dele. Vamos supor que estivesse localizada a um quilômetro de distância atrás dele; nesse caso, provavelmente, poderíamos observar qualidades corporais diferentes, com variações rítmicas condizentes a uma memória que estaria muito mais longe do que a primeira.

Então, a distância do ator para o alvo configura-se também como uma especificidade capaz de iscar emoções e ritmos vivos. E os alvos estarão sempre em transformação; então, as ações do ator apresentarão variações rítmicas, modificando métrica, andamento, acentuação, intensidade, dinâmica, agógica, pausa, peso, direção, entre outros. Nessa perspectiva, o ator não deve se forçar a reproduzir os ritmos das reações exatamente como ensaiados, mas abrir caminho para a manifestação de variações rítmicas vivas que, no instante presente de cada nova apresentação, pode se relacionar com as transformações do alvo – conectar-se com as ações dos alvos e com os ritmos que deles emanam. Para corroborar esse raciocínio, cito novamente o artista britânico: "Mesmo que seja realizada com as melhores intenções possíveis, a atuação premeditada tem a aparência de artificial e resulta do tedioso e antigo medo de que o mundo exterior não estará lá quando precisarmos. Dessa forma, o ator [...] fica fechado em si mesmo."[38]

Outra atitude que, para Donnellan, leva o ator a fechar-se em si mesmo, é o fato de querer "expressar" alguma coisa. A partir de suas experiências com atores de diversas nacionalidades, com suas diferentes percepções culturais do mundo em que vivem, ele infere que o mais importante para uma atuação viva não é exigir "expressividade" do ator, pois:

> Não podemos "expressar" ativamente alguma coisa de maneira geral. [...] quando o ator trabalha ativamente para ter um corpo expressivo independentemente do espaço, então, coisas alarmantes podem acontecer. Técnicas inúteis incitam uma onda de emoção corporal superficial e, com isso, a verdadeira fluência do corpo fica mascarada por baixo de uma fluência pretensiosa.[39]

Em minha compreensão da obra de Donnellan, expressividade e fluência fabricadas forçadamente são resultados de um isolamento em si mesmo, um fechar-se para a exterioridade, ignorando tudo que está ao redor. Equivale-se a dizer que, "ironicamente, o ator bloqueia a sua própria motilidade natural"[40]. Para que haja expressividade e fluência espontâneas, estas devem ser fruto das reações vivas aos alvos do instante presente.

Para o diretor britânico, quando um ator deixa de ter confiança no alvo, o espectador costuma presenciar um corpo que apenas forja muscularmente posturas e aparências, ou uma sonoridade vocal imitativa de algum modo de falar para supostamente expressar alguma coisa. De acordo com Donnellan, essas são possíveis manifestações

38 D. Donnellan, *O Ator e o Alvo*, p. 151.

39 Ibidem, p. 150.

40 Ibidem. No original, *motility* que ele importa da biologia e da fisiologia, significa a capacidade dos seres vivos de se movimentar espontaneamente. Para o diretor britânico, motilidade é a "capacidade de o corpo do ator estar aberto ao menor estímulo". Ibidem, p. 142.

do chamado maneirismo, que oblitera a motilidade[41]. Para evitar isso, além de conectar-se com os alvos e deles receber energia viva, é preciso também que o ator não tente obrigar o seu trabalho invisível a se manifestar no trabalho visível.

O Invisível Não É Obrigado a Se Manifestar no Visível

Para Donnellan, o trabalho visível compreende as apresentações do espetáculo e, também, parte dos ensaios, quando os atores apresentam cenas para a própria equipe de criação[42]. Quanto ao trabalho invisível, este compreende as muitas camadas que não são visíveis para o espectador, tais como os exercícios de preparação, os *études*, as experimentações, a investigação do texto e as leituras sobre assuntos correlacionados ao contexto da obra. Nesse sentido específico, a noção de invisível de Donnellan é diferente daquela de Brook, para quem o invisível é o impalpável, que está associado à dimensão sacra do teatro – e que pode se tornar visível através da presença do ator.

Donnellan afirma, por exemplo, que todo o trabalho com os aspectos rítmicos da fala cênica faz parte do trabalho invisível, isto é, dos ensaios e dos exercícios[43]. Para ele, quando o ator está em cena, no trabalho visível, jamais deve observar ou policiar os ritmos dos versos que fala, pois devem manifestar-se inconscientemente. Isto é, há que se deixar o trabalho invisível agir por conta própria, não adianta forçá-lo a se manifestar durante o trabalho visível. Nesse

41 Ibidem.
42 Ver *The Invisible Work* e *O Ator e o Alvo*.
43 Ver *The Invisible Work*.

aspecto, a noção de Donnellan ressoa naquela de Brook, visto que, para o segundo, o invisível não é obrigado a se tornar visível e tudo que o ator pode fazer é cultivar um "estado de receptividade" para a manifestação do invisível[44]. Richards também contribui para essa ideia ao afirmar que "não temos que instalar dentro de nós um observador interior quando estamos no palco. No momento do ensaio ou do espetáculo, a auto-observação é um forte adversário do ator, e bloqueia suas reações naturais"[45]. Considero importante não deixar esse "observador interior" nos dominar porque ele é como um fiscal que fica cotejando o que estamos fazendo agora, no trabalho visível, com aquilo que preparamos no trabalho invisível.

Em uma de suas digressões, Donnellan faz uma analogia dos trabalhos invisível e visível com a construção de um navio e a navegação. Ele argumenta que a estrutura utilizada para a construção do navio não vai para a água e, de modo comparativo, a estrutura dos estudos e experimentações do ator, no trabalho invisível, também não deve ser levada à cena visível. No trabalho invisível do Cheek by Jowl, Donnellan propõe diversos exercícios de improvisação e *études* – principalmente, no início dos ensaios de um novo espetáculo –, que funcionam como estruturas que darão suporte à atuação viva de todo o elenco. Vejamos o que o artista diz sobre essa questão:

> Ajuda ver essas estruturas dos ensaios iniciais como as armações utilizadas em estaleiros. No início, há a ideia de um navio; depois, a armação parece ser bem maior que a ideia. Em seguida, homenzinhos com martelos trabalham dentro do imenso berço. Cavilhas e chapas são penduradas na estrutura até que encontrem suas próprias conexões. Guinchos e polias movimentam-se pelo berço enquanto os carpinteiros sobem e descem. O casco, painéis e cabos vão se juntando lentamente e o berço fica completamente preenchido pela embarcação.

44 P. Brook, *Não Há Segredos*, p. 52.
45 T. Richards, op. cit., p. 119.

> Mas chegará o momento em que a estrutura da armação terá que ser abandonada para deixar o navio adentrar no mar que o espera.[46]

Compreendo essa analogia do berço do navio também como uma imagem do ritmo vivo. Isto é, para realizar variações rítmicas, o ator precisa de um amplo repertório corporal, com possibilidades de diversas qualidades de posturas, movimentos, tônus, dinâmica vocal, entonações, timbres, entre outras. A cena exige precisão rítmica do ator e, para isso, é necessário desenvolver essas habilidades durante o trabalho invisível. No entanto, se seguirmos a analogia de Donnellan, assim como a estrutura da construção do navio precisa ser abandonada para possibilitar a navegação, o ator, quando está em cena, diante do espectador, deve "esquecer" todo o trabalho técnico – invisível – anteriormente realizado em prol das variações e da precisão do ritmo de sua atuação. Portanto, podemos pensar em estruturas rítmicas, elaboradas no trabalho invisível, que precisam ser deixadas para trás no trabalho visível; caso contrário, o ator não permitirá que os ritmos tenham uma existência viva, do mesmo jeito que o navio não poderia ser lançado ao mar se ficasse preso à estrutura do berço.

Sobre Aprender a Esquecer

Os franceses Jacques Lassalle e Jean-Loup Rivière, pesquisadores da formação do ator, travam um interessante diálogo sobre essa questão de esquecer o trabalho técnico realizado previamente. Ao falar sobre a falta de vida no jogo do ator, Lassalle reflete sobre o refazer do ator, um problema semelhante à repetição de Brook. Para o autor francês, o refazer tende a afastar o prazer de atuar quando se prende às noções de análise e de memória;

46 *O Ator e o Alvo*, p. 238.

ele sugere que o refazer, para ser proveitoso, depende de um esquecimento. Então, Rivière o questiona sobre a possibilidade de o ator aprender a esquecer. E Lassalle responde:

> Aprender a esquecer é a questão das questões. E, em primeiro lugar, esquecer o texto. Por tanto tempo quanto o texto reapareça por um esforço sustentado pela memória, estar-se-á no declamado, no deglutido, no restituído, no pré-digerido, no pré-mastigado, algo assim. O ator não tem que se lembrar do texto. É o texto que deve se lembrar do ator. O texto encaminha-se na direção do ator, investe nele, apropria-se dele, atravessa-o de uma parte à outra. Peça livremente a um ator para citar-lhe um fragmento de seu texto: ele hesitará, se atrapalhará, gaguejará. Ajude-o a situar-se nas condições da representação, então o texto surgirá, ritmado, cadenciado, eruptivo ou vertido tal como foi escrito.[47]

Essa citação corrobora o que já disse sobre uma memória da reação, associando-a ao papel do gene na vida biológica. Não se trata de uma memória que sirva à restauração ou reprodução daquilo que fora ensaiado, mas de uma memória da atitude de reagir. Para complementar, trata-se de uma memória da atitude de ver, receber e reagir; e de subconscientemente lembrar-se de sustentar a conexão viva com as circunstâncias propostas e os alvos e, ao mesmo tempo, de se esquecer das análises realizadas e das técnicas estudadas nos ensaios. Exercícios rítmicos para enriquecer o trabalho com o texto fazem parte do que Donnellan chama de trabalho invisível. Então, conectando a premissa do artista britânico com o "esquecer o texto" proposto por Lassalle, o ator deverá se libertar da estrutura dos exercícios (o berço do navio), no instante em que está em cena, no trabalho visível, a fim de possibilitar o surgimento de ritmos vivos em sua fala. Nesse sentido, relacionar-se com os alvos pode ajudar a

47 J. Lassalle; J.-L. Rivière, *Conversas Sobre a Formação do Ator*, p. 70.

"esquecer o texto", no bom sentido da expressão, pois o ator estará vendo alvos e recebendo suas ações, aberto para ser provocado e energizado pelos ritmos vivos dessas ações.

O Ritmo da Respiração e da Fala no Trabalho Invisível

Convém refletir brevemente sobre o ritmo do trabalho com a fala em versos no trabalho invisível. Para o verso ser vivo na voz do ator, Donnellan afirma que o ritmo da sua respiração tem que ser espontâneo[48]. O diretor britânico afirma que realizar exercícios de respiração é importante para o ator ser capaz de dizer longas falas que exijam poucos momentos de tomada de fôlego. No entanto, também diz que o ator não deve pensar em como respirar enquanto está atuando – no trabalho visível. Se, por exemplo, a cena demandar que um longo texto seja dito em um só fôlego, o corpo do ator, desenvolvido no trabalho invisível, se ajustará organicamente para que isso seja possível, sem que seja preciso acionar de modo ativo a memória dos exercícios previamente realizados.

Para desenvolver a capacidade rítmica do ator, no trabalho invisível com textos de Shakespeare, Donnellan sugere estratégias como, por exemplo, a de tirar a pontuação dos versos, a fim de descobrir em que momentos a respiração é importante, e até imprescindível, delimitando mudanças, ora bruscas ora sutis, de ideias e pensamentos. Para ele, Shakespeare costuma expressar longos pensamentos, que exigem poucas pausas de respiração, justamente para não precipitar a sua conclusão. Por isso, exercícios como esse podem ser proveitosos para o ator trabalhar o ritmo. Em uma analogia com a capacidade de respiração do ator, Donnellan sugere a imagem de um carro: para viajar, confortavelmente, a 80 km/h, é preciso que o

48 Ver *The Actor and the Target*.

carro tenha um limite maior, por exemplo, 120 km/h[49]. Se o limite for apenas de 80 km/h, o esforço para sustentar essa velocidade média será árduo demais e poderá causar problemas no motor.

Reforço que, para o artista britânico, os exercícios, como os de respiração, fazem parte apenas do trabalho invisível. No trabalho visível, os versos têm que ser consequência daquilo que o ator vê exteriormente, isto é, de sua relação com os alvos. E quando Donnellan fala em ver exteriormente, ele considera até mesmo aquilo que a imaginação do ator vê (os alvos imaginários e abstratos). Em minha dissertação de mestrado, a partir de um entrelaçamento de princípios de Donnellan e Stanislávski, abordo a imaginação como um processo de imagens-em-ação, isto é, a imaginação, na arte da atuação, pode ser entendida como um fenômeno que se dá por imagens captadas por um ator exteriormente no espaço e que ganham vida própria, a ponto de agir provocando-o a reagir; por isso são imagens-em-ação[50].

Diferentes Perspectivas de Tempo

> *A expectativa é o maior impedimento para viver: leva-nos para o amanhã e faz com que se perca o presente.*
>
> SÊNECA, *Sobre a Brevidade da Vida*.

Para concluir, apresento o que Donnellan chama de "regra do Tempo"[51]. O autor diz que quanto mais altas as apostas, menos tempo parece haver disponível. Apostas altas significam, para ele, o aumento de tensão, a elevação dos riscos da personagem, ou seja: quando há muito em jogo, quando ela tem muito a ganhar e a

49 Ibidem.

50 Ver V. Albricker, *A Fala Cênica sob o Entrelaçamento dos Princípios e Procedimentos de Constantin Stanislávski e Declan Donnellan*, p. 66, 69 e 142.

51 Ver *O Ator e o Alvo*.

perder ao mesmo tempo. Assim, a sensação de passagem do tempo parece acelerar quando as apostas aumentam: o Tempo age contra a personagem. Essa regra ocorre no trabalho visível, na perspectiva da personagem. No entanto, no trabalho invisível, o Tempo, essa entidade implacável, age favoravelmente ao ator, que deve aproveitá-lo cuidadosamente. Nas palavras do artista britânico:

> O ator paciente leva tempo com o trabalho invisível, mas as apostas desenfreadas tiram as rédeas do Tempo das mãos da personagem, que está sempre tentando acompanhar a situação, mas sempre falha. Até mesmo Winnie, que está enterrada na areia em *Dias Felizes* [de Samuel Beckett], mal consegue acompanhar os pensamentos que passam rapidamente por sua mente; seus membros estão imobilizados, mas sua imaginação corre solta. A história que seus membros contam se apaga diante da sequência estonteante de memórias e descobertas que ela vê.[52]

Dias Felizes evidencia que "o Tempo é amigo do ator, mas um inimigo da personagem"[53]. Inimigo da personagem porque, nesse caso, o Tempo acelerado faz com que Winnie mal consiga acompanhar os seus pensamentos. É importante lembrar que, para Donnellan, pensamentos e imagens também são alvos e, portanto, já existem antes mesmo que o ator precise deles (3ª regra): "[os alvos] têm vida própria"[54]. Por outro lado, o Tempo é aliado ao ator porque, no trabalho invisível, permite que ele procure curiosa e cuidadosamente por esses alvos. Em síntese: para a personagem, o controle do tempo escapa de suas mãos; para o ator, entretanto, o Tempo é um aliado no trabalho invisível e deve, portanto, ser bem aproveitado para possibilitar, nos momentos de trabalho visível, uma atuação com apostas altas.

52 Ibidem, p. 216.
53 Ibidem, p. 223.
54 Ibidem, p. 220.

Marcação Versus Reação na Relação Entre Ator e Diretor

Ao refletir sobre a questão de não forçar a manifestação do trabalho invisível no instante do trabalho visível, deparo-me com o problema das marcações. Será que reagir é a mesma coisa que executar a marca imposta pelo diretor ou estabelecida por si mesmo? No senso comum, atribui-se às marcações um sentido de profissionalismo e precisão cênica. Mas será que elas são proveitosas para uma atuação cênica viva?

Brook diz que "o diretor que vai ao primeiro ensaio com seu texto preparado, já com as marcações e ações etc. anotadas, é um homem de teatro realmente moribundo"[55]. Sobre essa questão, narra sua própria experiência ao dirigir a peça *Love's Labour's Lost* (Trabalhos de Amor Perdidos), sua primeira grande produção, ensaiada em 1945, quando tinha apenas vinte anos de idade. Essa experiência marcou sua passagem do que ele mesmo chama de teatro moribundo para o teatro imediato. Antes de iniciar os ensaios, Brook relata que anotara todas as marcações de cena em um grande livro, a partir de um estudo de movimentação de quarenta figurinhas de cartolina – que representavam os atores e atrizes do elenco – dentro de uma maquete do cenário do espetáculo. Para sua surpresa, ao iniciar os ensaios, nada saía como havia planejado, pois o elenco fazia tudo de modo muito diferente de suas marcações previamente elaboradas. Diante dessa realidade, ele pensou, primeiro, em como poderia conseguir fazer o elenco se conformar às suas anotações. Porém, acabou por perceber que sua preconcepção não tinha tanto potencial criativo quanto a proposta que aqueles atores e atrizes desenvolviam diante dele, uma proposta "rica em energia, [com] ritmos diferentes, abrindo tantas possibilidades inesperadas"[56]. A partir daí,

55 P. Brook, *O Espaço Vazio*, p. 169.
56 Ibidem, p. 171.

tomou a seguinte decisão: "Parei [de seguir as anotações prévias] e me afastei do meu livro, indo para junto dos atores, e nunca mais olhei para um plano escrito. Reconheci de uma vez por todas a presunção e a loucura de pensar que um modelo inanimado possa ocupar o lugar de um homem."[57]

Então, o diretor passa a reagir aos atores em vez de ficar, *a priori*, marcando as cenas. Se surgem "ritmos diferentes" do jogo dos atores, o diretor também precisa reagir a esses ritmos. Nesse sentido, o trabalho de Brook com o ator desenvolve-se à semelhança da "análise pela ação" de Stanislávski, pois o mestre inglês também percebeu que o trabalho de mesa, quando realizado por muito tempo antes de experimentar a peça no espaço cênico, criava um abismo entre o entendimento intelectual e a intuição criativa do ator. Ele compara esse tipo de processo a uma operação militar, "pois um bom general reúne, sem dúvida, seus aliados ao redor de uma mesa antes de enviar tanques ao país inimigo, mas no teatro é diferente"[58]. Em contraponto à "operação militar", o seu processo criativo se baseia no seguinte roteiro: no mesmo dia, ele propõe exercícios preparatórios – que favoreçam uma atitude de abertura para a relação com o outro – e procura conectá-los com o "trabalho prático com a peça, sem preconceitos, mergulhando até as profundezas e experimentando [para, finalmente, realizar] uma análise racional, que pode esclarecer o que se acabou de fazer"[59].

A análise pela ação de Stanislávski, ou análise através da ação, ou análise ativa – traduções encontradas para o original russo *diéstvenni análiz* –, é uma metodologia de criação cênica fundamentada no sistema do mestre russo, que a desenvolveu ao longo de suas experiências, com maior ênfase nos seus últimos anos de vida e de pesquisa. Compreendo essa metodologia como um conjunto de procedimentos que evitam que o ator fique sobrecarregado por um acúmulo excessivo e improdutivo de informações, um processo

57 Ibidem.
58 Idem, *Não Há Segredos*, p. 62.
59 Ibidem, p. 63.

que enfatiza a experiência cênica – sensorial, sensível, espacial, relacional. Assim, nesse tipo de trabalho, é possível que o ator desenvolva o que chamo de "memória da atitude de reagir".

A análise pela ação é composta de estratégias que servem para evitar a passividade do ator em relação ao seu próprio trabalho. Essa passividade é tratada por Stanislávski como uma inércia criativa, como uma incapacidade de reagir, consequência provável de um excessivo trabalho de mesa sobre o texto dramático, o qual consistia em analisar o conteúdo literário da obra por meio de leituras coletivas e extensos debates reflexivos. Nele, não havia ainda a experimentação prática da cena, fato que impunha uma divisão acirrada entre, primeiro, realizar um estudo detalhado da obra literária para, somente depois de muito tempo, experimentar e ensaiar as cenas do espetáculo. Ao refletir sobre essa prática, afirma Knebel: "durante um longo período do trabalho de mesa, o papel ativo é do diretor, que explica, narra e seduz, enquanto o ator acostuma-se com que o diretor resolva por ele todas as questões ligadas à peça e a seu próprio papel"[60].

Para Stanislávski, uma das consequências mais indesejáveis desse processo, que passa exclusivamente pela via da dissecação lógica do texto dramático, era que o ator tendia a criar uma dicotomia entre as dimensões física e psíquica da sua atuação[61]. Para o mestre russo não deve haver essa separação, pois toda ação física é psicofísica, ou seja, as formas cênicas são indissoluvelmente ligadas ao conteúdo e ao contexto de cada obra. No trabalho de mesa, o elenco analisava o texto e procurava entender as motivações internas de seus papéis, o que não dava garantia alguma da apreensão e manifestação física desse estudo. Para o mestre russo, em um processo tão centrado no acúmulo racional de informações, os atores não tinham a oportunidade de adentrar o espaço cênico para experimentar as ações físicas em situações cênicas concretas, compreendendo corporal e sensorialmente as circunstâncias propostas da obra.

60 M. Knebel, *Análise-Ação*, p. 20.
61 Ver C. Stanislávski, op. cit.

Mas Stanislávski não abandonou totalmente o trabalho de mesa; passou a realizá-lo junto com a experimentação cênica, de modo intercalado: análise *pela* ação. Parafraseando D'Agostini, a análise ativa favorece o ator tanto na orientação do raciocínio quanto no despertar da sua intuição artística. Então, indo à cena desde o início do processo, os atores poderiam descobrir suas tarefas cênicas sem depender das marcações do diretor. No período anterior à efetiva prática da análise pela ação, o próprio Stanislávski fazia a mesma coisa que Brook veio a fazer mais tarde: pré-elaborava, minuciosamente, partituras de encenação, considerando todos os seus elementos, como as marcações de cena dos atores e até mesmo as pretendidas qualidades rítmicas. Como vimos, Brook declarou ter abandonado esse tipo de atitude. Stanislávski fizera o mesmo, mudando radicalmente de postura. Segundo Vássina e Labaki, o mestre russo reconheceu essa prática antiga como um erro, de forma explícita, em carta escrita a um pesquisador de Antón Tchékhov que, em 1925, solicitou-lhe a partitura da encenação de *A Gaivota*:

> Tome em consideração que as *mise-en-scènes* de *A gaivota* foram feitas segundo os velhos e agora já completamente ultrapassados procedimentos de impor ao ator meus sentimentos pessoais, e não segundo o novo método do estudo preliminar do ator, de seus dotes e do material para o papel a fim da criação de uma *mise-en-scène* que lhe seja adequada e necessária. Em outras palavras, aquele método das *mise-en-scènes* antigas pertence ao diretor-déspota contra o qual eu estou lutando agora, e as novas *mise-en-scènes* são criadas pelo diretor que se encontra na dependência do ator.[62]

Esse "novo método do estudo preliminar do ator" era uma evolução do trabalho de Stanislávski com as ações físicas, que o levou à prática pedagógica da análise pela ação, a qual, por sua vez, sustentava-se,

62 Stanislávski apud E. Vássina; A. Labaki, *Stanislávski: Vida, Obra e Sistema*, p. 69.

principalmente, no desenvolvimento de *études*, que são improvisações cênicas sobre os fatos das circunstâncias propostas. Os *études* podem envolver tanto os acontecimentos explicitamente presentes no texto como aqueles neste apenas mencionados e sugeridos, ou ainda aqueles ausentes no texto, porém imagináveis. Por exemplo: em *Medeia*, de Eurípides, não há a cena da difícil missão do roubo do velo de ouro, mas esse fato é mencionado pelo texto; então, os atores podem fazer um *étude* desse acontecimento, pois pode ser proveitoso descobrir, intuitiva e sensorialmente, que Jasão jamais teria conseguido roubá-lo sem a participação de Medeia.

De acordo com D'Agostini, os *études* abrem caminho para a imaginação do ator, exigindo dele uma postura operante no processo. Para essa autora, além de potencializar a investigação da ação dramática e aprofundar a relação entre os parceiros de cena, o *étude* "trabalha a imaginação do ator, familiariza-o e aproxima-o do acontecimento e do papel, o que o leva a encontrar o caminho para a lógica e a coerência de sua existência cênica"[63].

Donnellan e Ormerod, nas encenações do Cheek by Jowl, também utilizam *études* em seus processos criativos. Como podemos perceber, na citação a seguir, esses artistas seguem a mesma lógica de Stanislávski no que diz respeito a esse recurso de análise ativa:

> O fator preponderante dos *études* não é que sejam meios para desenvolver cenas específicas da peça, mas que são usados para criar o mundo da peça. Não precisam pertencer estritamente à história da peça, nem envolver somente as suas personagens; eles ajudam na compreensão do mundo no qual os eventos da peça acontecem e, também, de como suas personagens vivem.[64]

Na perspectiva de Donnellan e Ormerod, esse tipo de trabalho ajuda a acender a atenção e a imaginação do ator. Afinal, como seria possível descobrir alvos sem uma atenção e uma imaginação conectadas

63 N. D'Agostini, *Stanislávski e o Método da Análise Ativa*, p. 67.
64 D. Donnellan; N. Ormerod, Practitioners, *OCR*, p. 5.

ao mundo exterior? A falta de atenção e a imaginação atrofiada acabam levando o ator a generalizações; ele não consegue ver as especificidades e as transformações do mundo da personagem e das circunstâncias propostas da obra.

No meu entendimento, para valorizar a imaginação do ator, temos que estabelecer uma diferença entre marcação e reação. Na marcação, o ator (ou o diretor) tem o controle e toma a iniciativa; na reação, a iniciativa é do alvo, ele tem o controle. Concordo com Stanislávski, tudo que se faz em cena deve estar conectado com as circunstâncias propostas. E, se quisermos que a atuação flua viva, o ator precisará assumir a única atitude possível que os sistemas vivos têm para continuar vivos: alimentar-se daquilo que está no meio exterior. Nesse sentido, a marcação ameaça a vida cênica porque não pressupõe conexão com o exterior: mesmo quando o ator não percebe nenhuma transformação e nenhuma especificidade – que não sejam os detalhes da própria marcação –, a marcação pode perfeitamente ser realizada, ainda que sem vida. A reação, por outro lado, não ocorrerá quando o ator se desconectar de qualquer um dos princípios da exterioridade, da transformação e da especificidade; a reação jamais prescinde desses princípios.

É claro que, a partir de marcações, pode ser que o ator consiga ver, receber e reagir, logrando uma atuação viva. Nesse caso, ele terá transformado as marcações em reações; terá superado a marcação. No entanto, se não quisermos depender do raro talento de transformar marcações em reações, devemos optar por caminhos menos impositivos e mais provocativos, ainda que estes possam parecer mais longos – lembrando que, no trabalho invisível, o ator tem o tempo ao seu favor. Além disso, marcar é um ato violento, seja este praticado pelo diretor ou pelo próprio ator. Na minha concepção, "marcar" é fixar algo. E "fixar" é como atingir o estado de máxima entropia; é o equilíbrio da morte, a ausência de troca com o meio exterior. Para fixar algo, o diretor diz ao ator coisas como "faça isto", "vá até lá", "faça assim", "fale mais rápido". O ator também diz essas coisas a si mesmo e acaba se bloqueando com pensamentos como "errei a marca", "esqueci a minha marca", "odeio essa marca", "adoro essa marca" etc. É importante eliminar esse tipo de violência do processo criativo, pois falas e pensamentos como esses mutilam a relação do ator com o alvo e impede o surgimento de ritmos vivos.

Por uma Atmosfera de Intimidade

Donnellan e Brook parecem pensar de maneira muito semelhante no que diz respeito à intimidade: ambos raramente permitem que pessoas de fora do processo assistam aos ensaios, pois prezam para que transcorram em um ambiente privado, onde "não deve haver preocupação de não ser idiota ou de cometer erros"[65].

Depois de dirigir atores britânicos, franceses e russos, Donnellan revela que as questões centrais do trabalho do ator são as mesmas em todos os lugares, mas há algumas diferenças, relativas à diversidade cultural, como, por exemplo, maior facilidade ou não para trabalhar em grupo[66]. Por isso, um de seus princípios mais importantes, na busca por uma atuação cênica viva, é a intimidade. Donnellan reconhece o quão difícil é estabelecer intimidade entre atores, pois cada um costuma ficar muito preocupado com o seu próprio trabalho. Segundo ele, leva tempo, porém é possível chegar a um nível desejável de intimidade. De maneira semelhante, Brook concluiu que, mesmo que o observador fique quietinho em algum canto, os atores acabam ficando inconscientemente perturbados por essa presença precoce e ficam com medo de experimentar coisas ridículas. Mas errar e experimentar o ridículo são extremamente importantes na criação artística.

Criar conexões de intimidade com o outro não pressupõe ter "relações íntimas", como se diz no senso comum. Trata-se de algo mais sutil: não tem a ver com a intimidade de namorados ou de amigos, mas com formar parcerias confiáveis, entendendo que a

65 P. Brook, *O Espaço Vazio*, p. 200.
66 Ver It's Dangerous When Actors Think It's All About Their Feelings, *The Stage*.

liberdade na criação artística não dispensa a relação com o outro. Olhar nos olhos de alguém por muito tempo, por exemplo, exige intimidade; uma intimidade sensorial, estética, artística. Donnellan considera bizarro que as pessoas paguem para ver um espetáculo encenado por atores que nem sequer deram um "boa noite" uns para os outros antes de entrar em cena[67]. A rotina de intimidade tem que ser cultivada, negando os automatismos cotidianos, lembrando que o espetáculo só pode ser vivo se o encontro com o espectador for vivo. E dificilmente esse encontro será vivo se a relação entre os atores não for de fato viva.

Penso que a intimidade seja importante para que os atores possam ver uns aos outros, sem preconcepções. Ver o outro e se deixar afetar pelas ações que dele recebe é uma atitude de sutil intimidade. Precisamos ficar íntimos das ações do outro e dos ritmos de suas ações. Uma relação íntima é fundamental para captar as variações rítmicas vivas do outro, em toda sua singularidade, com toda a sua poderosa e proveitosa energia artística. A intimidade está conectada também com a empatia: "trata-se de entender as diferenças entre as pessoas, não de se identificar com elas"[68].

Inspirados por Donnellan e Brook, arrisco dizer que a intimidade é não ter medo de ser idiota na frente do outro, não repreender seus erros; ao contrário, é preciso deliciar-se com os erros, tanto com os meus quanto com os dos outros, pois o erro tem o extraordinário dom de nos fazer olhar para fora, com a leveza e a perspicácia de quem sabe rir das curvas inesperadas da vida. Devemos celebrar o erro, comemorá-lo, pois o erro é inerente à experiência viva. Quando está em uma atmosfera de intimidade, o ator consegue desarmar-se para ver de fato o outro e, também, deixar o outro vê-lo no ato da experiência viva. O trabalho invisível, para ser bem aproveitado, requer atores disponíveis para explorar os alvos com curiosidade e para arriscar as suas reações e seus ritmos sem julgamentos.

67 Ibidem.
68 Ibidem.

O Espaço Vivo Como Alvo

O que possibilita a relação do ator com o alvo? O espaço. E, para Donnellan, o espaço também é um alvo, que impõe restrições à personagem[69]. Essas restrições, quando percebidas pelo ator, o ajudam a atuar com vida. Representam, portanto, obstáculos para a personagem, porém liberdade para o ator. Entendo que o artista inglês considera o espaço como algo vivo, um grande alvo onde habitam diversos alvos vivos provocadores. Ao falar do espaço como alvo de Julieta, Donnellan sugere o exemplo de que o balcão, a noite e a imagem de um Montéquio são alvos que "restringem, reduzem, moldam, limitam e impedem tudo que Julieta quer fazer"[70]. Isto é, Julieta pode até querer muito estar corpo a corpo com Romeu, mas o espaço a impede com seus obstáculos. Esse conflito entre personagem e espaço, para Donnellan, energiza o ator em direção a uma atuação desbloqueada e viva.

Considero proveitosa para o ator a ideia de espaço vivo que impõe restrições à personagem, pois pode instigá-lo a olhar para fora, para ver o mundo exterior, com suas transformações e especificidades. Parafraseando Donnellan, o ator deve renunciar à sua suposta independência do espaço para ser verdadeiramente livre. Nesse sentido, sua atuação receberá vida na medida em que for capaz de ver o espaço através dos olhos da personagem, reagindo às suas restrições e obstáculos. A fim de sedimentar essa questão, transcrevo a seguir uma citação do diretor britânico sobre as relações de Julieta (a personagem) e de Irina (a atriz) com o espaço:

> O espaço através do qual nos movimentamos sempre nos oferece resistência, até mesmo o ar está em conflito com nosso corpo. Essas resistências criam atrito e o atrito produz calor,

69 Ver *O Ator e o Alvo*.
70 *O Ator e o Alvo*, p. 132.

> fogo e até luz. Para Irina, é importante experimentar tantas dessas resistências quanto possível. Porém, quanto mais nos concentramos, mais nos perdemos interiormente e mais nos tornamos insensíveis a essas pequenas resistências [do espaço]. Julieta é moldada pelo espaço assim como a costa litorânea é esculpida pelo vento e pelo mar. A costa litorânea não toma forma sozinha. [...] Para o ator, o espaço nunca é sem sentido; está sempre carregado de significados. [...] Portanto, é necessário que Irina se permita descobrir quais as resistências que o espaço exerce sobre o corpo de Julieta. Descobri-las ajudará Irina a se movimentar como Julieta.[71]

Agora, penso: se o espaço é um alvo vivo e o ritmo depende do alvo, então o espaço também pode ser o maestro do ator, o regente de suas variações rítmicas. Quando estou diante dessa metáfora do espaço que molda uma pessoa tal como o vento e o mar esculpem a costa litorânea, lembro-me novamente da analogia de Piana, que associa o ritmo às barragens de um rio. Para mim, é o ritmo que esculpe a forma da costa litorânea, e tem origem no espaço, o qual, nessa perspectiva, com suas barragens, obstaculiza o fluir contínuo da água e, assim, possibilita o ritmo. Além disso, os ventos e as ondas do mar também são obstaculizados pela costa terrestre, o que dá origem a ritmos capazes de esculpir a própria costa. Então, o ritmo depende de uma fricção de espaços entre: o espaço da água fluida e o espaço das barragens; o espaço da costa terrestre, o espaço do mar e o espaço do vento. Do ponto de vista do vento, por exemplo, o espaço é composto pelo mar e pela costa terrestre; e o vento reagirá às restrições impostas por esses obstáculos espaciais – obstáculos que possibilitam ritmos. Para voltar à perspectiva do ator, o ritmo vivo só poderá nascer quando ele estabelecer uma relação viva com o espaço exterior.

Ainda sobre a citação anterior, Donnellan enfatiza que o espaço é "carregado de significados", o que me remete diretamente ao conceito

71 Ibidem, p. 135-136.

de circunstâncias propostas. Para mim, o espaço é o corpo vivo das circunstâncias propostas. Os fatos podem ser vistos em uma sequência temporal, mas como conceber tais fatos sem implicações espaciais específicas? Na referida citação, o artista britânico parece sugerir que a concentração costuma levar o ator para um espaço interior, que prende os seus sentidos, prejudicando sua sensibilidade em relação ao espaço exterior. Até mesmo a personagem, para esse autor, é um espaço exterior, como uma máscara que o ator veste – por isso ele recorrentemente utiliza a expressão "ver através dos olhos da personagem". Nesse sentido, afirma: "imaginar que a personagem é exterior como a concha que protege um crustáceo, diferentemente do esqueleto interior de um ser vertebrado, pode ajudar Irina"[72].

Considero o espaço interior não como algo menos importante, mas como uma dimensão muito difícil de ser penetrada direta e conscientemente pelo ator; podemos penetrar no espaço à nossa volta e, se fizermos isso quando estivermos de fato curiosos e atentos, possibilitaremos que o nosso espaço interior se alimente de energia criativa. Assim, o ator não precisa se sobrecarregar com a preocupação de ser criativo, ou de fabricar energia criativa, pois ele pode buscar toda essa energia no espaço exterior e específico. E, ainda: o espaço, como todo alvo, estará sempre em transformação, provocando variações rítmicas vivas nas reações do ator. Nesse sentido, até mesmo o mais introspectivo dos pensamentos estará, de algum modo, localizado exteriormente, vivo. E, para lidar com esse pensamento que está fora ao mesmo tempo que está dentro, o ator pode apostar no sentido da extrospecção.

O Sentido da Extrospecção

A palavra introspecção vem do latim "introspecere" e possui o sentido de olhar para dentro, sendo formada por *intro-* (para

72 Ibidem, p. 133.

dentro) e *specere* (olhar). Portanto, a introspecção é da ordem da reflexão íntima, da experiência interior subjetiva, mental e sentimental. Pode-se dizer, por exemplo, que as peças de Tennessee Williams têm conteúdo introspectivo, isto é, possuem temas e personagens enraizados em questões do mais íntimo do ser humano.

Mas, se defendo que devemos olhar para fora e ver o mundo vivo da personagem, o ator não poderá ser introspectivo? E se a personagem for introspectiva? Por acaso o ator teria então que ser "extrovertido"?

A palavra "extroversão" não parece soar bem para o trabalho do ator. Ser extrovertido costuma remeter a ser expansivo, comunicativo, brincalhão. Se o ator for extrovertido ao lidar com um texto de conteúdo introspectivo, provavelmente acabará anulando o sabor introspectivo das palavras que disser. Por outro lado, quando proferir um texto de conteúdo introspectivo, o ator poderá ficar ensimesmado se ficar olhando apenas para dentro e, com isso, o texto poderá ficar ininteligível, "engolido", falado para dentro.

Ao encarar essa questão, pensei em uma palavra que eu nem sabia se existia: extrospecção. Pesquisei por ela em dicionários e a encontrei no *Caldas Aulete* com o significado de "observação das manifestações exteriores". A partir daí, forjei esta expressão: **o sentido da extrospecção**. Definição: capacidade que o ator tem de olhar para fora e ver não apenas o mundo exterior, mas também o mundo interior da personagem; sensação de que os seus processos interiores também se localizam no espaço exterior ao seu corpo físico.

Esse sentido especial depende fortemente da imaginação e pode ajudar no trabalho com conteúdos introspectivos, pois, nesse caso, o ator deve se relacionar com a dimensão interior da personagem sem se perder dentro de si. Com o sentido da extrospecção, o ator mantém conexão com conteúdos introspectivos, mas sem desconectar-se da dimensão exterior ao seu corpo físico, isto é, da dimensão do espaço vivo ao seu redor – espaço que pode ser abstrato, imaginário, subjetivo, porém sempre específico. E, como vimos, toda a energia de que as coisas vivas precisam está fora, no espaço exterior.

O Exercício de Ver, Receber e Reagir na Chuva Imaginária

Considerando os aspectos sobre o espaço apresentados até aqui, ofereço o exemplo de um exercício bastante pertinente: o exercício de ver, receber e reagir na chuva imaginária[73]. Nesse exercício, a primeira instrução serve para propor sinteticamente as circunstâncias básicas que deverão estimular a imaginação do ator. O professor pode dizer algo como: "Veja este espaço. Imagine que não se trata mais da sala de aula, mas das ruas da cidade do Rio de Janeiro. Está chovendo muito e você está bem-arrumado para uma importante entrevista de emprego, levando um guarda-chuva. Está atrasado."

Então, o ator começa a improvisar a partir dessas circunstâncias. Costumo observar dois problemas nessa primeira improvisação:

1. O deslocamento é continuamente frenético, constantemente rápido, muito regular. Também não apresenta direções bem definidas, sendo difícil identificar que o ator está caminhando por ruas de uma cidade específica, e não por uma sala vazia; e
2. A respiração é forçadamente ofegante e o olhar fica arregalado, mirando impassivelmente o horizonte, como se quisesse mostrar que está muito aflito, talvez tentando expressar sua agonia de estar prestes a perder a entrevista de emprego.

Nenhum desses aspectos parece contribuir para que a atuação seja viva nesse exercício, justamente porque o ator se perde em seu espaço interior, tentando fabricar estados psíquicos e emocionais para expressá-los diante do professor e dos colegas de turma. Essas são características de um ator bloqueado, pois ele quer controlar tudo e acaba não vendo nada que pode verdadeiramente energizá-lo.

73 Concebi esse exercício em 2018 e costumo realizá-lo na disciplina Atuação Cênica III, que leciono no Curso de Bacharelado em Atuação Cênica da Escola de Teatro da Unirio.

Relembrando a escolha incômoda de Donnellan entre excitação e vida, o ator está optando pela excitação e, portanto, anulando a possibilidade da manifestação verdadeira da vida em cena. Mas e se, em vez disso, o ator se conectasse ao espaço exterior? Será que a vida poderia surgir? Para experimentar isso, o professor pode lançar algumas questões para provocá-lo a ter mais atenção e menos concentração. Por exemplo: "Você só olha para frente, horizontalmente, mas será que não há nada para ver ao nível do chão?"

E, então, o ator começa a ver as poças d'água de diversos tamanhos que a chuva forma nos vários buracos e desníveis da calçada imaginária em que caminha. Ele se surpreende com essas poças, pois as havia ignorado antes. A falta de atenção às circunstâncias propostas o levara a caminhar como se estivesse em calçadas muito bem niveladas, que são raríssimas no Rio de Janeiro. Agora, com esses novos obstáculos, o ritmo da caminhada do ator começa a se tornar mais irregular, alternando entre a pressa e a cautela, afinal não é nada prudente que ele chegue à entrevista de emprego, além de atrasado, com os sapatos encharcados e a barra da calça toda molhada e fedida – talvez seja necessário lembrar que, quando chove nessa cidade, não é raro que os bueiros vazem muito e o esgoto tome conta das ruas.

A atenção ao espaço exterior pode ser ainda mais enriquecida com provocações como: "E será que não há nada para olhar à sua direita e à sua esquerda? E em cima de você, será que não há nada além do céu e da água caindo?" Então, o ator começa a ver os outros pedestres, imaginários, também desviando de e pisando em poças, esbarrando nele e atravancando seu caminho; começa a ver veículos que passam acelerando em cima de partes inundadas do asfalto, fazendo voar água para cima dele, que tenta se desviar; começa a ver as marquises dos prédios, com suas cascatas de água suja acumulada, que ele também precisa evitar.

O interessante desse exercício é perceber que o fato de começar a efetivamente ver o espaço exterior, prestando atenção às suas especificidades, acende a imaginação do ator e provoca uma transformação significativa na qualidade da sua atuação. Antes, quase não havia variações rítmicas, apenas uma caminhada continuamente rápida e sem direção. Os olhos tentavam exprimir algum estado interior e só miravam o horizonte. Mas, depois de ver o espaço, em sua especificidade, e de adentrar nas circunstâncias propostas, o ator passa a receber as imposições do espaço e a reagir a estas com complexos ritmos vivos em seu deslocamento: agora, ele percebe que precisa atravessar um espaço cheio de obstáculos ativos que farão de tudo para que ele chegue à entrevista de emprego muito mal apresentável. Para isso, precisa reagir corporalmente ao espaço, executando tarefas como: saltar e desviar das poças, afastar-se dos veículos, evitar os esbarrões, esquivar-se das cascatas das marquises, fugir do esgoto que está vazando, proteger-se das rajadas do vento, entre outras. Os ritmos de todas essas reações são regidos pelo espaço.

Nesse exercício, quando realizado adequadamente, os ritmos do ator costumam apresentar uma complexa irregularidade, com muitas paradas súbitas, acelerações inconstantes e desvios imprevisíveis de direção. Essas são características condizentes com as circunstâncias propostas, já que, apesar de estar atrasado, o sujeito não pode apenas sair andando aflita e apressadamente, sem perceber as muitas barreiras que o espaço impõe sobre si. Em suma, nesse exercício, as poças de água são para os ritmos do deslocamento do ator o que as barragens do rio são para os ritmos do curso de suas águas. Por isso, o espaço também é um alvo que dita o ritmo do ator.

O Espaço Relacional e a Comunicação Vocal

O espaço também libera os ritmos vivos da voz. Nesta abordagem, apresento alguns pressupostos de Francesca Della Monica, que se dedica a libertar a voz do ator dos bloqueios históricos. Isto é, sua missão é possibilitar que o ator descubra seus potenciais discursivos, não somente em relação ao som vocal, mas também em conexão com uma dimensão mais ampla da voz, que jamais exclui o corpo, o movimento, o pensamento e a imaginação do processo comunicativo. Para isso, um de seus princípios mais fundamentais é que a voz deve ser uma reação ao espaço.

Della Monica trabalha para eliminar o que chama de "cantilenas", que são cadências e entonações cantaroladas da fala que obedecem a métricas automáticas, desconectadas do sentido das palavras do texto. A seu ver, as cantilenas revelam que o ator não compreende nem o que diz nem para quem direciona o que diz, representam, portanto, um sintoma da falta de relação com o interlocutor e com o espaço, criando uma incongruência fatal entre o movimento sonoro da voz e a função da palavra.

A artista italiana considera o espaço como fundador do gesto vocal, ideia que encontra eco no pensamento poético do artista francês Novarina, para quem "as palavras emitem o espaço"[74]. Della Monica estabelece dois tipos de espaço por meio dos quais a dramaturgia vocal se desenvolve: os concretos e os não concretos. Para cada tipo, há dois subgrupos, respectivamente: o espaço visível e o físico possível; e o espaço relacional e o lógico-projetivo. Há ainda a paisagem vocal – termo inspirado no conceito de paisagem sonora, de Schafer –, que representa a articulação polifônica de todos os espaços da voz, formando uma identidade vocal[75]. As particularidades de cada um desses espaços da ação vocal são detalhadamente abordadas nas publicações de Maletta, no artigo de Della Monica e Maletta, e na dissertação de Hadad[76]. Interessa-me especialmente o espaço não concreto relacional, pois suas características se conectam com a minha inferência de que "sem relação, não há reação".

De acordo com Maletta, o espaço relacional proposto por Della Monica possui quatro dimensões, a saber: a íntima, a privada,

74 V. Novarina, *Diante da Palavra*, p. 17.

75 Ver M. Schafer, *O Ouvido Pensante*.

76 Ver E. Maletta, A Dimensão Espacial e Dionisíaca da Voz Com Base nas Propostas de Francesca Della Monica, *Urdimento*, n. 22; e idem, *Estratégias Pedagógicas Polifônicas Para a Formação do Ator*. F. Della Monica; E. Maletta, Os Espaços que Promovem uma Dramaturgia da Ação Vocal, *Vis*, n. 1.; e A. Hadad, *A Arqueologia do Trabalho Vocal Proposto por Francesca Della Monica*.

a pública e a mítica[77]. A dimensão íntima é aquela na qual a comunicação ocorre em um espaço restrito, com muita proximidade entre emissor e interlocutor; a privada envolve um espaço de comunicação mais ampliado, com mais interlocutores, como em reuniões familiares ou profissionais; a pública é caracterizada por um espaço ainda mais ampliado, envolvendo muitos interlocutores, como em auditórios, assembleias e plateias teatrais; a mítica ultrapassa as convenções históricas, transcendendo a voz socialmente regrada e adestrada. A voz mítica pode ser percebida, por exemplo, na mulher parindo e na torcida de futebol[78]. Trata-se de uma dimensão espacial que vai muito além do recinto em que está o emissor, pois seus interlocutores são imagens embebidas na embriaguez dionisíaca. Enquanto no espaço lógico-projetivo "**o que** se diz" é o mais importante, no espaço relacional mítico é o "**como** se diz" que impera. Nesse sentido, os contrastes rítmicos são ampliados no espaço mítico.

As extensões e intensidades vocais aumentam proporcionalmente à amplitude da dimensão do espaço relacional, sendo mais estreitas na dimensão íntima e mais amplas na dimensão mítica. No trabalho de Della Monica, a questão não está em forçar um aumento de intensidade vocal para atingir um interlocutor que está distante, por exemplo, em um espaço público; em vez disso, para ela, as extensões e intensidades vocais se ampliam na medida em que o ator assimila sensorialmente a amplitude do espaço em que se encontra, percebendo seus interlocutores ao redor, em 360 graus. O reconhecimento sensível dessa dimensão espacial possibilita que o ator reaja, espacializando sua voz em vez de projetá-la. A artista italiana chama a atenção para o fato de a expressão "projetar a voz" sugerir uma direção em linha reta frontal, que geralmente se direciona apenas a um interlocutor direto; por isso, prefere dizer "espacializar

77 Ver A Dimensão Espacial e Dionisíaca da Voz Com Base nas Propostas de Francesca Della Monica, *Urdimento*, n. 22.

78 Esses exemplos de vozes míticas foram dados pela própria Francesca Della Monica, em palestra a que tive a oportunidade de assistir, durante o Simpósio Lume, na Unicamp em 2017.

a voz", ou "ampliar o espaço da voz", que implica uma emissão com mais interlocutores incluídos no processo comunicativo, ampliando o espaço externo e interno de ressonância do emissor.

Essa ideia me remete às variações rítmicas vivas, no seguinte sentido: quanto mais amplo o espaço relacional for, mais contrastes rítmicos as reações vocais do ator poderão ganhar. Assim, o som da sua voz irá desenvolver amplas qualidades, passeando por nuances de métrica, timbre, entonação, dinâmica e agógica. Além de variações sonoras, o ritmo também apresentará nuances corporais – afinal, voz não se resume ao som –, envolvendo principalmente as posturas e as distâncias espaciais entre emissor e interlocutor. Inclusive, para Della Monica, o movimento corporal, ainda que mínimo, sempre antecede o som vocal e tem a capacidade, também, de prolongar a voz para além do decaimento sonoro. Nas palavras da autora: "A reação corpórea e mental ao espaço de relação, assim como aos outros tipos de espaço, deveria antecipar a emissão/gesto vocal e permanecer para além da duração do som que foi ouvido, incluindo os silêncios e dando significado a eles. Tudo isso é evidente em um diálogo, no qual o espaço que liga os interlocutores existe por meio do alternar-se do dizer e do escutar."[79]

Trabalhando com esse princípio de Della Monica, podemos talvez criar condições favoráveis ao acontecimento daquilo que Stanislávski chamava de recepção e emissão de raios – ou irradiação –, que conecto com as atitudes de ver, receber e reagir. Nos exercícios vocais conduzidos por Della Monica, frequentemente solicita que o ator assuma uma postura de abertura para a comunicação, antes mesmo que o som seja emitido, seja pela fala, seja pelo canto. Nessa postura, o plexo solar deve estar desobstruído, com o queixo em 90° em relação a este, e os braços devem se abrir, em um gesto de oferecer a voz ao interlocutor. É como se esse gesto de abertura acionasse o som vocal e, depois, prolongasse-o imaginariamente, por meio

79 Della Monica apud E. Maletta, *Estratégias Pedagógicas Polifônicas para a Formação do Ator*, p. 28.

de movimentos expansivos, sinuosos e contínuos. Segundo Della Monica e Maletta, esse engajamento na abertura corporal também provoca uma reação do espaço interno e fisiológico do sujeito, isto é, ocorre um abaixamento da laringe, que amplia as suas potencialidades vocais[80].

O que mais me chama a atenção no trabalho dessa artista e pedagoga é a atenção cuidadosa que ela dedica à conexão do ator com a **exterioridade**, que considero um dos três princípios fundamentais da atuação cênica viva. As dimensões do espaço relacional propostas por Della Monica implicam a relação do ator com o interlocutor. Nesse sentido, ela muitas vezes instiga os atores com estas palavras: "não me deixe fora do espaço. Me inclua no espaço. Não cante no espaço onde esteja apenas você. Mantenha a relação com as outras pessoas que estão no ambiente"[81]. A partir desse raciocínio, percebo que Della Monica procura conscientizar o ator de um dos princípios mais básicos da vida (e que deve valer também para o palco): a adaptação ao meio exterior.

Sobre essa questão de "manter relação com outras pessoas no espaço", observo semelhanças entre o que Della Monica fala sobre o interlocutor e aquilo que Donnellan considera como alvo. O espaço e os alvos, assim como o espaço e os interlocutores, servem para libertar a reação do ator, para supri-lo da energia necessária para a comunicação teatral. E as correlações de pensamentos também são nítidas quando a artista italiana fala sobre o medo do ator em reagir a espaços míticos, dizendo que "sair do seu recinto pode ser tão assustador que você prefere se espremer, se apertar"[82]. Essas palavras encontram eco no pensamento de Donnellan de que o ator não deve "voltar para casa", ideia fundamentada em suas escolhas incômodas, como certeza ou confiança, e independência ou liberdade[83].

80 Ver F. Della Monica; E. Maletta, Os Espaços que Promovem uma Dramaturgia da Ação Vocal, op. cit.
81 Della Monica apud E. Maletta, op. cit. p. 36.
82 Ibidem, p. 34.
83 Ver seção "As Escolhas Incômodas: Atitudes Para Uma Atuação Viva", supra.

Então, segundo a lógica de Della Monica e Maletta, em vez de "se apertar", o ator precisa "aportar" no outro. Nas palavras dos autores:

> Em um espaço físico há também um espaço relacional, no qual podem agir, simultaneamente, dinâmicas comunicativas diferentes. O espaço físico, então, torna-se repleto de pessoas presentes *em estado de escuta*; a palavra, o som e o gesto começam a sair de um recinto solipsístico para alcançar uma *dimensão de compartilhamento*. A voz, como gesto de relação, deverá distanciar-se da própria margem de autorreferência, na qual cada um se refere e fala consigo mesmo, e com um movimento "fluvial" aportar na outra margem, aquela da comunicação com os outros.[84]

Na comunicação, o espaço relacional é determinante e, por isso, é preciso vê-lo, escutá-lo – nas palavras de Della Monica, senti-lo. Comunicar-se vocalmente é um ato que implica, antes de tudo, a escuta do espaço e dos interlocutores nele inseridos. A questão da escuta é fundamental também no trabalho de Eugênio Tadeu Pereira, para quem a ação vocal resulta da interação entre os sujeitos e é provocada e alimentada pela escuta. De acordo com Pereira, escutar é uma atitude corporal de recepção ativa, para a qual toda a estrutura psicofísica é mobilizada pelo ator. Para ele, não há jogo sem escuta. Essa ideia é compartilhada não somente por Della Monica, mas também por grandes mestres do teatro, como Stanislávski, Brook e Donnellan.

Para retomar a citação anterior, de Della Monica e Maletta, deparo-me com a imagem de que o gesto vocal deve seguir um movimento fluvial, aportando na outra margem. A artista italiana cria uma metáfora imagética – inspirada no conto "A Terceira Margem do Rio", de Guimarães Rosa – para instigar o ator a reagir ao espaço. Ele deve imaginar que está na margem de um rio e que seu interlocutor está

84 F. Della Monica; E. Maletta, Os Espaços que Promovem uma Dramaturgia da Ação Vocal, op. cit., p. 13.

na outra. O seu corpo permanece fisicamente na mesma margem, mas desloca-se imaginariamente para a segunda margem, aquela do interlocutor. Esse primeiro movimento implica ver e assimilar a presença do outro. Portanto, a voz começa a partir da segunda margem, com um percurso em direção a uma terceira margem.

Estamos novamente diante de uma analogia com o rio e, por isso, não posso deixar de fazer referência a Piana, para quem o ritmo é um fenômeno associado com a resistência das margens à fluidez das águas de um rio. Em relação à imagem proposta por Della Monica, penso que o ritmo surge da comunicação, entendendo a terceira margem como a instância dos ritmos vivos da comunicação. São variações rítmicas que surgem da relação entre diversas vozes – discursos cênicos –, articulando polirritmias, da voz do ator com a voz do interlocutor, seja este o parceiro de cena, a sombra, a luz, o objeto, o som, a imagem, o pensamento ou até a lembrança. Se, ao estudar Donnellan, posso inferir que os ritmos emanam do alvo, ao ler as ideias de Della Monica, posso imaginar que os ritmos emanam também da outra margem do rio. Mais especificamente, as variações rítmicas da voz dependem da percepção do espaço pelo ator e de sua reação a este, em um percurso que o conduz a uma terceira margem, que é a instância da comunicação viva e artística.

Preparando o Solo

Ao longo deste capítulo, apresentei ideias e práticas artísticas, estratégias e provocações metodológicas sobre o trabalho do ator, discutindo-as e entrelaçando-as, no intuito de colaborar com a formação do artista cênico no que diz respeito à atuação viva e ao manejo do ritmo vivo. Nos capítulos 1 e 2, além de ampliar o conceito de ritmo no teatro, fiz um percurso teórico que me levou a identificar os três princípios fundamentais da atuação cênica viva: exterioridade, especificidade e transformação. Disse também que, a fim de lograr esse tipo de atuação, o ator deve cultivar as atitudes de ver, receber e reagir. Após essa jornada, escrevi mais este capítulo, para refletir sobre como cultivar essas atitudes.

Cultivar é uma palavra que implica empenho, cuidado e dedicação. Na agricultura, o cultivo pressupõe o preparo do solo. E esse preparo envolve procedimentos específicos, que variam conforme o tipo de semente que se pretende plantar. Vislumbro um ator que floresce sua atuação como um sistema vivo. Para cultivar essa espécie, integrada ao ecossistema vivo do espetáculo, penso ser indispensável preparar o solo propício para a germinação. Isso me leva a afirmar que os ritmos vivos emanam do alvo, porque o conceito de Donnellan apresenta-se como uma ferramenta bastante adequada para o tipo de cultivo a que me refiro.

Se entendermos que toda energia criativa vem do exterior, o alvo poderá nos ajudar a ver "brotar" a atuação viva, pois este é a fonte da energia do ator, é o seu maestro. Mostrei que o artista inglês vislumbra um ator capaz de escapar da lógica controladora e ensimesmada que isola sua atenção do mundo ao redor, levando-o a tentar fabricar energia interiormente. Para que o alvo possa acender a "lâmpada" da atuação viva, não se deve tentar expressar estados interiores, mas permitir que os estados, sentimentos e emoções surjam espontaneamente, a partir do jogo de ver (alvos), receber (as ações dos alvos) e reagir (reagir às ações dos alvos). Em uma atuação viva, os sentidos do ator – incluindo o sentido da extrospecção – devem estar preparados para ver os alvos e receber suas ações, permitindo-se também ser provocado pelos ritmos das suas ações e pelas transformações que estas causam nas circunstâncias propostas.

Conectar as regras do alvo com as ideias de Boleslávski, sobre o verbo, e de Stanislávski, sobre a tarefa, possibilita começar a desenvolver traços de um processo singular. Nesse sentido, falei que os verbos são, analogamente, as notas musicais do ator e, a partir dessa ideia, propus uma convenção estratégica cujas três principais características são: 1. o ator trabalha com verbos com complemento, o que exclui os intransitivos; 2. eu nunca posso ser o alvo que me provoca, mas o me, sim – pois, dessa forma, cabe o jogo de ver, receber e reagir com verbos pronominais de conjugação reflexiva; 3. os verbos mudam conforme as transformações dos alvos e das circunstâncias propostas, o que remete diretamente ao princípio da transformação. Vimos que Stanislávski falava da ação física, com propósitos, e da tarefa – que é sempre representada por um verbo – como um recurso para o ator sair da inércia, sem forçar emoções, mas liberando espaço para que elas possam se manifestar.

Quando abordei a análise pela ação, de Stanislávski, discorri sobre a interessante possibilidade de trabalhar com *études*, a fim de acender a atenção e a imaginação do ator. Vimos que o mestre russo condenava generalizações na atuação, decorrentes da falta de atenção e de imaginação do ator em relação às circunstâncias propostas – ideia que conectei ao princípio da especificidade.

Para pensar como cultivar as atitudes de ver, receber e reagir, trouxe também outras questões que considero importantes nessa perspectiva de que os ritmos emanam do alvo. A questão do espaço vivo, por exemplo, que precisa ser visto como alvo. O espaço também emana variações rítmicas para o ator. E quando entrei nas ideias de Della Monica, inferi que quanto mais amplo for o espaço relacional, mais contrastes rítmicos ganharão as reações vocais do ator. Por isso, é preciso desenvolver a sensibilidade para reagir ao espaço. Como sugere a artista italiana, para favorecer a comunicação, não devemos projetar a voz, mas espacializá-la. Há ritmos vivos na comunicação, que são despertos somente quando o ator consegue atingir a "outra margem", conectando-se de fato com seus interlocutores e com o espaço.

Além de todas essas práticas e ideias pedagógicas e artísticas, abordei outros fatores importantes, como a questão do aprender a esquecer, compreendendo as diferenças entre trabalho visível e invisível. Nesse sentido, desenvolvi a ideia de que é preciso cultivar uma memória da *atitude* de reagir, não a memória de cada reação e de cada ritmo. Nessa perspectiva, estabeleci diferenças práticas e conceituais entre marcações cênicas e reações vivas. E defendi a eliminação da violência no processo criativo, levantando a necessidade de cultivar um tipo especial de intimidade, pois a liberdade para errar e experimentar o ridículo é indispensável na criação artística.

A partir das ideias e princípios aqui discutidos, exercícios específicos podem ser elaborados para levar o ator a compreender as atitudes indispensáveis da atuação cênica viva. Processos singulares poderão ser desenvolvidos com base no arcabouço conceitual apresentado, nos princípios teóricos discutidos e nas formulações práticas abordadas neste trabalho. Aqui temos o preparo do solo para semear novas pesquisas. A questão "como desenvolver variações rítmicas vivas na atuação cênica" – aquela que deu origem ao projeto de pesquisa do doutorado defendido em 2019 – é complexa demais e requer mais tempo para ser investigada à luz da ideia de que os ritmos emanam do alvo. Um esforço como esse certamente demandará a criação de novas parcerias acadêmicas, envolvendo praticantes das artes e das ciências. Em suma, será preciso experimentar estratégias diversas, consonantes aos princípios fundamentais que defendo neste livro, criando meios concretos de ajudar o ator a cultivar variações rítmicas vivas na atuação cênica.

Considerações Finais

Destaco abaixo, sinteticamente, oito aspectos que considero fundamentais para a compreensão do entrelaçamento entre ritmo, vida e atuação cênica proposto neste livro. Apesar da numeração, cada item guarda a mesma importância dos demais, em termos práticos e teóricos; a ordem não implica hierarquia:

1. O fenômeno do ritmo implica variações que se processam por escoramentos, em um contexto de relações sistêmicas entre as partes que articulam e integram o todo.

2. O contraste é o princípio vital das relações que caracterizam o ritmo, variando entre gradativos e súbitos, em um jogo transformativo de durações, intensidades e outros elementos.

3. O jogo transformativo do ritmo é um jogo de desvios no sentido de ordem. E esses desvios nem sempre são metrificáveis ou mensuráveis, pois o ritmo também habita a dimensão subjetiva e qualitativa do temperamento, com variações nos planos da dinâmica e da agógica.

4. Considerando o ator como um sistema vivo, o fenômeno da atuação cênica viva compreende estes três princípios fundamentais: exterioridade, transformação e especificidade.

5. Da coexistência e correlação desses três princípios, derivam fatores importantes, como reação, memória, energia, propósito,

imaginação, abertura, estabilidade, precisão e presença – lista que pode ser ampliada, variando de acordo com as diferentes propostas estéticas, com a condição de não anular nenhum dos três princípios fundamentais.

6. O padrão de organização do ator – em uma atuação viva, fundamentada nos princípios de exterioridade, transformação e especificidade – é: ver, receber e reagir. Trata-se do lema do ator como sistema vivo, da máxima que orienta a sua atitude artística em cena.

7. Os ritmos vivos das reações devem variar de acordo com a necessidade de transformar aquilo que o ator especificamente vê e recebe do mundo exterior.

8. O ritmo pode ser considerado o como. Então, se um ritmo reage a outro ritmo, um como reage a outro como. Nesse sentido, os ritmos do ator estão conectados às circunstâncias propostas e decorrem da necessidade de transformar a realidade ao seu redor. Para isso, é preciso atenção aos alvos, pois são destes que emanam os ritmos vivos que energizam e provocam as variações rítmicas vivas das reações do ator.

anexo

Esquema do Sistema de Stanislávski

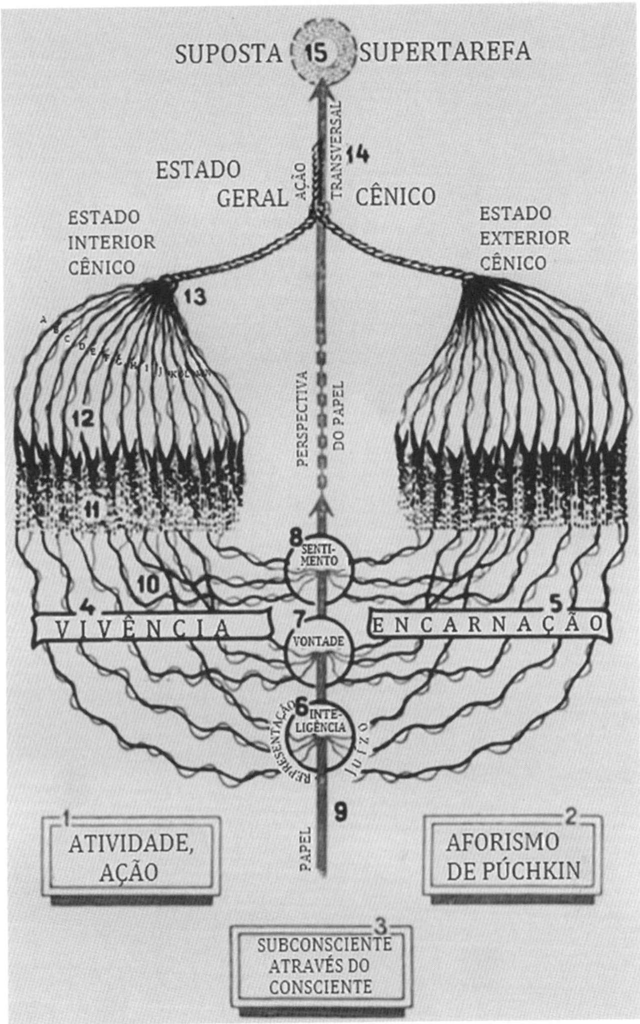

Imagem 8 – Esquema do sistema de Stanislávski.

Fonte: K. Stanislávski, *Sobrânie Sotchinêni v 9 Tomakh*, v. 3.
Nota: publiquei essa imagem na minha dissertação de mestrado (p. 30). À época, constatei que não havia ainda uma tradução desse esquema para o português. Compartilhei o fato com Elena Vássina, que traduziu cada palavra grafada no esquema original e, gentilmente, cedeu a mim. Pude modificar a imagem substituindo apenas os termos russos pelos correspondentes em português.

Referências

ALBRICKER, Vinicius. A Atuação Cênica Viva na Perspectiva do Diretor Britânico Declan Donnellan. *Ação: Arte do Ator em Revista*. Rio de Janeiro, v. 1, n. 1, 2021. Disponível em: <http://seer.unirio.br/index.php/acao/article/view/11161>. Acesso em: 20 dez. 2023.

____. *Variações Rítmicas Vivas na Atuação Cênica*. Tese (Doutorado em Artes), UFMG, Belo Horizonte, 2019. Disponível em: <https://repositorio.ufmg.br/handle/1843/30684>. Acesso em: 20 dez. 2023.

____. O Som da Aura, de Hermeto Pascoal: e Suas Possíveis Relações Com o Teatro. In: MOTA, Juliana (org.). *Pequeno Mapa de Encontros e Afetos*. São João Del Rei: Departamento de Letras, Artes e Cultura da UFSJ, 2015. Disponível em: <https://www.academia.edu/18288746/>. Acesso em: 28 jul. 2019.

____. *A Fala Cênica Sob o Entrelaçamento dos Princípios e Procedimentos de Constantin Stanislávski e Declan Donnellan*. Dissertação (Mestrado em Artes), UFMG, Belo Horizonte, 2014. Disponível em: <https://repositorio.ufmg.br/bitstream/1843/EBAC-9QBN75/1/disserta____o____vin_cius_albricker____vers_o_final_digital.pdf>. Acesso em: 20 dez. 2023.

ALBRICKER, Vinicius; CARVALHO, Luiz Otavio. A Filosofia de Declan Donnellan para uma Presença Viva do Ator. *Lamparina*. Belo Horizonte, v. 2, n. 10, 2017. Disponível em: <https://www.eba.ufmg.br/lamparina/index.php/revista/article/view/181>. Acesso em: 26 jul. 2019.

____. O Estúdio Fisções. *Lamparina*, Belo Horizonte, v. 2, n. 6, 2015. Disponível em: <https://eba.ufmg.br/lamparina/index.php/revista/article/view/106/118>. Acesso em: 26 jul. 2019.

ALSCHITZ, Jurij. *Treinamento Para Sempre*. Trad. Elen Durando. São Paulo: Perspectiva, 2017.

____. *A Vertical do Papel: Um Método Para a Autopreparação do Ator*. Trad. Sonia M. de Azevedo e Amilton M. de O. Filho. São Paulo: Perspectiva, 2014.

____. *40 Questões Para um Papel: Um Método Para a Autopreparação do Ator*. Trad. Marina L.N. Tenório. São Paulo: Perspectiva, 2012.

ASIMOV, Isaac. *A Última Pergunta*. Trad. Luciano Vieira Machado. Disponível em: <http://stoa.usp.br/lucianovf/files/2609/>. Acesso em: 26 jul. 2019.

BARBA, Eugenio; SAVARESE, Nicola. *A Arte Secreta do Ator: Um Dicionário de Antropologia Teatral*. Trad. Patrícia Furtado de Mendonça. São Paulo: É Realizações, 2012.

BARBA, Eugenio; SAVARESE, Nicola. *A Arte Secreta do Ator: Um Dicionário de Antropologia Teatral*. Trad. Luís Otávio Burnier. São Paulo/Campinas: Hucitec/Editora Unicamp, 1995.

BATESON, Gregory. *Mind and Nature: A Necessary Unity*. New York: E.P. Dutton, 1979.

BENEDETTI, Jean. *Stanislavski: An Introduction*. New York: Routledge, 2004.

____. *Stanislavski and the Actor*. New York: Routledge, 1998.

BENNETT, Roy. *Uma Breve História da Música*. Rio de Janeiro: Jorge Zahar, 1986.

BERGSON, Henri. *Duração e Simultaneidade*. Trad Cláudia Berliner. São Paulo: Martins Fontes, 2006.

BERRY, Cicely. *The Actor and the Text*. New York: Applause Theatre Books, 1992.

BOLESLÁVSKI, Richard. *A Arte do Ator: As Primeiras Seis Lições*. Trad. J. Guinsburg. 2. ed. São Paulo: Perspectiva, 2015.

BOLESLAVSKY, Richard. *Acting: The First Six Lessons*. New Albany: New Albany Press, 2013. (eBook)

BRECHT, Bertolt. *Poemas 1913-1956*. Trad. Paulo César de Souza. 5. ed. São Paulo: Editora 34, 2000.

BROOK, Peter. *Não Há Segredos: Reflexões Sobre Atuação e Teatro*. Trad. Tomaz Seincman. São Paulo: Via Lettera, 2016.

____. *O Espaço Vazio: Um Livro Sobre o Teatro: Moribundo, Sagrado, Rústico, Imediato*. Trad. Roberto Leal Ferreira. Rio de Janeiro: Apicuri, 2015.

____. Quarta Capa. In: DONNELLAN, Declan. *The Actor and the Target*. Revised edition. London: Theatre Communications Group, 2006.

____. Prefácio. In: GROTOWSKI, Jerzy. *Em Busca de um Teatro Pobre*. Trad. Aldomar Conrado. 4. ed. Rio de Janeiro: Civilização Brasileira, 1992.

BURNIER, Luís Otávio. *A Arte do Ator: Da Técnica à Representação*. 2. ed. Campinas: Editora Unicamp, 2009.

CAPRA, Fritjof. *A Teia da Vida: Uma Nova Compreensão Científica dos Sistemas Vivos*. Trad. Newton R. Eichemberg. São Paulo: Cultrix, 2006.

____. *As Conexões Ocultas: Ciência Para uma Vida Sustentável*. Trad. Marcelo B. Cipolla. São Paulo: Cultrix, 2005.

CARNICKE, Sharon Marie. *Stanislavsky in Focus: An Acting Master for the 21st Century*. 2. ed. London & New York: Routledge, 2009.

CARVALHO, Luiz Otavio. *Atuar com Ação Física Por Meio do Alvo: Um Percurso Didático*. Belo Horizonte: Editora UFMG, 2024.

CASTILHO, Jacyan. *Ritmo e Dinâmica no Espetáculo Teatral*. São Paulo/Salvador: Perspectiva/UFBA, 2013.

CHAGAS, Paulo. Som, Linguagem e Significado Musical. *Anais do Encontro Internacional de Música e Mídia*, 9, 2013, São Paulo. Disponível em: <http://musimid.mus.br/9encontro/#textos-completos>. Acesso em: 20 dez. 2023.

CHAVES, Camila R.V. *O Trabalho de um Ator Desbloqueado na Construção do Papel: Estratégias de Stanislávski e Donnellan*. Dissertação (Mestrado em Artes), UFMG, Belo Horizonte, 2018. Disponível em: <https://repositorio.ufmg.br/bitstream/1843/EBAP-B4ZSTM/1/disserta____o_camila_vaz____completa_.pdf>. Acesso em: 29 dez. 2023.

CHEDIAK, Almir. *Harmonia & Improvisação, v. 1*. 21. ed. Rio de Janeiro: Lumiar, 1986.

CHEEK by Jowl. Site da Companhia de Teatro de Declan Donnellan e Nick Ormerod. Disponível em: <http://www.cheekbyjowl.com>. Acesso em: 29 dez. 2023.

CHEKHOV, Michael. *Para o Ator*. Trad. Álvaro Cabral. 4. ed. São Paulo: Martins Fontes, 2010.

CORRÊA, André. L.; SILVA, Paloma R.; MEGLHIORATTI, Fernanda A.; CALDEIRA, Ana M. Aspectos Históricos e Filosóficos do Conceito de Vida: Contribuições Para o Ensino de Biologia. *Filosofia e História da Biologia*, v. 3, 2008. Disponível em: <http://www.abfhib.org/FHB/FHB-03/FHB-v03-02-Andre-Correa-et-al.pdf>. Acesso em: 20 dez. 2023.

COSTA-LIMA NETO, Luiz. O Cantor Hermeto Pascoal: Os Instrumentos da Voz. *Per Musi*. Belo Horizonte, n. 22, 2010. Disponível em: <http://www.scielo.br/scielo.php?pid=S1517-75992010000200004&script=sci_abstract&tlng=pt>. Acesso em: 26 jul. 2019.

____. O Calendário do Som e a Estética Sociomusical Inclusiva de Hermeto Pascoal: Emboladas, Polifonias e Fusões Paradoxais. *Revista USP*, n. 82, jun.-ago. 2009. Disponível em: <http://www.revistas.usp.br/revusp/article/view/13756>. Acesso em: 29 dez. 2023.

D'AGOSTINI, Nair. *Stanislávski e o Método da Análise Ativa: A Criação do Diretor e do Ator*. São Paulo: Perspectiva, 2018.

DELGADO, Maria; HERITAGE, Paul (eds.). *In Contact with the Gods? Directors Talk Theatre*. Manchester: Manchester University Press, 1996.

DELLA MONICA, Francesca. Prefácio. In: MALETTA, Ernani. *Atuação Polifônica: Princípios e Práticas*. Belo Horizonte: Editora UFMG, 2016.

DELLA MONICA, Francesca; MALETTA, Ernani. Os Espaços que Promovem uma Dramaturgia da Ação Vocal. *Vis*, Brasília, v. 14, n. 1, jan.-jun. 2015. Disponível em: <http://periodicos.unb.br/index.php/revistavis/article/view/14509>.

Acesso em: 28 dez. 2023.

DE MARINIS, Marco. Trabalhar Sobre as Ações Físicas: A Dupla Articulação. In: BARBA, Eugenio; SAVARESE, Nicola. *A Arte Secreta do Ator: Um Dicionário de Antropologia Teatral.* Trad. Patrícia Furtado de Mendonça. São Paulo: É Realizações, 2012.

DICIONÁRIO *Grego-Português.* Coord. Daisi Malhadas, Maria Celeste Consolin Dezotti e Maria Helena de Moura Neves. Cotia: Ateliê, 2006.

DIONISIO, Angela Paiva. Gêneros Multimodais e Multiletramento. In: KARKOVSKI, Acir M.; GAYDECZKA, Beatriz; BRITO, Karim (Orgs.). *Gêneros Textuais: Reflexões e Ensino.* 2. ed. Rio de Janeiro: Lucerna, 2006.

DONNELLAN, Declan. *O Ator e o Alvo.* Trad. Luiz Otavio Carvalho e Vinicius Albricker. São Paulo: Via Lettera, 2023.

____. Declan's Tagliatelle. *Cheek by Jowl,* 2020. Disponível em: <https://www.cheekbyjowl.com/declans-tagliatelle>. Acesso em: 28 dez. 2023.

____. *The Invisible Work: Approaching Shakespeare. Education Pack with Integrated Live-Capture of Périclès, Prince de Tyr.* 2018. Material didático produzido pelo Cheek by Jowl e cedido para a pesquisa. Disponível em: <https://www.cheekbyjowl.com/education-packs/shakespeare-pack>. Acesso em: 13 abr. 2019.

____. It's Dangerous When Actors Think It's All About Their Feelings. *The Stage,* London, 16 mar. 2017a. Entrevista concedida a Michael Conevey. Disponível em: <https://www.thestage.co.uk/features/interviews/2017/declan-donnellan-its-dangerous-when-actors-think-its-all-about-their-feelings/>. Acesso em: 14 jun. 2017.

____. *The Winter's Tale. Education Pack with Integrated Live-Capture.* 2017. Material didático produzido pelo Cheek by Jowl cedido para a pesquisa. Disponível em: <https://www.cheekbyjowl.com/education-packs/the-winters-tale-pack>. Acesso em: 12 abr. 2019.

____. *Measure for Measure. Education Pack with Integrated Live-Capture.* 2015. Material didático produzido pelo Cheek by Jowl cedido para a pesquisa. Disponível em: <https://www.cheekbyjowl.com/education-packs/measure-for-measure-pack>. Acesso em: 13 abr. 2019.

____. *The Actor and the Target.txt: Actor and Target, Most Recent Version 2014.* London, 2014. Documento cedido pelo autor a mim e a Luiz Otavio Carvalho, para tradução e publicação desta pela editora Via Lettera, de São Paulo.

____. Theatre Director Declan Donnellan: Why I Love Breaking Bad. *The Guardian,* London, 20 jun. 2014. Entrevista concedida a Laura Barnett. Disponível em: <https://www.theguardian.com/stage/2014/jun/20/declan-donnellan-why-i-love-breaking-bad>. Acesso em: 14 jun. 2017.

____. In the Beginning Was Breath: Lloyd Evans Talks to Declan Donnellan About His Acclaimed Production of *Ubu Roi* and Taking a Holiday From Words. *The*

Spectator, London, 30 mar. 2013. Books & Arts. Entrevista concedida a Lloyd Evans. Disponível em: <https://www.spectator.co.uk/2013/03/in-the-beginning-was-breath/#>. Acesso em: 14 jun. 2017.

____. About Macbeth. *Forma*. Barcelona, n. 1, Primavera 2010. Entrevista concedida a Miguel Berga i Bagué. Disponível em: <http://www.raco.cat/index.php/Forma/article/view/202204/270518>. Acesso em: 28 dez. 2028.

____. Portrait of the Artist: Declan Donnellan, Director. *The Guardian*, London, 05 May 2009. Entrevista concedida a Laura Barnett. Disponível em: <https://www.theguardian.com/culture/2009/may/05/theatre-stage-declan-donnellan-portrait>. Acesso em: 14 abr. 2019.

____. Introduction. In: STANISLAVSKI, Constantin. *An Actor's Work: A Student's Diary*. Trad. Jean Benedetti. New York: Routledge, 2008.

____. *El Actor y la Diana*. Trad. Ignacio García May. 2. ed. Madri: Fundamentos, 2007.

____. *The Actor and the Target*. Revised edition. London: Theatre Communications Group, 2006.

____. *On Directing: Interviews with Directors*. Edited by Gabriella Giannachi & Mary Luckhurst. New York: St. Martin's Griffin, 1999. Entrevista concedida a Gabriella Giannachi e Mary Luckhurst.

DONNELLAN, Declan; ORMEROD, Nick. Practitioners: Cheek by Jowl Theatre Company. Topic Exploration Pack. *OCR: Oxford Cambridge and RSA*, 2016. Disponível em: <https://www.ocr.org.uk/Images/324517-practitioners-cheek-by-jowl.pdf>. Acesso em: 29 dez. 2023.

EMMECHE, Claus; EL-HANI, Charbel N. Definindo Vida. In: EL-HANI, Charbel N.; VIDEIRA, Antonio A.P. (Orgs.). *O Que É Vida? Para Entender a Biologia do Século XXI*. Rio de Janeiro: Relume Dumará, 2000.

FERNANDES, Adriana. Dalcroze, a Música e o Teatro: Fundamentos e Práticas para o Ator Compositor. *Fênix*, Uberlândia, v. 7, n. 3, 2010. Disponível em: <https://www.revistafenix.pro.br/revistafenix/article/view/274>. Acesso em: 29 dez. 2023.

FERNANDINO, Jussara. *Música e Cena: Uma Proposta de Delineamento da Musicalidade no Teatro*. Dissertação (Mestrado em Artes), UFMG, Belo Horizonte, 2008. Disponível em: <https://repositorio.ufmg.br/bitstream/1843/JSSS-7WKJB4/1/disserta____o.pdf >. Acesso em: 29 dez. 2023.

GOMBRICH, E.H. *O Sentido de Ordem: Um Estudo Sobre a Psicologia da Arte Decorativa*. Trad. Daniela P.M. Kern. Porto Alegre: Bookman, 2012.

GOMES, Adriane Maciel. O Teatro de Vakhtângov: Fundamentos de uma Prática Teatral. *Revista de Literatura e Cultura Russa*, São Paulo, v. 8, n. 9, jun. de 2017. Disponível em: <https://www.revistas.usp.br/rus/article/view/130894/131481>. Acesso em: 29 dez. 2023.

GORMAN, Peter. *Pitágoras: Uma Vida*. Rio de Janeiro: Círculo do Livro, 1993.

GRAND, David. *Brainspotting: A Nova Psicoterapia Revolucionária para Mudança Rápida e Eficaz*. Brasília: TraumaClinic, 2016.

GROTOWSKI, Jerzy. Da Companhia Teatral à Arte como Veículo. In: RICHARDS, Thomas. *Trabalhar Com Grotowski Sobre as Ações Físicas*. Trad. Patrícia Furtado de Mendonça. São Paulo: Perspectiva, 2012.

____. Leis Pragmáticas. In: BARBA, Eugenio; SAVARESE, Nicola. *A Arte Secreta do Ator: Um Dicionário de Antropologia Teatral*. Trad. Patrícia Furtado de Mendonça. São Paulo: É Realizações, 2012.

____. *O Teatro Laboratório de Jerzy Grotowski 1959-1969*. Coord. L. Flaszen e C. Polastrelli; trad. Berenice Raulino. São Paulo: Perspectiva, 2007.

____. Resposta a Stanislávski. *Folhetim*, Rio de Janeiro, n. 9, 2001. Trad. Ricardo Gomes. Disponível em: <https://livrethos.files.wordpress.com/2013/05/folhetim9.pdf>. Acesso em: 26 jul. 2019.

____. *Em Busca de um Teatro Pobre*. Trad. Aldomar Conrado. 4. ed. Rio de Janeiro: Civilização Brasileira, 1992.

GROVE, George. *Grove's Dictionary of Music and Musicians*. 3. ed., v. 2, 4, 5. New York: The Macmillan Company, 1947.

GUEST, Ian. *Harmonia: Método Prático, v. 1*. Rio de Janeiro: Lumiar, 2006.

____. *Harmonia: Método Prático, v. 2*. Rio de Janeiro: Lumiar, 2006.

HADAD, Ana. *A Arqueologia do Trabalho Vocal Proposto por Francesca Della Monica*. Dissertação (Mestrado em Artes), UFMG, Belo Horizonte, 2012.

HEMLEY, Matthew. Declan Donnellan: Young Directors Are "Frightened of Humanity". *The Stage*, London, 18 ago. 2016. Disponível em: <https://www.thestage.co.uk/news/2016/declan-donnellan-young-directors-are-frightened-of-humanity/>. Acesso em: 14 abr. 2019.

JAQUES-DALCROZE, Émile. *Rhythm, Music and Education*. Redditch: Read Books, 2013. (eBook.)

JARRY, Alfred. *Ubu-Rei*. Trad. José R. Siqueira. São Paulo: Max Limonad, 1986.

JOLLY, Geneviève; PLANA, Muriel. Teatralidade. In: SARRAZAC, Jean-Pierre (org.) et al. *Léxico do Drama Moderno e Contemporâneo*. Trad. André Telles. São Paulo: Cosac Naify, 2012.

KENNEDY, Michael. *Dicionário Oxford de Música*. Trad. Gabriela Gomes da Cruz e Rui Vieira Nery. Lisboa: Dom Quixote, 1994.

KIEFER, Bruno. *Elementos da Linguagem Musical*. 2. ed. Porto Alegre: Movimento, 1987.

KIRWAN, Peter. *Shakespeare in the Theatre: Cheek by Jowl*. London: Bloomsbury, 2019.

KNEBEL, Maria. *Análise-Ação: Práticas das Ideias Teatrais de Stanislávski*. Trad. Marina Tenório e Diego Moschkovich. São Paulo: Editora 34, 2016.

____. *El Último Stanislavsky: Análisis Activo de la Obra y el Papel*. Trad. Jorge Saura. 5. ed. Madri: Fundamentos, 2010.

____. *La Palabra en la Creación Actoral*. Trad. Bibisharifa Jakimzianova e Jorge Saura. 2. ed. Madri: Fundamentos, 2000.

KUSNET, Eugênio. *Ator e Método*. Rio de Janeiro: Serviço Nacional de Teatro, 1975. (Coleção Ensaios, n. 3.)

LASSALLE, Jacques; RIVIÈRE, Jean-Loup. *Conversas sobre a Formação do Ator: Seguido de Après (Depois), Peça de Jaques Lassalle*. Trad. Nathalia S. Rabczuk e Nanci Fernandes. São Paulo: Perspectiva, 2010.

LATHAM, Alison (ed.). *The Oxford Companion to Music*. Oxford: Oxford University Press, 2011.

LEITE, Marta D.C.; SILVA, Eusébio L. A Verdade Teatral em Stanislávski e Peter Brook: Uma Análise Comparativa do Conceito de Verdade. *Artefilosofia*, Ouro Preto, n. 2, jan. 2007. Disponível em: <https://periodicos.ufop.br/pp/index.php/raf/article/view/781>. Acesso em: 29 dez. 2023.

LONDON, Justin. Rhythm, §I: Fundamental Concepts & Terminology. *Grove Music Online*. Disponível em: <http://www.oxfordmusiconline.com.ez27.periodicos.capes.gov.br/subscriber/article/grove/music/45963pg1?print=true>. Acesso em: 3 maio 2017.

MAGNANI, Sérgio. *Expressão e Comunicação na Linguagem da Música*. Belo Horizonte: Editora UFMG, 1996.

MALETTA, Ernani. *Atuação Polifônica: Princípios e Práticas*. Belo Horizonte: Editora UFMG, 2016.

____. A Dimensão Espacial e Dionisíaca da Voz com Base nas Propostas de Francesca Della Monica: Resgatando Liberdade Expressiva e Identidade Vocal. *Urdimento*, Florianópolis, v. 1, n. 22, jul. 2014. Disponível em: <https://doi.org/10.5965/1414573101222014039>. Acesso em: 29 dez. 2023.

____. A Interação Música-Teatro sob o Ponto de Vista da Polifonia. *Polifonia*, Cuiabá, v. 21, n. 30, jul.-dez. 2014. Disponível em: <https://periodicoscientificos.ufmt.br/ojs/index.php/polifonia/article/view/2311>. Acesso em: 29 dez. 2023.

____. *Estratégias Pedagógicas Polifônicas Para a Formação do Ator: Relatório de Pesquisa e de Atividades Complementares de Pós-Doutorado*. Universidade Federal de Minas Gerais, Escola de Belas Artes da UFMG, 2011.

____. Reflexões Sobre os Conceitos de Ritmo e Andamento e Suas Possíveis Aplicações na Cena Teatral. *Anais do Congresso da Abrace*, n. 5, 2008, Belo Horizonte. Disponível em: <http://www.portalabrace.org/vcongresso>. Acesso em: 29 dez. 2023.

MARTINS, Laédio. Equívocos Recorrentes nas Traduções de Stanislávski. *Anais Jornada Latino-Americana de Estudos Teatrais*, 4, 2011, Blumenau. Disponível em: <http://www.academia.edu/1084283>. Acesso em: 26 jul 2019.

MATURANA, Humberto; VARELA, Francisco J. *Autopoiesis and Cognition: The Realization of the Living*. Boston: D. Reidel Publishing Company, 1980.

MAUCH, Michel; CAMARGO, Robson. Stanislavski, Duncan e Dalcroze: Dança e Música nos Fundamentos do "Sistema" Stanislavskiano. *Anais da Jornada Latino-Americana de Estudos Teatrais*, n. 6, 2013, Blumenau. Disponível em: <http://www.atuarproducoes.com.br/jornada2013/pt/>. Acesso em: 26 jul. 2019.

MAUCH, Michel; FERNANDES, Adriana; CAMARGO, Robson. Um Elo Perdido: Stanislávski, Música e Musicalidade, Teatro, Gesto e Palavras. *Anais do Seminário Nacional da Pesquisa em Música da Ufg*, 9, 2009, Goiânia. Disponível em: <https://mestrado.emac.ufg.br/n/31464-sempem-anais-on-line>. Acesso em: 26 jul. 2019.

NOGUEIRA, Salvador. A Seta do Tempo em Sistemas Quânticos. *Sociedade Brasileira de Física*, n. 5, nov. 2015. Disponível em: <http://www.sbfisica.org.br/v1/index.php?option=com_content&view=article&id=715>. Acesso em: 26 jul. 2019.

NÖTH, Winfried. *Handbook of Semiotics*. Bloomington/Indianapolis: Indiana University Press, 1990.

NOVARINA, Valère. *Diante da Palavra*. Trad. Angela L. Lopes. 2 ed. Rio de Janeiro: 7Letras, 2009.

OIDA, Yoshi. *Artimanhas do Ator*. Colab. Lorna Marshall; trad. Marcelo Gomes. São Paulo: Via Lettera, 2012.

____. *O Ator Invisível*. Colab. Lorna Marshall; trad. Marcelo Gomes. São Paulo: Via Lettera, 2007.

ORANI, Aviv. Realism in Vakhtangov's Theatre of Fantasy. *Theatre Journal*, Baltimore, v. 36, n. 4, Dec. 1984. Disponível em: <https://www.jstor.org/stable/3206735>. Acesso em: 26 jul. 2019.

PAVIS, Patrice. *Dicionário da Performance e do Teatro Contemporâneo*. Trad. J. Guinsburg, Marcio H. de Godoy, Adriano C.A. e Sousa. São Paulo: Perspectiva, 2017.

____. *A Encenação Contemporânea: Origens, Tendências, Perspectivas*. Trad. Nanci Fernandes. São Paulo: Perspectiva, 2010.

____. *A Análise dos Espetáculos: Teatro, Mímica, Dança, Dança-Teatro, Cinema*. Trad. Sérgio Sálvia Coelho. São Paulo: Perspectiva, 2008.

____. *Dicionário de Teatro*. Trad. J. Guinsburg e Maria Lúcia Pereira. 2. ed. São Paulo: Perspectiva, 2005.

PEIXOTO, Cristiano. *A Perspectiva Orgânica da Ação Vocal no Trabalho de Stanislávski, Grotowski e Brook*. 2011. Dissertação (Mestrado em Arte e Tecnologia da Imagem), UFMG, Belo Horizonte, 2011. Disponível em: <http://hdl.handle.net/1843/JSSS-8HNFP2>. Acesso em: 29 dez. 2023.

PEREIRA, Eugênio Tadeu. *Práticas Lúdicas na Formação Vocal em Teatro*. São Paulo: Hucitec, 2015.

PHILIPPSEN, Philipe França. *O Andamento-Ritmo no Trabalho Pré-Expressivo do Grupo Cerco no Espetáculo "O Sobrado"*. Dissertação (Mestrado em Artes

Cênicas), UFRGS, Porto Alegre, 2016. Disponível em: <https://lume.ufrgs.br/handle/10183/147611>. Acesso em: 29 jul. 2019.

PIANA, Giovanni. *A Filosofia da Música*. Trad. Antonio Angonese. Bauru: Edusc, 2001.

PICON-VALLIN, Béatrice. A Música no Jogo do Ator Meyerholdiano. Trad. Roberto Mallet. Le jeu de l'acteur chez Meyerhold et Vakhtangov: *Études et Documents*. T. III. Paris: Laboratoires d'études théâtrales de l'Université de Haute Bretagne, 1989.

PIRANDELLO, Luigi. *Os Gigantes da Montanha*. Trad. Maria de Lourdes Rabetti. 2. ed. Rio de Janeiro: 7Letras, 2013.

PITCHES, Jonathan. *Science and the Stanislavsky Tradition of Acting*. London/New York: Routledge, 2005.

RADMALL-QUIRKE, Natalie. Continuous Rehearsal. In: DONNELLAN, Declan. *The Winter's Tale Education Pack With Integrated Live-Capture*. 2017b. Material didático produzido pelo Cheek by Jowl cedido para a pesquisa. Disponível em: <https://www.cheekbyjowl.com/education-packs/the-winters-tale-pack/>. Acesso em: 12 abr. 2019.

RAVIGNANI, Andrea; BOWLING, Daniel L.; FITCH, William T. Chorusing, Synchrony, and the Evolutionary Functions of Rhythm. *Frontiers in Psychology*, v. 5, Oct. 2014. Disponível em: <https://www.researchgate.net/publication/266735377_Chorusing_synchrony_and_the_evolutionary_functions_of_rhythm>. Acesso em: 29 dez. 2023.

RAZETO-BARRY, Pablo. Autopoiesis 40 Years Later: A Review and a Reformulation. *Orig Life Evol Biosph*, v. 42, Dec. 2012. Disponível em: <https://www.researchgate.net/publication/232231194_Autopoiesis_40_years_Later_A_Review_and_a_Reformulation>. Acesso em: 29 dez. 2023.

RIBEIRO, Mônica Medeiros. *Corpo, Afeto e Cognição na Rítmica Corporal de Ione de Medeiros: Entrelaçamento Entre Ensino de Arte e Ciências Cognitivas*. Tese (Doutorado em Artes), UFMG, Belo Horizonte, 2012. Disponível em: <http://hdl.handle.net/1843/JSSS-8ZBHP9>. Acesso em: 29 dez. 2023.

RICHARDS, Thomas. *Trabalhar com Grotowski sobre as Ações Físicas*. Trad. Patrícia Furtado de Mendonça. São Paulo: Perspectiva, 2012.

ROUBINE, Jean-Jacques. *A Linguagem da Encenação Teatral*. Trad. Yan Michalski. 2. ed. Rio de Janeiro: Jorge Zahar, 1998.

SADIE, Stanley. *Dicionário Grove de Música*. Org. de Stanley Sadie, com assistência de Alison Latham; trad. Eduardo Francisco Alves. Rio de Janeiro: Jorge Zahar, 1994.

SARRAZAC, Jean-Pierre. Teatralismo. In: SARRAZAC, Jean-Pierre et al. *Léxico do Drama Moderno e Contemporâneo*. Trad. André Telles. São Paulo: Cosac Naify, 2012.

SARRAZAC, Jean-Pierre et al. *Léxico do Drama Moderno e Contemporâneo*. Trad. André Telles. São Paulo: Cosac Naify, 2012.

SCHAFER, Murray. *A Afinação do Mundo: Uma Exploração Pioneira Pela História Passada e Pelo Atual Estado do Mais Negligenciado Aspecto do Nosso Ambiente: A Paisagem Sonora*. Trad. Marisa T. Fonterrada. São Paulo: Editora Unesp, 2001.

____. *O Ouvido Pensante*. Trad. Marisa T. de O. Fontana, Magda R.G. da Silva, Maria L. Pascoal. São Paulo: Editora Unesp, 1991.

____. *Ear Cleaning: Notes For an Experimental Music Course*. Toronto: Berandol Music, 1969.

SCHINO, Mirella. "Natural" e "Orgânico". In: BARBA, Eugenio; SAVARESE, Nicola. *A Arte Secreta do Ator: Um Dicionário de Antropologia Teatral*. Trad. Patrícia Furtado de Mendonça. São Paulo: É Realizações, 2012.

SCHNEIDER, Eric D.; KAY, James J. Ordem a Partir da Desordem: A Termodinâmica da Complexidade Biológica. In: MURPHY, Michael P.; O'NEILL, Luke A.J. (Org.). *"O Que É Vida?" 50 Anos Depois: Especulações sobre o Futuro da Biologia*. Trad. Laura C.B. de Oliveira. São Paulo: Editora Unesp, 1997.

SCHOENBERG, Arnold. *Funções Estruturais da Harmonia*. Trad. Eduardo Seincman. São Paulo: Via Lettera, 2004.

SCHOLES, Percy; NAGLEY, Judith; LATHAM, Alisson. Tempo. In: LATHAM, Alison (ed.). *The Oxford Companion to Music*. Oxford: Oxford University Press, 2011.

SCHRÖDINGER, Erwin. *O Que É Vida? O Aspecto Físico Da Célula Viva*. Trad. Jesus de P. Assis e Vera Y.K. de P. Assis. São Paulo: Editora Unesp, 1997. Disponível em: <https://ensaiosflutuantes.files.wordpress.com/2016/03/o-que-e-a-vida_-erwin-schrodinger.pdf>. Acesso em: 29 jul. 2023.

SÊNECA, Lúcio Anneo. *Sobre a Brevidade da Vida*. Trad. Lúcia Sá Rebello, Ellen I.N. Vranas, Gabriel N. Macedo. Porto Alegre: L&PM, 2013.

SHAPIRO, Adolf. Sobre Maria Knebel. In: KNEBEL, Maria. *Análise-Ação: Práticas das Ideias Teatrais de Stanislávski*. Trad. Marina Tenório e Diego Moschkovich. São Paulo: Editora 34, 2016.

SHEVTSOVA, Maria. Declan Donnellan (1953-). In: MITTER, Shomit; SHEVTSOVA, Maria. *Fifty Key Theatre Directors*. London/New York: Routledge, 2005.

SILVA, Andréia E.B. *Vakhtangov em Busca da Teatralidade*. Dissertação (Mestrado em Artes), Unicamp, Campinas, 2008. Disponível em: <https://doi.org/10.47749/T/UNICAMP.2008.468199>. Acesso em: 29 dez. 2023.

SOCHA, Eduardo. *Tempo Musical em Theodor W. Adorno*. Tese (Doutorado em Filosofia), USP, São Paulo, 2015. Disponível em: <https://www.teses.usp.br/teses/disponiveis/8/8133/tde-12012016-125616/pt-br.php>. Acesso em: 29 dez 2023.

____. A Invenção da Duração. *Cult*, n. 153, dez. 2010. Dossiê O Tempo. Disponível em: <https://revistacult.uol.com.br/home/a-invencao-da-duracao/>. Acesso em: 29 dez. 2023.

SOLGA, Kim; BARKER, Roberta; MAZER, Cary. Tis Pity She's a Realist: A Conversational Case Study in Realism and Early Modern Theater Today. *Shakespeare Bulletin*, Baltimore, v. 31, n. 4, 2013. Disponível em: <https://muse.jhu.edu/article/530590>. Acesso em: 29 dez. 2023.

STANISLÁVSKI, Constantin. *O Trabalho do Ator: Diário de um Aluno*. Trad. Vitória Costa. São Paulo: Martins Fontes, 2017.

____. *An Actor's Work on a Role*. Trad. Jean Benedetti. London/New York: Routledge, 2010.

____. *El Trabajo del Actor Sobre Sí Mismo en el Proceso Creador de la Encarnación*. Trad. e notas de Jorge Saura. Barcelona: Alba, 2009.

____. *An Actor's Work: A Student's Diary*. Trad. Jean Benedetti. London/New York: Routledge, 2008.

____. *El Trabajo del Actor Sobre Sí Mismo en el Proceso Creador de la Vivencia*. Trad. e notas de Jorge Saura. Barcelona: Alba, 2003.

____. *El Trabajo del Actor Sobre Sí Mismo en el Proceso Creador de la Encarnación*. Trad. Salomón Merecer. República Argentina: Quetzal, 1997.

____. *Sobrânie Sotchinêni v 9 Tomakh*. V. 3. Moscou: Iskusstvo, 1990. Disponível em: <http://az.lib.ru/img/s/stanislawskij_k_s/text_0050/index.shtml>. Acesso em: 29 dez. 2023.

____. *Minha Vida na Arte*. Trad. Paulo Bezerra. Rio de Janeiro: Civilização Brasileira, 1989.

SWAIN, Rob. *Directing: A Handbook For Emerging Theatre Directors*. London/New York: Bloomsbury, 2011.

TCHERKÁSSKI, Serguei. *Stanislávski e o Yoga*. Trad. Diego Moschkovich. São Paulo: É Realizações, 2019.

THAIS, Maria. *Na Cena do Dr. Dapertutto: Poética e Pedagogia em V.E. Meierhold, 1911 a 1916*. São Paulo: Perspectiva, 2009.

TIRARD, Stéphane. Origin of Life and Definition of Life, from Buffon to Oparin. *Orig Life Evol Biosph*, v. 40, Fev. 2010. Disponível em: <https://www.researchgate.net/publication/41533053_Origin_of_Life_and_Definition_of_Life_from_Buffon_to_Oparin>. Acesso em: 29 dez. 2023.

TOPORKOV, Vassíli. *Stanislávski Ensaia: Memórias*. Trad. Diego Moschkovich. São Paulo: É Realizações, 2016.

TOPORKOV, Vasili. *Stanislavski in Reherarsal*. Trad. Jean Benedetti. New York: Routledge, 2004.

TRAVITZKI, Rodrigo. *O Que É Vida? Há uma Definição Precisa? Veja a Resposta de Pensadores Importantes*. Material didático pedagógico. 2009. Disponível em: <http://www.rizomas.net/ensino-de-biologia/recursos-pedagogicos/202-o-que-e-vida-ha-uma-definicao-precisa-veja-a-resposta-de-pensadores-importantes.

html>. Acesso em: 27 jul. 2019.

TRIPNEY, Natasha. The Winter's Tale Review at Barbican Silk Street Theatre, London: "Emotional Clarity". *The Stage*, London, 7 abr. 2017. Disponível em: <https://www.thestage.co.uk/reviews/2017/winters-tale-review-barbican-silk-street-theatre-london/#>. Acesso em: 29 dez. 2023.

VASSÍLIEV, Anatoli. Diálogo Com os Tradutores Franceses. In: KNEBEL, Maria. *Análise-Ação: Práticas das Ideias Teatrais de Stanislávski*. Trad. Marina Tenório e Diego Moschkovich. São Paulo: Editora 34, 2016.

VÁSSINA, Elena; LABAKI, Aimar. *Stanislávski: Vida, Obra e Sistema*. Rio de Janeiro: Funarte, 2016.

VIEIRA, Jorge. Metodologia, Complexidade e Arte. *Ilinx*, Campinas, n. 4, dez. 2013. Disponível em: <https://www.cocen.unicamp.br/revistadigital/index.php/lume/article/view/279>. Acesso em: 29 dez. 2023.

WERLANG, Cristiane. *A Musicalidade na Dramaturgia do Ator: Das Vanguardas do Século XX ao Caso do Teatro o Bando*. Tese (Doutorado em Estudos Artísticos), Universidade de Coimbra, Coimbra, 2016. Disponível em: <https://estudogeral.sib.uc.pt/handle/10316/31262>. Acesso em: 29 dez. 2023.

WHITTALL, Arnold. Rhythm. In: LATHAM, Alison (ed.). *The Oxford Companion to Music*. Oxford: Oxford University Press, 2011.

WORMS, Frederic. A Concepção Bergsoniana do Tempo. *Dois Pontos*, v. 1, n. 1, dez. 2004. Trad. Débora Morato Pinto. Disponível em: <https://revistas.ufpr.br/doispontos/article/view/1922/1607>. Acesso em: 29 dez. 2023.

VÍDEOS E OUTRAS FONTES

BARTMANS, Bartje. *Music of the Middle Ages*. 20 out. 2015. YouTube: bartjebartmans. Disponível em: <https://youtu.be/Fi5cz3lTXP8>. Acesso em: 27 maio 2023.

BRITANNICA Academic. Disponível em: <http://www.academic-eb-britannica.ez27.periodicos.capes.gov.br/levels/collegiate/article/Yevgeny-Bagrationovich-Vakhtangov/74655>. Acesso em: 15 fev. 2019.

DALCROZE Eurhythmics Teacher John Colman Gives A Demonstration. *Gregory Ristow*. YouTube: gerg8791. Disponível em: <https://youtu.be/n5DdjxzkPfg>. Acesso em: 6 fev. 2024.

DECLAN Donnellan on Empathy, Politics, the Function of Theater. *BAMorg*. YouTube: BAMorg. Disponível em: <https://youtu.be/Ds5nB5eKTCo>. Acesso em: 27 maio 2023.

DICIONÁRIO Caldas Aulete. Disponível em: <http://www.aulete.com.br>.

ENTROPY and the Arrow of Time. *The Royal Institution*. YouTube: TheRoyalInstitution. Disponível em: <https://youtu.be/L46SwgDT9To>. Acesso em: 27 maio 2023.

ETMONLINE: Online Etmology Dictionary. Disponível em: <https://www.etymonline.com>. Acesso em: 27 maio 2023.

FARKAS, Thomaz. *Hermeto Campeão*. 1981. Brasil: Thomaz Farkas, 1981. Cor, português, 43'. Disponível em: <https://www.thomazfarkas.com/filmes/hermeto-campeao/>. Acesso em: 27 maio 2023.

GLOSSÁRIO Ceale. Disponível em: <https://www.ceale.fae.ufmg.br/glossarioceale/>. Acesso em: 30 jan. 2024.

GOLDEN Lion Awards: Declan Donnellan July 2016. *Cheek by Jowl*. YouTube: cheekbyjowl. Disponível em: <https://youtu.be/Sv-61MFhlys>. Acesso em: 27 maio 2023.

KHAN Academy. Disponível em: <https://pt.khanacademy.org/science/biology/energy-and-enzymes/the-laws-of-thermodynamics/a/the-laws-of-thermodynamics>. Acesso em: 27 maio 2023.

PASCOAL, Hermeto. Entrevista Concedida a Vinicius Albricker. Campinas. Registro em vídeo, 16 mar. 2017. Durante o IV Festival de Música Contemporânea Brasileira.

THE FREE Dictionary. Disponível em: <https://www.thefreedictionary.com>. Acesso em: 27 maio 2023.

THE SYNCHRONIZATION of 100 Metronomes. *The Kids Should See This*. Disponível em: <https://thekidshouldseethis.com/post/the-synchronization-of-100-metronomes>. Acesso em: 27 maio 2023.

WIKTIONARY. Disponível em: <https://pt.wiktionary.org>. Acesso em: 27 maio 2023.

Lista de Ilustrações

ESQUEMAS

IMAGENS

QUADRO

Agradecimentos

Ao mestre e amigo, Ernani de Castro Maletta, meu orientador de mestrado e doutorado, sempre generoso e dedicado.

Aos professores Luiz Otavio Carvalho, Francesca Della Monica, Elena Vássina, Mauro Rodrigues e Jalver Bethônico.

A meu amigo Bruno Cordeiro (doutor em física), à minha mãe Cláudia Maria Leite Assunção (doutora em biologia) e ao meu padrasto Bernardo Barroso do Abiahy (doutor em biologia), pela inestimável colaboração com as revisões técnicas e conceituais das minhas incursões no campo das ciências.